本书为国际关系学院"国家安全高精尖学科建设科研专项"
资金资助项目（2019GA40）的研究成果。

大国之盾

新时代国家文化安全观研究

National Cultural Security

苏娟 ◎ 著

天津出版传媒集团

天津人民出版社

导　论

　　文化因素不只是决定国家、民族和个人经济命运的关键因素，而且还是国际社会关系的主要结构和国际行为体的主要基础、国际冲突的重要原因。①在信息技术、网络技术、人工智能高速发展的全球化时代的今天，国家之间的文化交流日益频繁，文化交流程度日益深入。文化传播速度加快并实现了产业化，使得世界各国之间在共享文明成果的同时，文化间的碰撞烈度与交锋力度也在日益加剧，从而使全球各方越来越深切地意识到国家文化安全问题的严重性。

　　当今世界正遭遇百年未有之大变局，我国发展仍处在重要战略机遇期，中国面临的国家文化安全环境极其复杂。一方面，在世界经济全球化、人类社会信息化的现代性发展大背景下，特别是各个国家相互之间文化交流合作日益密切的今天，基于各自的人文理想、价值观念、文化背景、文化利益等特点，在交往过程中也势必出现各种矛盾，甚至可能产生文化冲突。文化冲突发生时，如果某个国家的主流或者传统文化在社会上并不占有优势，则必定会对该国的整体国家安全形势产生危害，从而导致社会的不安定。另一方面，西方国家自视在政治、经济、信息技术方面具有很多优越性，他们利用这种优越性向其他国家包括我国渗入西方的价值观念和资本主义生产关系腐朽思想，实施文化渗透和文明侵略。由于文化具有高度隐蔽性的特征，文化渗透与文明侵略都不易于被识别，这就对保障中国国家文化安全形成了很大负面影响。同时，我国国内在传承中华优秀传统文化方面，正面临着巨大挑战：对传统文化内

---

　　①[美]麦哲：《文化与国际关系：基本理论述评（上）》，谭晓梅、潘忠岐译，《现代外国哲学社会科学文摘》1997年第4期。

涵、意义、价值的探索与诠释不足；公共文化教育组织的社会教育传播功能还没有充分发挥；社会变革加快，传统文化的生存条件和社会环境逐渐改变，有些传统文化甚至存在消亡的风险；过度开发、滥用传统文化的情况也屡见不鲜；在对外宣传中华民族独特文化魅力等方面存在许多不足。①

党的十八大以来，以习近平同志为核心的党中央，立足经济全球化的新时代背景和我国文化发展所面对的客观现实情况，在深入了解并科学掌握我国文化发展新特点、新趋势和新问题的基础上，提出了一系列有关我国文化安全的新观念、新思路和新论断，用切实可行的举措，积极回应了我国文化发展正遇到的新挑战，从而赋予了具有中国特色的马克思主义国家文化安全观新的内涵。在这与时俱进的过程当中，新时代国家文化安全观逐步形成。

新时代国家文化安全观是习近平文化思想的重要组成部分。本书紧紧围绕新时代国家文化安全观展开研究，所力求解决的重点问题为：新时代国家文化安全观的形成缘由、主要内容、显著特征，以及其理论价值与现实意义。

新时代国家文化安全观高屋建瓴、博大精深，涉及中国国家文化安全的方方面面，是总体国家安全观的重要组成部分。对新时代国家文化安全观进行重点关注并做出系统梳理和深入研究，对进一步宣传阐释习近平文化思想的理论创新特色具有重要意义。

新时代国家文化安全观从理论方面分析了我们如何加强

---

①《文化部部长：维护国家文化安全应成为重要使命》，中央政府门户网站，http:// www.gov.cn/xinwen/2014-07/21/content_2721125.htm。

中国国家文化安全建设,深刻回答了一系列方向性、根本性、全局性和战略性的国家文化安全重大问题,为当今维护国家文化安全提供了全方位的理论指引。对新时代国家文化安全观进行系统深入研究,有着重大的理论价值。

新时代国家文化安全观,是对马克思主义国家文化安全理论的进一步丰富和发展。它是在传承马克思主义国家文化安全理念和不断推进马克思主义中国化、时代化、大众化的国家文化安全理念的基础之上形成并发展完善起来的,不但继承了马克思主义国家文化安全理念的精华,而且拓展创新了新中国党和国家历代领导人的国家文化安全思想。所以通过全面研究和总结新时代国家文化安全观,将有助于进一步充实和发展马克思主义有关国家文化安全方面的理论观念和思想学说。

新时代国家文化安全观,是对中国特色社会主义文化建设的丰富与发展。中国共产党人始终保持着高度的警惕心和进取心,一直走在时代前端,对于我国的国家文化安全问题,党中央一直都十分重视。1999年2月,江泽民在全国对外宣传工作会议上首次提及"维护我国政治经济文化安全",国家文化安全开始成为一个重要命题受到关注。进入21世纪,2004年9月,胡锦涛指出,要"确保国家的政治安全、经济安全、文化安全和信息安全"。2014年4月,习近平系统地提出了包含文化安全在内的11种国家安全,强调要"以军事、文化、社会安全为保障",并提出了我们必须加大文化建设及对外开放水平,进一步推进中国文化建设体制改革,完善国家公共文化服务体系。新时代国家文化安全观是党和国家在当今世界应对和解决社会主义国家文化安全遇到的重大挑战中形成的思想,是新时代中国特色社会主义国家文化安全思想的最新发展,具有前瞻性、引领性、先进性和实践性。

新时代国家文化安全观，是总体国家安全观的重要组成部分。2014年4月15日，习近平在北京主持召开中央国家安全委员会首次会议时表示，"当前我国国家安全内涵和外延比历史上任何时候都要丰富，时空领域比历史上任何时候都要宽广，内外因素比历史上任何时候都要复杂"，第一次公开明确提出要坚持贯彻总体国家安全观这一新论断，并第一次系统提出了集合多种安全思想于一体的国家安全体系。根据总体国家安全观这一论述，不仅进一步丰富和发展了中国特色社会主义理论体系，而且充实了总体国家安全观视野下的社会主义文化内涵。习近平指出，总体国家安全观要"以人民安全为宗旨，以政治安全为根本，以经济安全为基础，以军事、文化、社会安全为保障，以促进国际安全为依托，走出一条中国特色国家安全道路"。国家文化安全是整个国家安全的重要保障，是国家安全的深层主题。当今社会中，要想在真正意义上保障国家安全，就必须保障国家的文化安全。新时代国家文化安全观，深入阐明了新形势下关于我国国家文化安全工作的历史方位和目标任务，不但有着重大的科学理论价值，而且对新时代关于中国特色社会主义文化道路的全面贯彻、社会主义文化强国的全面建设以及维护和塑造当前国家文化安全，提出目标明确的实践指南。

对新时代国家文化安全观进行系统而深刻的研究，将会对中国国家文化安全与社会主义文化建设的实践有着重要的指导价值与促进作用。新时代国家文化安全观，是在国内多元文化意识形态思想充斥、经济社会转型期人们道德规范失序迷惘、消极腐朽文化滋生、西方文化隐形渗透侵蚀，以及互联网等全球化应用负面影响叠生的国内国际背景下，逐步发展起来的。新时代国家文化安全观作为一种契合当前时代特点的科学正确的理论，能够为维护和塑造我们国家文化安全的实践提供一系列方法论的指引，并明确当前捍卫我国国家文化安全的着力点，以切实保障中国的国家文化安全。

对新时代国家文化安全观进行系统深入的研究，将有助于更好地推动以国家富强、民族振兴、人民幸福为主要内容的伟大"中国梦"的顺利实现。由于当今世界国与国之间竞争形态日益向文化领域倾斜与转移，随着文化日益成为综合国力的重要组成部分，以及中华民族五千余年优秀传统文化的伟大复兴日益成为中华民族伟大复兴的重要组成部分，中国人民群众的幸福感、获得感、安全感指数衡量标准已不局限在物质方面，更涉及精神文化方面的充实与丰富，甚至对这些方面的要求比重愈来愈高。所以通过系统研究总结新时代国家文化安全观，将有助于更好地推动伟大"中国梦"变为现实。

对新时代国家文化安全观作出系统而深入的研究，将为"四个全面"战略布局的成功实施提供有力保证。不管是全面建成小康社会的发展目标的达成，还是全面深化改革、全面依法治国、全面从严治党等策略措施的落实，都离不开一个长期健康稳定和谐的国际与国内环境。当今世界，国家文化安全直接影响着国家安全的方方面面，保护好国家文化安全，是维护国家的社会稳定与安宁的重要因素。面对当今日趋复杂多变的文化安全环境，我们需要更加全面系统深刻地研究与把握新时代国家文化安全观的科学内涵，将其与中国特色社会主义实践紧密结合，推动中国改革开放和中国式现代化建设及新质生产力发展迈上新台阶，并在一定程度上促进整个世界的和平、发展与安全。

本书主要基于"国家文化安全"的有关理论知识并借鉴了现有的研究成果，尝试对党的十八大以来新时代国家文化安全观加以细致深入梳理、总结与研究，尝试归纳出新时代国家文化安全观的形成缘由、内容体系、显著特征以及理论价值与现实意义。新时代国家文化安全观，是当前我们做好新时代中国国家文化安全工作的重要行动指南，也将会对中国国家安全工作带来有益启示。

科学研究是否能够取得成功，科学研究方式的选择是关键。本书在马克思主义辩证唯物主义与历史唯物主义观点的指引下，通过文献研究法、比较研究法和系统研究法等开展具体研究工作。

习近平对国家文化安全问题的阐述十分丰富，但是他并没有就此问题作出过独立成篇的论述。习近平关于国家文化安全的重要论述，散见于其各种场合的演讲、报告、文章和政府文件等当中，所以该研究的深入需要立足文献，通过搜集整理大量涉及新时代国家文化安全观的讲话、论述、文章及党的有关文件，并查阅《习近平的七年知青岁月》《习近平在正定》《习近平在宁德》《习近平在厦门》《习近平在福州》《习近平在上海》《习近平用典》《之江新语》《平易近人——习近平的语言力量》，尤其是《习近平谈治国理政（1—4卷）》《论党的宣传思想工作》《习近平新闻舆论思想要论》《习近平关于总体国家安全观论述摘编》等相关书籍，以及海内外专家学者有关习近平研究的论著、教材与大量学术论文等研究成果，从而全面梳理总结出新时代国家文化安全观的深刻内涵。一方面，通过搜集和梳理马克思主义的经典作家，以及新中国历代党和国家领导人有关国家文化安全方面的重要思想,厘清新时代国家文化安全观的理论脉络渊源;另一方面,通过收集整理习近平有关国家文化安全思想所包含的各个领域的内容,包括有关意识形态安全、有关中华优秀传统文化的保护与传承、有关网络文化安全等当代社会主义思想观念,力图更全面深刻地总结出新时代国家文化安全观的内容体系。同时,搜集查阅筛选大量相关国家文化安全主题的中外文文献,研究国内外专家学者对国家文化安全相关理论、概念,以及维护国家文化安全路径的不同观点与各异主张,为本研究的深入开展奠定理论分析的重要基础。

在观察一个限定时期的历史事件时,有必要同其他时期进行对比,来超越这个时期的局限性,以便更全面地了解把握这个限定历史时期的特质,亦即要有历史发展、客观延续和相互比较的观点。本研究利用史料溯源的方式,通过剖析对比马克思、列宁等的国家文化安全思想,以及新中国前几代党和国家领导人有关国家文化安全方面的思想主张与中华优秀传统文化之中的相关国家文化安全思想,梳理、总结新时代国家文化安全观的源头、内容、特征等。马克思、列宁等马克思主义经典理论家通过对自己所处时期的历史背景和社会情况进行深刻剖析,在带领劳工阶层同资产阶层进行战斗的过程中,对影响国家文化安全的一系列问题作出了较深入的探讨与研究。新中国成立后,几代党和国家领导人均十分重视我国的文化安全问题,针对不同历史时期的世情、国情、党情,制定了一系列涉及国家文化安全的方针政策,形成了丰富的国家文化安全思想。这些思想理念都对新时代国家文化安全观的形成产生了重大影响和引导效应,为新时代国家文化安全观的形成提供了直接的理论源泉和理论基础。新时代国家文化安全观是继承和吸收马克思主义的国家文化安全学说，同新中国不同发展阶段党和国家领导人的国家文化安全思想及理念，既一脉相承又独具特色，是在汲取前人思想精髓精华的基础上形成的。

国际关系体系是由经济、政治、军事、文化、民族、宗教等多元素所构成的一个大系统。在这个系统之内，各个系统元素之间彼此影响、交互作用，共同形成了国际关系体系中内在的矛盾运动，从而促进了国际关系体系的进一步发展与演化。对国际关系的科学研究方式应当是一种系统研究、综合研究和整体研究、这种科学研究方式既要遵循各国国际关系系统蓬勃发展、演化的客观规律和历史进程，也要遵循马克思主义的系统论思维。而且，这种科学研究方式理论视角比较宽广，其所得结论是在综合分析各种因素及其相互关系的基础之上作出的，更加具有科学性，避免了由于强调单一因素而对客观规律的认识发生的偏差，能够更好地指导国际关系实践。本研究利用系统分析方式，从国家文化安全所涉及的文化霸权、文化冲突、文化软实力等各种因素，从国家文化安全所涉及的内外关系、新旧关照、同异关联等各个层面，展现共时性交织出现的国家文化安全问题。从涉及新时代国家文化安全观的各方面元素的相互交融、相互作用、相互影响的关系之中，对新时代国家文化安全观进行全面、系统的分析和把握。

第一章

国家文化安全概念界定及其在国家安全中的地位

对于一个研究对象的本质是什么的研究和回答,是所有科学的理论研究首先需要完成的工作。对于新时代国家文化安全观的有关概念、国家文化安全在国家安全和总体国家安全观中的重要地位与保障功能,以及有关基础理论问题的研究,是进行新时代国家文化安全观研究的重要学理基础。

第一节　国家文化安全相关概念界定

新时代国家文化安全观,这个概念首先是由"文化""安全"和"国家文化安全"等多个概念范畴组合构成的复合概念。这些概念范畴是研究新时代国家文化安全观的重要前提与不可或缺要素。在分析认识并深刻把握新时代国家文化安全观的科学内涵时,首先就必须对这些概念范畴加以分析和梳理,层层递进,抽丝剥茧,以揭示并阐明所研究对象领域的本质特征与发展规律。

一、文化

"文化"一词在中国古已有之。"文"是指各色相互交错的花纹。在我国古代的《易经·系辞下传》中记载:"物相杂,故曰文。"《礼记·乐记》称:"五色成文而不乱。"汉朝的许慎在《说文解字》中记述:"文,错画也,象交文。"这是"文"的原义。"文"还可引申为以下三种意涵:一是指包含了语言文字内容的各类象征符号,具化为文物典籍、礼乐规制,如《尚书·序》中描述的伏羲画八卦、造书契,"由是文籍生焉"。二是指根据伦理之说导出彩画、装饰、人文修养的意思。和质、实对称。在《论语·雍也》中就说道:"质胜文则野,文胜质则史,文质彬彬,然后君子。"三是指在以上意思基础之上,导出的善美德行之意。如《礼记·乐记》中"礼减而进,以进为文",郑玄注指"文犹美也,善也"。由此可以推断,"文"字在开始出现的时候就和现在所说的"文化"一词有着难解之缘。①

"化"是指造化、孕育、生成等义。《易经·系辞下传》记载:"男女构精,万物化生";《书·尧典》正义在解释"乳化曰孽"时指出:"胎孕曰化。"《礼记·乐记》曰:"和故百物皆化。"郑玄注:"化犹生也。"这个"化"指由孕育而出生。《说文解字》载:"娲,古之神圣女,化万物者也。"化万物,即孕育、化生万物。《庄子·逍遥游》:"化而为鸟,其名曰鹏。"这些都是上述之意,亦指变化万物的特性或形态等。

"文"与"化"在一起合用,比如《易·贲卦·彖传》中:"观乎天文,以察时变;观乎人文,以化成天下。"②这其中的"天文",即指天道自然,自然规律;"人文"指人伦社会,社会发展变化规律,"人文"与"化成天下"实指"以文教化"的思想。西汉时期的刘向,真正将"文"与"化"连用起来,如《说苑·指武》中:"文化不改,然后加诛",此处"文"与"化",依旧各自具有独立的意义,"文"指"文德",和"武力"对照;"化"指"教化",即用文德来教化和感化的意思,有动词的意味,反映了"文化"一词的演变过程。此后,晋人束哲在《补亡诗》中记载:"文化内辑,武功外悠",③即"以文化辑和于内,用武德加于外远也"④。这里的"文化"已经是名词意义上的概念,含有文治、教化和礼乐典章制度等意思。

概括地说,在我国古代汉文字系统中关于"文化"的概念,

---

① 张岱年、方克立:《中国文化概论》,北京师范大学出版社2004年,第1—2页。
② 《周礼正义(第3卷)》,《十三经注疏(上册)》,中华书局,1980年影印本,第37页。
③ 《辞海(第2册)》,商务印书馆,1980年,第1357页。
④ 《昭明文选(第19卷)》。

一般包括以下两种解释：一是指中国历代的统治阶级所施行的文治教化的总和；二是指文物典章制度、朝政纲纪、伦序美德，以及成为人们礼俗日用的一套完整文化观念与风俗。

　　西方语言中的"文化"一词与汉语的"文化"意思有相似的一面，也有差异的一面。"文化"最早在西方出现时是和农业上的耕耘耕作分不开的。在英语中，"文化"写为 Culture，在德文中"文化"写为 Kultur，它们都来自拉丁语 Cultura。Cultura 一词的含义有耕作、种植、驯养、居住、加工等，不过其基本含义，统而化之是指人类在大自然的土地上从事耕耘、改良和发展、获得衣食所需的劳作过程。"文化"的这种用法，现在仍在"农业"（agriculture）和"园艺"（horticulture）两个词汇中保留着；在"蚕丝业"（silkculture）与"体育"（physical culture）等名词中，也蕴含有此意义。1510年是个很特别的年份，《牛津词典》将这一年当作"文化"的精神人文用法第一次在英文中产生的时间节点。也有学者认为，是近代欧洲人开创了"文化"这一内涵与外延均相当丰富与宽广的多维概念。

　　1871年，英格兰最杰出的人类学家、文化史和文化人类学鼻祖爱德华·B.泰勒（Edward B. Tylor）在其《原始文化》一书中，首次赋予"文化"更为科学确切的定义，认为文化或文明，就其最普遍的社会文化的基本价值而言，乃是包含各种信仰、艺术、知识、法制、习俗，以及人作为一名社会成员后所获得的能力与习惯等组成的复杂集合体。[①]泰勒提出文化具有整体性与精神性，对后世影响很大，有着划时代的意义，奠定了现代文化概念

---

① Scupin, Raymond. *Cultural Anthropology: A Global Perspective*, Prentice Hall, 1998, pp. 31—33.

的基本内涵。

史上知名的美籍的历史文化学者 A. L. 克罗伯和 C. 克拉克洪等，在对"文化"这个概念详细思考和搜集整理后，对1871—1951年间西方提到的164个关于"文化"的重要定义进行了辨析和总结，于1952年出版《文化的概念：一个重要概念的历史回顾》一书。书中指出，文化由外层的和内隐的行为模式所构成，这些行为模式是透过象征性符号形式而获得和传播的；文化囊括了人类社会群体的重要成果，也涵盖其在人造器物中的所有表现。文化的核心部分就是传统的（历史地获取和选择的）含义，尤其是它所承载的社会价值。文化体系不但应该看成是活动的必然产物，同时也是人类发展的社会活动的决定性因素。[1]这个定义的影响范围非常广泛，既说明了"文化"含义中的动态过程性，也明确了"文化"不仅是人类行为的产物，而且是决定着人类行为的某种要素。

马克思主义的唯物史观对"文化"的重新诠释，认为文化特指人类的社会思想文化结构，特定地区的民族意识形态、道德规范、宗教信仰、生活习俗等各种精神活动的模式化，以及其进程中的稳定状态，而文化既作为社会经济和政治制度构成的体现，也会对整个社会的经济发展和政治制度构成产生反效应，文化具有自我产生、演进与变迁的客观规律，具有相对的独立性。从本质上讲，文化是在社会的实践基础上对经济社会和政治活动等的能动表现。[2]

概括地讲，"文化"一词在古今中外的界定，是随着所属学

---

[1] 转引自傅锵：《文化：人类的镜子——西方文化理论导引》，上海人民出版社，1990年，第12页。

[2] 于炳贵、郝良华：《中国国家文化安全研究》，山东人民出版社，2007年，第12页。

科和研究角度的不同而多姿多彩、多种多样的。本研究的基本认识是：文化是由人类社会历史中不断积累发展而产生的、持续变动着的复杂而有机的文化系统，是指人类在能动地改变客观的生存环境、向往和创造理想的社会生活、逐步实现人类自我价值的过程中，所形成的所有宝贵精神财富，包括了语言、文字、规章制度、社会组织形态与风俗习惯、价值观念，还有思维方式、道德情操和审美情趣、宗教感情、民族特性等基本内涵。①

　　一般来说文化有广义和狭义的区分。广义的"文化"，是指人类所具有的物质创造与精神生产的能力，以及物质的和精神的所有产品。②广义"文化"含义一般包括三个层面，即物质文化层面、制度文化层面和心理文化层面。物质文化内涵即指人类所创造的所有物质文明，包含交通运输工具、建筑房屋、衣帽服装、日常用品等，是一种看得见的人类社会生活的显性文化；制度文化内涵是指人类社会关系中的社会制度、政治制度、组织制度、日常生活制度、学校教育制度等；心理文化内涵则是指人类的所有思维方式、宗教信仰、审美趣味等。制度文化与心理文化都是隐性文化，涉及历史、哲理、文学、经济政治体制、宗教信仰传统、生活习俗、道德情操、学术思想、各种体制机制等。而狭义的"文化"则是指精神生产能力与精神产品，是社会精神生活形态的总合，是指社会意识形态、社会制度、组织机构等。20 世纪以来，文化越来越多地与政治、经济、军事等并列起来使

---

　　① 于炳贵、郝良华：《中国国家文化安全研究》，山东人民出版社，2007 年，第13 页。
　　②《中国大百科全书(哲学卷)》，中国大百科全书出版社，1987 年，第 924 页。

用，人们通常所说的文化多指狭义的文化。本书研究对象"新时代国家文化安全观"中的"文化"特指上述狭义的文化。

人类是由文化来定义的。文化，是对地球上各种人不同的生存方法与生活方式全部合理性和合法性的解释。正是根据不同的文化，人们形成了属于自身的独特的生存方法，这就是人的自然历史生成。

文化的生存状态，积淀了它所蕴含着的一个民族与国家其所有的文化精神和文明成就，它也蕴示了其在未来一切领域可继续开发的文明基因。一个国家内可以有很多种民族和民族历史文化，然而在其历史的构成演变过程中，必然逐步演变出一种占据主导地位的民族文化。这种占据主导地位的民族文化，是一个国家占据主导地位的文化和民族历史基础，具有普遍的感召力和认同性。简言之，文化就是一个国家民族生命的血肉脉络，是一个国家赖以生存发展的根基灵魂，是一个国家社会的精神家园。而且，"所有的文化都被其他文化影响又反过来影响其他文化"①。文化是国际社会关系的主体结构和国际行为体的主要基础。

二、安全

在汉语里，"安全"通常是指平稳的、没有危险的状态。2016年版的《现代汉语词典》把"安全"解释为"没有危险，平安"②。在中国很早就有了求安全、求安稳的思想。"安"就是平安、没有危险，"安而不忘危"中"安"就是这个意思。在古书《易

---

① 王晓德、张晓芒：《历史与现实：世界文化多元化研究》，天津人民出版社，2007年，第27页。

② 《现代汉语词典》，商务印书馆，2016年，第7页。

经·系辞下传》中写道:"是故君子安而不忘危,存而不忘亡,治而不忘乱,是以身安而国家可保也。"《左传·襄公十一年》中也写道:"居安思危。思则有备,有备无患。"在《战国策·齐策六》中记载:"今国已定,而社稷已安矣。"宋代范仲淹的《答赵元昊书》中有:"有在大王之国者,朝廷不戮其家,安全如故。"其中的"安全",就有保护、保全的意思。在中华民族的文化价值观念当中,个人、家庭与国家对于安全的核心要求,就是安定、平稳、保全、避免威胁和动荡。①

西方的"Security"一词源于拉丁文"Securitas",表述一种从小心、不稳定的与自制的状态中摆脱开来,从而引申为脱离危险,达到安全的状态。"安全"一词在英语中的词义,相比较汉语更加广泛一些,通常指没有危险,无忧无虑,或者提供安全可靠之物,以使人避免威胁和忧虑之事等。②库罗德兹指出:"安全是一个复杂且富有争议的概念,它承载着情感,包含着根深蒂固的价值观。大多数人都会同意这一观点,即当某人——个人、帮派或群体,或国家——威胁到他人的生命、肉体或生存时,安全问题就出现了。"③

"安全"一词的含义在中西方语境中,都被认为是一种没有威胁、恐怖的状态。西方不少专家提出,理解"安全"的含义就必须联系具体情况,若泛泛而论则很难说清楚。而巴瑞·布赞、丹尼尔·费雷、罗伯特·杰威斯等人都指出,安全的定义很不好给出,只可针对实际情况有一个大致的概括,由于不同行为主

---

① 子杉:《国家的选择与安全》,上海三联书店,2005年,第7页。
②《牛津现代高级英汉双解词典》,商务印书馆,1993年,第1031页。
③ [美]爱德华·A.库罗德兹:《安全与国际关系》,颜琳译,世界知识出版社,2018年,第7页。

体、不同场景、不同时间、不同问题都会对安全进行各种诠释，所以其中任何一种概念的定义都难免是挂一漏万、以偏概全。[①]欧洲国际安全研究威尔士学派的代表人物福尔菲斯就认为，从客观方面来看，安全代表着既得的利益可以免受威胁；而从主观方面来看，它则代表人们没有对这些所得利益感受到危险的恐惧。[②]欧洲国际安全研究巴黎学派研究者主张，安全是一种社会构建概念，并非是语言的构建，而应该将它视为一种实践，因为安全问题实际就反映在进行日常管理和监测的具体的实物和技术手段上。[③]而巴黎学派研究者关注的安全问题既不是国家是否遭受了外部危险，也不是个人的内部安全问题，而是政府的有效治理和整体社会的稳定。美国学者卡尔·多伊奇则主张，虽然安全可以代表着平安和对平安的保护，但由于它是一个社会价值的安全概念，需要同时具备其他许多社会价值的方式和条件，使得安全的内涵往往是不明确的。[④]

综上所述，安全是指事物的主体在客观上不面临危险威胁、或在主观上不产生恐慌恐惧的某种生存状态。安全并非一种客观条件，而是某个特定社会进程的结果。人类所追求奋斗的一切活动，无不与自身的利益相关联，亦即所有的安全都是利益的安全，安全体现的是人的各种利益变动的态势与其所处的状况。安全和不安全的分界线，也就是既有利益状态，保护

---

① 张幼文、周建明：《经济安全：金融全球化的挑战》，上海社会科学院出版社，1999年，第36页。

② Arnold Wolfers, *Discord and Collaboration*, Johns Hopkins University Press, 1962, p.150.

③ Manuel Mireanu, "Security and Everyday Resistance: The 'Paris School'", *Intentionality and Festival*, 2011, p.3

④ [美]卡尔·多伊奇：《国际关系分析》，世界知识出版社，1992年，第283页。

和改善利益即为安全,若利益状态发生损失和受到损失威胁时,则为不安全。

安全是一个相对的定义,即客观上的安全状态与主观上的反应、评估有时相同,有时出现某种不同;如果外界条件相对安稳,主体自身能力的变动也将会对安全产生相应的影响。

安全都有特定的主体,"安全概念明确要求一个指涉对象,因为如果不找到'谁的安全'这个问题的答案,该概念就会失去意义"[1],但一切安全最终都是人的安全。作为终极含义上安全主体的人,可以以个体、群体、民族和国家等形式出现,而作为安全客体的利益,也可以以生命、财产、权力、文化、国土等形式出现。按照不同类别的安全主体,可以区分为个人安全、集体安全、国家安全等,而按照不同类别的安全客体,也可以区分为生存安全、财产安全、国土安全、文化安全等。[2]概言之,安全既是一种需求,更是一种主观价值。安全的实质是一种价值、价值需求和价值判断,所以产生了安全的差异性和迥异的安全观。

三、国家文化安全

恩格斯指出,"国家"作为一种人类社会关系的组织形式,是人类社会关系在特定发展过程中的必然产物。它起源于私有制,诞生于氏族社会,既是对氏族社会的超越发展,又是在人类社会中经过了家庭、村落、城邑和氏族社会之后所发展起来的人类社会最高级的组织形式。它是一个时代的人类社会按照最广大个人利益所组织起来的权力机构,用来统筹和分配人

---

① Barry Buzan. *People, States and Fear an Agenda for International Security in the Post-Cold War Era*, Boukler Lynner Rienner, 1991, p.26.

② 韩源:《中国文化安全评论》,社会科学文献出版社,2016年,第12页。

类社会公共资源，并进行有效的公共管理。它也是每个人按照共同的利益要求和让渡自己的一些权力和权利、以合理的方式保障和满足自身的权力和利益所建立起来的社会关系形式。如果个人不让渡自身的某部分权力和权利，而形成集体合力也就不能有效地保障个人的基本生存和安全需要的时候，让渡自身的部分权力和权利、建立一个超越个体之上的、但却能对每一个个体进行有效维护与制约的国家形态便产生了。

恩格斯指出，人类社会发展中根本无法克服的自我矛盾，分裂为难以调和的对立面，但也无从脱离这些对立面。而要使这些对立面，亦即人类社会生活经济利益上互相矛盾的各阶级，不会在无谓的斗争中将自身和社会关系破坏掉，就需要有一种表面凌驾于社会之上的能够平息矛盾的力量，以便于将矛盾维持在"社会秩序"的范围之中；这种既诞生于社会又自居于社会以上，且能够日益包容社会相异化的力量，便是国家。[①]所以国家并非从外部施加给社会的一种力量，而是社会发展到一定时期的产物，是社会演化与发展的一种结果。

迄今为止，国家成为人类社会安全形式的最高体现。通常看来，国家是由领土、国民、政权、主权四个基本要素组成。脱离了国家这种国际社会的行为体，则现今人类社会的所有安全问题都已不能得到安全的解决，尽管非国家行为体在处理当今人类社会存在的安全问题上正起着越来越重要的作用。但只要人类社会仍然由国家所构成，国家便是解决一切人类安全问题的决定性主体。[②]

---

① [德]恩格斯：《家庭、私有制和国家的起源》，人民出版社，1999年，第176—177页。
② 胡慧林、胡霁荣：《国家文化安全治理》，上海人民出版社，2020年，第73—74页。

　　国家安全是当代西方国际关系理论研究中一项重要议题。戴维·鲍德温指出："国家安全的含义在社会科学中是最有争论和牵涉太多价值判断的概念。"[1]《和平与战争：国际关系理论》的作者、现实主义理论代表人物之一雷蒙·阿隆以为："政治,就各国关系来讲,不管是以理念的术语或者是以客观的术语来讲,都是指各国在别国的存在所造成的潜在威胁下的生存。"[2]西方国际关系理论研究的三大流派即现实主义、新自由制度主义和建构主义,都从各自的理论研究范式出发对国家安全的内涵进行深入研究和阐释。约翰·霍普金斯大学的教授阿诺德·沃尔弗斯(Arnold Wolfers)将国家安全分成客观安全与主观安全,"安全从客观含义上,体现为已经获得的价值不存在威胁;从主观含义上,则体现为不存在某种恐惧——对这一价值被侵犯的恐惧"[3]。批判理论代表学者彼得·卡赞斯坦(Peter Katzenstein)把文化认同的原理应用在国家安全的分析之中,他认为国家的安全环境也深受文化和制度因素影响。[4]本研究所指国家安全的内涵,主要采纳《中华人民共和国国家安全法》中的定义:"国家安全"是指国家政权、主权、统一和领土完整、人民福祉、经济社会可持续发展和国家其他的重大利益相对处于没有危险也不受内外威胁的状态,以及保障持续安全状态的

---

　　[1] David Baldwin and Helen Milner, "Economics and National Security", in Henry Bienen ed., *Power, Economics and Security*, Westview Press, 1992, p.21.

　　[2] Raymond Aron, *Peace and War: A Theory of International Relations*, trans, Doubleday Company, 1996, p.6.

　　[3] Arnold Wolfers, "National Security as an Ambiguous Symbol", *Political Science Quarterly*, Vol.67, No.4, 1952, pp.481-502.

　　[4] Peter Katzenstein, ed., *The Culture of Security: Norms and Identity in World Politics*, Columbia University Press, 1996, pp.11-13.

能力。①

最能从根本上区别不同国家和民族价值差异的是文化。国家的生命基础是文化，文化是国家的灵魂，没有了文化，也就无所谓国家。国家因文化而建构，没有文化，有了国家也会灭亡；有了文化，没有国家，也可以进行重建和创建。国家文化是一个长期的进化、演变和形成过程。修昔底德说："国家与个人是一样的，对于安全、荣誉和私利的追逐是其本性。"②世界各国、各民族之间的文化差异是由于不同的生存条件和发展历程所造成的，与此同时也造就了各个民族、国家不同的文化特质。这些风格迥异的文化特质的存在，不仅为不同国家间文化交流互鉴提供了现实必要性，也为不同文化形态之间矛盾与冲突的产生提供了条件。③国家安全的主体是国家，国家文化安全的主体也应当是国家，如果离开了特定国家而谈所谓的文化安全，则没有任何实质意义。

国家文化安全是国家安全中不可或缺的重要组成部分。由于文化对国家安全的影响是深层次、多方位以及潜移默化的，因此有学者就认为国家文化安全构成了国家安全的深层主题，④国家文化安全一定是指主权意义上的国家文化安全。⑤近代以来，东西方文明交流交锋交融日趋频繁，在农业文明与工业文明之间冲突与碰撞愈加激烈的情形下，国家文化安全也逐

① 《中华人民共和国国家安全法》，光明网，https://baijiahao.baidu.com/s?id=1615723668119891751&wfr=spider&for=pc。

② [古希腊]修昔底德：《伯罗奔尼撒战争史》，谢德风译，商务印书馆，1985年。

③ 程伟：《国家文化安全问题的生成与演化》，《河南社会科学》2019年第1期。

④ 于炳贵、郝良华：《中国国家文化安全研究》，山东人民出版社，2007年，第21页。

⑤ 胡惠林、胡霁荣：《国家文化安全治理》，上海人民出版社，2020年，第10页。

渐变得迫切且具体。"国家文化安全伴随全球化开端而开始形成的。"①从国际关系角度来看,国家之间的文化关系是当代国际关系的重要内容,国家文化安全成为国际政治和国际关系凸显的新形态。

对于国家文化安全的理解,不同的人从不同的角度着眼会有不同的认识。关于国家文化安全的概念归属,国内有几种代表性的看法:一种看法认为国家文化安全属于哲学范畴。李金齐认为,国家文化安全是指对文化主体生存权利、生存方式、文化成果的认同、尊重和保护,是对人类文化生存、发展水平和进步程度的一种反映,是指作为文化核心的价值观念的合法生存和合理发展。②另一种看法认为国家文化安全属于政治范畴,主张国家文化安全势必关系到这个国家的政治文化、政治意识及政治制度的安全。潘一禾指出,当代国家体系中的国家文化安全主要指政治文化安全,包括基本政治价值观和社会管理制度两个主要方面。③还有人把国家文化安全看作国际关系范畴。如韩源把国家文化安全的深层原因归结为国家间的文化利益矛盾,认为文化安全的威胁来源首先是存在文化扩张和文化渗透的国家。④其实,国家文化安全是个复杂的概念,既是历史的又是现实的,既是哲学的又是政治的,是一种战略,还是一种价值和理念。

《中华人民共和国国家安全法》中关于国家安全的定义,是

---

① 刘黎明、张江伟:《论国家安全视域下的文化安全》,《江南社会学院学报》2015年第3期。
② 李金齐:《文化安全释义》,《思想战线》2007年第3期。
③ 潘一禾:《当前国家体系中的文化安全问题》,《浙江大学学报》2005年第2期。
④ 韩源:《国家文化安全引论》,《当代世界与社会主义》2008年第6期。

我们认识和定义国家文化安全的法律依据。没有危险、没有危害、可持续发展能力，构成了定义国家文化安全的三要素。①

　　关于国家文化安全的定义，当前的学术界还未有统一说法。虽然学者们众说纷纭，在各自的关于国家文化安全的研究成果中都给出不同的国家文化安全的定义，但是由于国家文化安全问题的复杂性，并没有形成相对集中的统一认识。

　　有的学者认为，国家文化安全的内涵可以概括为：本国文化的精神形态不受别国不良文化形态的影响与伤害，保持本国文化固有的继承性与民族性。②这就是说，国家文化安全是指一个国家的文化处于一种稳定发展的状态，一方面能够抵制住外部恶性文化的渗透和侵蚀，另一方面又能够成功化解自身面临的风险和挑战。有的学者认为，广义的国家文化安全特指"国家内部的文化安全"，即主权国家的主流文化价值体系和建立于其上的意识形态、社会基本制度、语言符号系统、知识传统、宗教信仰等主要文化要素，免于内部或者外部敌对力量的侵蚀、破坏和颠覆，确保主权国家享有充分完整的文化主权，具备同国家政治、经济发展相协调、良性互动、不断创新的文化系统，在人民群众中间保持一种高度的民族文化认同。③有的学者认为，国家文化安全就是一个国家现存文化特质的保持与延续，主要包括语言文字的安全、风俗习惯的安全、价值观念的安全和生活方式的安全等。④也有学者提出，国家文化安全是一

---

① 胡惠林、胡霁荣：《国家文化安全治理》，上海人民出版社，2020年，第71页。
② 林宏宇：《文化安全：国家安全的深层主题》，《国家安全通讯》1999年第8期。
③ 石中英：《论国家文化安全》，《北京师范大学学报》2003年第3期。
④ 刘跃进：《国家安全学》，中国政法大学出版社，2004年，第145—149页。

个国家在全球经济一体化过程中在与世界各种文化思潮互动时所彰显自己文化价值的特色和优势、保持自己文化话语权、应对文化渗透的能力与实力。[①]还有学者从防御性的角度来定义国家文化安全,比如张守富提出,"文化安全是指国家防止异质文化对民族文化生活渗透和侵蚀时保护本国人民的价值观、行为方式、社会制度不被重塑和同化的安全"。

　国家文化安全是相对于"文化渗透""文化控制"而言的,是一种相应的"反渗透""反控制""反同化"的文化战略。[②]有的学者比如贾磊磊是从全局的角度来定义国家文化安全的,认为无论是学术研究还是体系建构,国家文化安全的基本内涵都应当包括国家的良性文化生存境遇和与此相关的政治、社会、伦理、人际、信息等方面的安全状态。[③]有的学者比如胡惠林是从文化主权角度来定义国家文化安全的:国家文化安全首先是就国家主权意义而言,指一个国家的文化主权神圣不可侵犯,文化传统和文化发展的选择必须得到尊重,包括国家文化的立法权、管理权、制度和意识形态选择权、传播与交流的独立自主权等。[④]还有的学者比如程伟是从国家主体的角度来定义国家文化安全:国家文化安全内涵应当是"一个国家文化的存在与发展处于无危险的客观状态(既无外部威胁,也无内部危险)"[⑤]。总之,从各自不同角度

[①] 刘荣:《全球化时代中国文化安全问题及其应对》,《西北民族研究》2015年第3期。

[②] 张守富、朱彦振:《经济全球化与中国三大安全》,《党政干部论坛》2000年第12期。

[③] 贾磊磊、黄大同:《守望文化江山:中国国家文化安全研究》,中国广播电视出版社,2012年,第2页。

[④] 胡惠林:《文化产业发展与国家文化安全》,广东人民出版社,2005年,第106页。

[⑤] 转引自胡惠林:《中国国家文化安全论》,上海人民出版社,2005年,第16页。

出发学者们研究给出的定义也各具特色。

2014年4月15日在中央国家安全委员会第一次会议上,习近平总书记首次提出了总体国家安全观,他指出,当前我国的国家安全内涵和外延,相比历史上的任何时候都要丰富,时空领域相比历史上的任何时候都要宽广,国内国际因素也比历史上的任何时候都要复杂。因此,为确保国家的长治久安,就必须要"构建集政治安全、国土安全、军事安全、经济安全、文化安全、社会安全、科技安全、信息安全、生态安全、资源安全、核安全等于一体的国家安全体系"[1]。

在总体国家安全观的视域中,国家文化安全的基本含义,是指一个国家文化相对处于没有危险和不受内外威胁的状态,以及保障、维护和塑造持续安全状态的能力。[2]本书研究中所指的国家文化安全的含义,即与总体国家安全观当中的国家文化安全的基本含义相同。

在当前的国际环境中,国家文化安全已经与国土安全、政治安全、国民安全等有着同等重要的地位,共同构成国家生存与发展的安全体系。国家文化安全虽然还不是专门的学科,但因其极为重要的战略高度而为人所不能忽视。国家文化安全在时代和现实需求的背景下,已经成为当今的焦点研究命题。

四、新时代国家文化安全观

正如美国学者约翰·P.洛弗尔所说:"人是在文化氛围中长大的,受到其中基本价值、风俗习惯和信仰的熏陶。那些在每

---

①《习近平关于总体国家安全观论述摘编》,中央文献出版社,2018年,第5页。
②《什么是国家文化安全?》,《国家文化安全知识百问》,人民出版社,2022年,第3页。

个社会中握有政治权力的人易受社会文化的影响;他们的行为与态度将有许多文化根源。此外,在每个民族国家,统治本身和外交政策的制定都是在一种文化背景下发生的。"①

如果说国家文化安全是一个系统性宏观性的概念,是一个随着社会进步而不断发展和丰富的动态过程;那么,"国家文化安全观"则是建立在一定物质基础之上的上层建筑,它是源自于国家文化安全的内涵演变而形成的一种主流价值观念,随着国家文化安全概念的拓展与内容的丰富,国家文化安全观也当随之嬗变。②

美国学者厄尔·H.弗赖伊曾指出:"政治领袖必须在符合国家价值观的前提下才能形成政策,国家价值观只是个人价值观的集合……正是这些价值观才规定了国家利益和国家的安全。"③

新时代国家文化安全观,散见于政府文件和新时代中国国家领导人的诸多讲话、报告、谈话与其署名文章等之中,蕴含丰富的内容。比如,习近平高度重视意识形态安全。他指出,要把意识形态工作作为党的一项"极端重要"的工作,并提出了一系列重要的论述和观点。④习近平认为,社会主义核心价值观

---

① John P. Lovell, "The United States as Ally and Adversary in East Asia: Reflections on Culture and Foreign Policy", in Jongsuk Chay, ed., *Culture and Internations Relations*, New York, 1990, p.89.

② 易华勇、邓伯军:《新时代中国国家文化安全策论》,《江海学刊》2020年第1期。

③ Earl H. Fry, Stan A. Taylor, Robert S. Wood, *America the Vincible: U.S. Foreign Policy for the Twenty-First Century*, Prentice Hall, 1994, p.113.

④《习近平:意识形态工作是党的一项极端重要的工作》,新华网, http://www.xinhuanet.com//politics/2013-08/20/c_117021464.htm。

是社会主义意识形态的本质体现，要想真正地维护意识形态安全，必须在全社会进行社会主义核心价值观的培育和践行，让社会主义核心价值观的影响像空气一样无处不在、无时不有。他提出要加强党对意识形态的绝对领导，坚持党管意识形态的原则和"党媒姓党"，高度重视宣传思想工作。还比如，习近平高度重视传统文化。习近平在传统文化的保护上更是有着自己独到的理解和作为。首先，他对传统文化有着高度的肯定——"培育和弘扬社会主义核心价值观必须立足中华优秀传统文化"①，"中华优秀传统文化是中华民族的突出优势，是我们最深厚的文化软实力"②，"中华优秀传统文化可以为治国理政提供有益启示"③，这些对中华优秀传统文化的高度评价和肯定，充分体现了新时代的中国对中华优秀传统文化的高度重视。同时，他还提出了如何弘扬和发展传统文化的重要论断——"双创"，即对传统文化的创造性转化和创新性发展。此外，习近平高度重视网络文化安全。面临网络文化安全的新问题和新挑战，习近平首先提出"没有网络安全就没有国家安全"④，把维护网络安全的重要性提升到了一个新的战略高度，进而提出"构建网络空间命运共同体"和"网络空间不是法外之地"等重要论断，为维护网络文化安全提供了坚强保障。

关于意识形态安全归属政治安全范畴还是文化安全范畴，

①《习近平谈治国理政（第一卷）》，外文出版社，2018年，第163—164页。
②《习近平谈治国理政（第一卷）》，外文出版社，2018年，第155页。
③习近平：《在纪念孔子诞辰2565周年国际学术研讨会暨国际儒学联合会第五届会员大会开幕会上的讲话》，《人民日报》2014年9月25日。
④《习近平的网络观：没有网络安全就没有国家安全》，中国共产党新闻网，http://cpc.people.com.cn/xuexi/n/2014/1120/c385475-26061137.html。

对此一直有着不同的观点。2020年9月中国教育部印发的《大中小学国家安全教育指导纲要》，将意识形态安全作为政治安全的重要内容。①2022年4月出版的《总体国家安全观学习纲要》第六部分"坚持把政治安全放在首位"中，也将"坚决打赢意识形态斗争"列为政治安全的内容来解读。②但是许多学者认为，意识形态安全应该归属文化安全的范畴。于炳贵、郝良华认为，意识形态是国家文化安全的重要内容。文化安全是"一个国家能够独立自主选择政治制度和意识形态，抵制其他国家试图以意识形态和意识形态指导下的政治、经济模式强加于本国的做法，防范来自内部和外部文化因素的侵蚀、破坏或颠覆，从而能够很好地保护本国人民的价值观、行为方式、社会制度，保护文化的民族性，维护民族的自尊心和凝聚力，并利用必要的手段扩大本国文化在国际上的影响"③。胡惠林认为，意识形态也是文化安全的重要内容。"毫不夸张地说，今天世界上的一切纷争，都是由意识形态冲突引发的。意识形态是当今世界一切冲突的根源，也是国家文化安全的根源。意识形态可以用来定义当今世界一切国家文化安全。"④赵子林认为："意识形态与国家政权结合在一起，靠国家政权来维护与传播，同时也为国家政权提供'合法性'基础。国民的意识形态认同直接关系到

---

①《教育部关于印发〈大中小学国家安全教育指导纲要〉的通知》，中华人民共和国教育部政府门户网站，http://www.moe.gov.cn/srcsite/A26/s8001/202010/t20201027_496805.html。

②中共中央宣传部、中央国家安全委员会办公室：《总体国家安全观学习纲要》，学习出版社、人民出版社，2022年，第61页。

③于炳贵、郝良华：《中国国家文化安全研究》，山东人民出版社，2007年，第21页。

④胡惠林：《国家文化安全研究导论》，上海人民出版社，2013年，第87页。

政权的巩固和稳定。不仅如此，意识形态还是'文化的核心和灵魂，决定着文化的性质和方向'。因此，意识形态安全是国家文化安全的核心组成部分。"①最为重要的是，在《中华人民共和国国家安全法》中，明确了意识形态安全是文化安全的主要内容。该法第二十三条规定："国家坚持社会主义先进文化前进方向，继承和弘扬中华民族优秀传统文化，培育和践行社会主义核心价值观，防范和抵制不良文化的影响，掌握意识形态领域主导权，增强文化整体实力和竞争力。"②这是意识形态安全是文化安全重要内容的法理依据。此外，人民出版社出版的"总体国家安全观普及"丛书之《国家文化安全知识百问》中，认为："文化安全是随形势任务的变化动态发展的。从基本性质来看，主要包括文化主权、意识形态、文化认同、文化传统等方面的安全。"③因此，为了便于系统分析和深入论述，本研究把意识形态安全作为国家文化安全的重要内容之一来认定。

在界定新时代国家文化安全观之前，需要厘清三个概念之间的关系：文化建设思想、意识形态安全思想与国家文化安全。

习近平文化建设的新思想新观点新论断与新时代国家文化安全观的关系，是整体与部分、一般与个别的关系。这两个概念的外延，前者比后者要广泛，后者内含于前者之中。习近平文化建设的新思想新观点新论断除了包括新时代国家文化安全观之外，还包括他关于教育、文艺、科学文化、农村文化等的思想观点。国家文化安全观绝不是文化建设思想中可有可无

---

① 赵子林：《中国国家文化安全论》，湖南大学出版社，2012年，第97页。
② 《中华人民共和国国家安全法》，中国政府网，www.gov.cn。
③ 《国家文化安全知识百问》，人民出版社，2022年，第5页。

的存在,而是文化建设和发展的核心问题。综观习近平文化建设的新思想新观点新论断,无论是意识形态安全,还是文化自信,抑或科技文化、网络文化安全,都贯穿着一根国家文化安全的红线。其根本目的,就是要确保中国的国家文化安全,建设社会主义的文化强国。

意识形态是阶级利益的观念形态,只是文化的一个组成部分,文化在外延上还包括意识形态所不能涵盖的民族文化、宗教文化和民间文化等。可以说,新时代国家文化安全观与习近平总书记关于意识形态工作重要论述也是一般与个别、整体与部分的关系。新时代国家文化安全观包含着意识形态安全、民族文化安全、确保本国文化健康发展等内容。

在厘清上述两组概念关系之后,我们尝试着给本书的研究对象下一个简单精要的定义。新时代国家文化安全观,是指党的十八大以来习近平总书记在领导新时代中国现代化建设的过程中,立足中国当代国情的文化现实,围绕坚持和发展马克思主义意识形态,抵制西方霸权文化渗透,以及中国存在的受封建主义、殖民主义影响而遗留下来的落后思想,在建设社会主义文化强国的过程中,提出的一系列关于捍卫、维护和塑造中国国家文化安全的政策主张与思想观念。

新时代国家文化安全观,是由以下五个方面内容构成的相对独立且科学的思想体系:意识形态安全是捍卫国家文化安全的坚强核心、中华优秀传统文化是维护国家文化安全的坚实根基、文化自信是维护国家文化安全的有力支撑、网络文化安全是维护国家文化安全的重要领域、与世界优秀文化交流互鉴是发展中国文化的重要途径。新时代国家文化安全观是习近平新时代中国特色社会主义思想的重要组成部分。

第二节　国家文化安全在国家安全中的地位与作用

在《中华人民共和国国家安全法》的第一章第二条中对"国家安全"有着清晰的定义：国家安全即是指国家政权、主权、统一和领土完整、人民福祉、经济社会可持续发展和国家其他重大利益相对处于没有危险和不受内外威胁的状态，以及保障持续安全状态的能力。在党的二十大报告之中也提到，国家安全是民族复兴的根基，社会稳定是国家强盛的前提。当今时代，统筹推进"五位一体"总体布局、协调推进"四个全面"战略布局，文化是重要内容；推动国家经济高质量发展，文化是重要支点；满足人民日益增长的美好生活需要，文化是重要因素；战胜前进道路上的各种风险挑战，文化是重要力量源泉。在国家安全的总体布局之中，国家文化安全占有无可替代的重要地位，发挥着捍卫国家安全的不可或缺的重要作用，是新时代我国总体国家安全体系之中的重要组成部分。维护塑造国家文化安全是捍卫国家生存和发展不容忽视的重要战略任务，对于坚持和发展中国特色社会主义，全面建设社会主义现代化强国具有重要意义。

一、国家文化安全是民族国家生存发展的重要条件

要想在世界民族之林中自立，有两个最基本的需求必须满足：国家生存安全的需求和经济社会发展的需求。其中，国家的生存安全——"没有威胁或保护国家不受外来颠覆或袭击"，[1]可

---

[1] Helga Haftendorn, "The Security Puzzle: Theory Building and Discipline Building in International Relations", in *International Studies Quarterly*, Vol.35, No.1 (March 1990), pp.3–17.

以说是第一位的。没有了生存安全的保障,发展就没有了坚实的基础。对于一个民族国家来说,文化是发展巩固民族国家认同的基本保证,是一种能够凝聚和整合民族国家资源的基本力量,这种基本力量的不论哪种形式的丧失,都会危及或威胁一个民族国家的生存安全。所以国家文化安全就成了确保民族国家正常生存安全的重要的战略要素。①

国家文化安全是对国家安全的主权独立要素有着重要影响的因素。领土完整、人民凝聚、政权稳定和主权独立等,是国家安全的重要构成要素。国家主权独立是国家最高利益的体现,指一个国家能够拥有独立自主地处理本国对内和对外事务的最高权力。②有学者指出,国家主权的现代原则历史地产生于国家的特征及其合法性的表现形态,它所表达的最根本的内容是在划定的领土边界内,行使合法的权力。③文化主权则是伴随着国家主权而产生的一种权力,这种权力是指主权国家所拥有的能够自主处理和决定本国自身文化领域所有一切事务的最高权力,是指一个国家将本民族国家文化习俗、价值观念、组织制度、宗教信仰等上升为国家意志,凭此成为本国在文化上所拥有的最高独立权力。在全球化不断发展演变的进程之中,凸显出了文化的重要作用,文化成为与军事、政治、经济等同样具有重要战略意义的要素,文化主权成为国家主权的重要组成部分。在百年未有之大变局中,个别西方国家凭借强大的

---

① 陈宇宙:《文化软实力与当代中国的国家文化安全》,《天府新论》2008年第6期。

② 周鲠生:《国际法(上册)》,商务印书馆,2010年,第75页。

③ Walker, R. B. J., "State Sovereignty and the Articulation of Political Space / Time", *Journal of International Studies*, Vol. 20, No.3, 1991.

经济、军事实力，其霸权文化不断冲击其他相对较弱势的主权国家，对别国进行肆无忌惮的文化扩张、文化渗透、文化侵蚀，妄图同化别国文化而巩固自身的霸权文化地位。如果文化主权不能够独立，就会导致该国人民所接受的文化被其他国家所控制，人民的思想观念被有意识地加以误导，从而造成国家主权被侵蚀，最终导致成为别国的附庸。因此，一个国家主权的独立，需要做到文化主权的真正独立，而文化主权真正独立，只有文化安全才能保障实现。在整个国家思想文化领域处在相对安全没有危险的环境下时，国家文化软实力不断发展壮大，强大的文化软实力支撑着民族国家文化主权的掌控；相反，如果民族国家思想文化领域的发展受到别国威胁或者侵犯时，国家的文化软实力也将会逐渐地衰弱。因此可以说，如果没有强大的国家文化软实力的支撑、没有国家文化安全，国家文化主权只能是不切实际的空谈。

国家文化安全是民族国家政权稳定的重要保障。民族国家要想政权稳定，一定需要意识形态安全。而意识形态安全是国家文化安全的核心内容。作为国家思想上层建筑的意识形态，是社会文化的重要构成因素，影响并决定着国家文化的基本价值倾向。①意识形态与民族国家政权的稳定高度结合在一起，为其提供合法统治的依据和强力支持的同时，也依托民族国家政权来维护自身的主导地位与对民众的广泛传播。意识形态本身一定要符合并代表民族国家和民众意志，不能被其他思想所随意影响，也即需要捍卫意识形态安全。国家文化安全

---

① 涂成林：《马克思主义意识形态批判视野下的国家文化安全研究》，《马克思主义与现实》2018年第5期。

能够捍卫和保障意识形态安全。意识形态是思想观念的集合体，如果在人的头脑中构建起对某种政权的思想观念的认同，那么就能够使民众认同该政权的合法性。维护国家文化安全，就是要能够不断保证这种思想观念得以巩固和传播，让民族国家主流的思想观念占据国家文化思想的主导地位，从而不受别国其他意识形态的侵犯、威胁与干扰。综观当今世界秩序，伴随着全球化的深入发展，发达国家获取国家利益的方式，除了通过军事行动，更多地以文化扩张的方式，积极向文化实力较弱的国家不间断地进行文化输出与意识形态渗透，所以当今维护国家文化安全尤其是民族国家的意识形态安全变得甚为重要。在国家文化安全的大环境下传播民族国家的主流意识形态，能够加强人民对主流意识形态的认同，与国家政权互相作用，达到巩固自身政权地位和保证政权稳定的目的。如果国家文化安全受到侵害，国家主流意识形态势必被其他思想侵犯，从而使国家政权自身地位受到威胁，人民对国家政权的认同度将会下降，失去合法性的国家政权势必动摇不稳，从而会引发国家政权危机。①

国家文化安全是保证人民凝聚力的重要前提。民族国家政权要想获得人民群众的拥护，不仅需要满足人民群众的物质利益需求，更要得到人民群众精神上的认同与响应。"如果精神上丧失群众基础，那么最后也要出问题的。"②要想凝聚人民群众，就需要民族国家的文化认同。文化认同是一个民族国家的

---

① 祝冕、石裕东：《论文化安全在国家安全中的重要地位——基于国家要素视角》，《湖北工业大学学报》2020年第6期。

②《习近平关于总体国家安全观论述摘编》，中央文献出版社，2018年，第99页。

人民群众对本国文化的价值认同。文化认同的核心即在于人民群众长期在本国文化思想影响之下所形成的含有特定意义的国家精神标识，这种国家精神标识会使人民群众对国家产生强烈的认同感与归属感，从而起到对人民群众的凝聚力，强大的人民群众的凝聚力是国家政权稳定的坚定根基。"由于存在凝聚力，社会共同体才保持着自身的内在规定性，一旦凝聚力消失，社会共同体便会趋于解体。"①影响人民群众思想行为最主要的方面就是其所接受的文化。如果对某种文化的认同度愈高，那么在这种文化下所产生的凝聚力就愈强。当人民群众普遍认同并接受本国的文化，在文化作用下，人民群众思想受到引导就会形成共同的价值追求，进而外化为集体的行为习惯，在思想与行为的双重作用之下产生合力，这股合力将会使人民群众凝聚起来并会站在相同的价值立场上共同维护国家安全。从以上分析来看，文化认同是人民群众凝聚力形成的重要因素，是国家安全稳定的根本。形成这种文化认同，需要文化在一定安全的环境下发展，就需要捍卫国家文化安全。若当国家文化处在一个不断受到侵害与威胁的环境中时，这种国家文化势必不能健康发展和绵延永续；当其国家文化的内涵无法满足人民群众的文化需求时，也会导致人民群众不认同、不接受、质疑或反对该文化，从而使人民群众的凝聚力逐步涣散虚弱，终因引发人民群众内部矛盾而招致国家危机，甚至从内部分化瓦解掉该国家行为体。因此，人民群众凝聚力的重要前提是国家文化安全。国家文化安全对于一个民族国家来说起着形成文化认同和维护国家根基的重要精神作用，是民族国家能

---

① 金炳华、余源培、尹继佐等：《马克思主义哲学大辞典》，辞书出版社，2003年。

够屹立于世界民族之林的伟大精神力量。①

二、国家文化安全是总体国家安全的重要组成部分

2014年习近平总书记在准确把握我国国家安全形势变化新特点、新趋势的基础之上，提出总体国家安全观。总体国家安全观有别于以前国际上的"综合安全观""共同安全观""合作安全观"，是我国为了适应自身新常态对中国的新安全观进行的创新性发展。总体国家安全观的关键是"总体"，强调大安全理念，涵盖政治、军事、国土、经济、金融、文化、社会、科技、网络、粮食、生态、资源、核、海外利益、太空、深海、极地、生物、人工智能、大数据等诸多领域，而且将随着社会发展不断动态调整。②在总体国家安全观中，国家文化安全作为国家安全内涵的重要组成部分，首次被纳入国家总体安全范畴，而且与军事安全、社会安全等共同成为国家整体安全的保障手段。文化安全因其具有指导性和隐蔽性，决定了它是国家总体安全的灵魂，直接关乎国家的政治安全，是维护国家总体安全的重要内容。国家文化安全在总体国家安全中的战略地位主要体现在三个方面：

第一，国家文化安全是先进文化思想引领的根本保证。文化的强盛与安全不仅可以形成民族凝聚力和文化认同感，而且由这种认同感和凝聚力所形成的安全屏障可以极大地提高国家整体的安全度。"灭人之国，必先去其史；隳人之枋，败人之纲纪，必先去其史；绝人之材，湮塞人之教，必先去其史；夷人之祖

---

① 祝冕、石裕东：《论文化安全在国家安全中的重要地位——基于国家要素视角》，《湖北工业大学学报》2020年第6期。

② 中共中央宣传部、中央国家安全委员会办公室：《总体国家安全观学习纲要》，学习出版社、人民出版社，2022年，第8页。

宗，必先去其史。"（龚自珍：《定庵续集·古史钩沉二》）一个国家的精神文化和优秀传统文化构成了其各项事业发展的精神支撑和文化底蕴。只有保障国家文化安全，才能厚植国家各项事业发展的历史文化底蕴。由于文化可以发挥对经济、政治的反作用力，先进文化一旦与生产力中的人的因素相结合，就会极大地激发生产力的增长，而先进的政治制度和政治体制，也都需要靠先进的思想文化来推进和支撑。落后的文化则会阻碍经济、政治的发展。习近平指出："中华优秀传统文化是中华民族的精神命脉，是涵养社会主义核心价值观的重要源泉，也是我们在世界文化激荡中站稳脚跟的坚实根基。"①因此，要始终坚持用先进文化牢牢占领思想文化阵地，统领意识形态领域，坚决抵御西方敌对势力"西化""分化"的政治图谋和各种腐朽、反动思想的文化渗透，确保我国国家文化安全。

第二，国家文化安全能够塑造并提升国家的良好形象。没有先进文化的引领，一个国家或民族不可能屹立于世界先进民族之林。一个国家在政治、经济、军事上的竞争力有多强，在很大程度上取决于文化本身。当前，文化的突出之处就是创新，哪个国家的创新能力强，哪个国家就能够占领世界科技前沿，获得更多市场份额，获得更多物质财富。文化的繁荣发展，对中华民族的伟大复兴具有深远的战略意义。文化安全重在建设，要促进我国国际良好形象的建立，需要不断加强国家文化塑造。要增加中国文化形象的现代元素，把中国优秀的文化形象推向世界，使世界各国人民普遍产生"中国是传统意义上的文化古国，更是现代意义上的文化强国"的认知，为当代中国文

---

① 《十八大以来重要文献选编（中册）》，中央文献出版社，2016年，第135页。

化赢得应有的尊重。要不断增强中国文化形象的核心元素。国家文化形象最为核心的元素体现在思想和价值观层面。如何把我国社会主义核心价值观这一文化核心元素，通过多种手段传播到世界各地，向世界讲好"中国故事"，使这种核心元素具有强大的亲和力、穿透力和感召力，对于保障并促进我国国际话语权提升具有重要意义。

第三，国家文化安全不断推动我国社会生活方式健康向上发展。生活方式指的是在一定社会环境和制度下，社会、民族、阶级、群体及个人在物质和文化生活方面各种活动的总和，涉及劳动、消费、社会交往及道德、价值观念等方面内容。文化是生活方式的中介和导向，不仅引导人们应该怎样生活，还影响着人们的价值观念和价值取向。任何民族或国家都需要一个能够被社会共同接受和认同的社会主流价值来引领。我国的改革开放之所以取得举世瞩目的历史性成就，一个重要原因就是国家文化安全得到了基本的保证，中华民族多元一体的自我认同意识不断增强，社会主流价值观念得到进一步的弘扬。社会主义核心价值观作为我国社会主义文化灵魂，覆盖了各个利益群体，涵盖了社会生活的方方面面，与社会主义市场经济体制相适应，与社会主义法律规范相协调，与中华民族传统美德相承接，鲜明地指出了当代时空条件下的真善美与假恶丑，为人们在社会主义市场经济条件下判断行为得失、作出道德选择与价值评价，提供了基本规范，蕴含丰富的社会生活正能量，有利于推动我国社会整体生活方式的积极向上。[1]

---

[1] 王瑞香:《论总体国家安全观视野中的国家文化安全》,《社会主义研究》2016年第5期。

三、国家文化安全对于发展和提升综合国力具有重要作用

古往今来,任何大国的发展进程,既是经济总量、军事力量等硬实力提高的进程,也是价值观念、思想文化等软实力提高的进程。[1]在组成国家综合国力的硬实力和软实力之中,国家硬实力是软实力的基础,为软实力的发展提供必要的物质支持;软实力的提高离不开国家硬实力的支撑。在综合国力的竞争中,以往人们更加关注硬实力的竞争,硬实力往往成为国家竞争中的决定性筹码。其实,在一个国家综合国力的构成因素之中,几乎每一项硬实力的能力大小都与各种无形的软实力因素紧密联系着。

约瑟夫·奈认为,软实力在国际关系中同政治军事和经济实力等有形的硬实力一样重要,"21世纪的力量将依赖于有形和无形这两种力量源泉的结合"[2]。软实力具有超强的扩张性和传导性,在国际竞争中能够"不战而屈人之兵",达到扩充硬实力的目的,因而软实力越来越成为国家权力的重要来源。国家软实力为硬实力提供精神支撑和智力支持,提升国家软实力会为硬实力的发展和作用的发挥提供科学的价值观念、行为准则和人文素养,使国家硬实力更好地发挥作用。[3]当今世界,在一个国家的发展建设进程中,国家软实力与硬实力同等重要,只有二者互相补充、互相促进、相辅相成、协调发展,才能成为

---

[1] 中共中央宣传部、中央国家安全委员会办公室:《总体国家安全观学习纲要》,学习出版社、人民出版社,2022年,第94页。

[2] [美]约瑟夫·奈:《美国霸权的困惑——为什么美国不能独断专行》,郑志国等译,世界知识出版社,2002年,第12页。

[3] 王光荣:《新时代提高国家文化软实力研究》,东北师范大学2020年博士学位论文,第40页。

名副其实的有竞争实力的强国。

国家软实力实际上是指一个国家的文化软实力。一个国家的文化软实力,对内而言,它渗透于社会生活的各个方面,影响着人们的精神世界和行为方式,成为一个民族国家生命力、创造力、凝聚力的重要源泉;对外而言,凭借其独特的扩散性和渗透性,吸引和影响他国追随或认同其信仰和价值规范,从而构成国家综合国力竞争的关键因素。提高国家文化软实力,有利于提升国家的综合国力。

一个国家的文化是否安全,有没有外来的威胁和侵蚀,日益成为维护国家安全的重要内容之一。维护国家安全,必须维护国家文化安全;提升国家安全能力,必须提升国家文化软实力。[1]国家文化安全是文化软实力高质量提升的关键因素,同时也是提升国家综合国力的重要力量。

维护国家文化安全、提升国家文化软实力,有利于促进国家经济发展。文化软实力促进国家经济发展主要体现在推动文化产业发展上。人民对文化消费品的需求及文化消费形式的追求,推动国家文化消费品及其载体的开发,文化消费成为拉动国民经济增长的重要因素。在保证国家文化安全的前提下,国家文化软实力的提升,能够有效推动科技、文化产品设计和影视传媒行业等各领域的发展,并构建完善的文化产业体系,使得文化的生产、传播、消费更加规范。同时,文化产业的发展将进一步推动市场经济结构的多元化,使人们在进行物质产品消费的同时,获得更多来自精神产品消费的体验。文化产

---

[1] 颜旭:《提升国家文化安全水平确保总体国家安全》,《中国井冈山干部学院学报》2014年第5期。

业体系的构建,能够完善市场经济体系,推动国民经济产业结构的优化调整,增加国民经济增长方式,增强国民经济发展活力,使国民经济的发展更加具有人文情怀和价值内涵。[①]

维护国家文化安全、提升国家文化软实力,有助于实现社会良性发展。衡量社会发展的评价指标,包括经济增长、制度建设、环境优化等硬指标,也包括文明程度、文化素养等软指标。物质层面的发展对于社会发展具有基础性意义,文化因素则构成社会发展的灵魂。在保证文化安全的前提下,提高国家文化软实力,能够有效避免在发展过程中出现单纯重视经济增长,在一定程度上忽视文化建设的问题。此外,能够有效避免信仰弱化、道德失范、诚信缺少、唯利是图、政府公信力不足等现象,以及文化产品竞争力不强、文化对于经济的贡献率不高等问题而导致的社会价值观和意识形态领域的撕裂、社会整合力和凝聚力的下降而造成的社会发展失衡。因此,在推动社会经济发展和人民生活富裕的现代化的同时,使社会发展更有内涵、更加美好。

维护国家文化安全、提升国家文化软实力,有利于提高国家文化道德水平。在保证文化安全的前提下,提高国家文化软实力,能够挖掘国家文化的内在价值,深化文化内涵,拓宽文化传播途径,扩大国家文化的影响力和感召力;能够强化国家文化在人民中间的认可度和影响力,使人民对国家文化及其内在思想形成更为清晰的认知,从而形成广泛的文化认同。提高国家文化软实力,一是能够进一步彰显社会倡导的主流价值观、

---

① 王光荣:《新时代提高国家文化软实力研究》,东北师范大学 2020 年博士学位论文,第 40—41 页。

理想追求和人文情怀,使社会发展更富于人文关怀,更能激发人民的情感共鸣和价值认同;二是能够推动国家核心价值观构建,在社会中形成得到普遍认可的道德规范和社会行为准则,强化文化对公民日常生活的嵌入,在社会上形成向上向善的良好风尚,使公民不断追求自身发展,提升自身学识与能力,丰富自身精神世界,提升交往能力,增强公民的自主性和社会性,使公民作为一个独立的个体参与国家社会生活,进一步形成庞大的人力资源优势,有效提升国家综合国力。

正是因为时代的发展,打破了旧有的国际安全格局,丰富了国家安全的内涵,凸显了国家文化安全在维护国家安全中的战略地位与重要作用。当代世界各国都十分重视本国文化安全的维护与塑造。新时代国家文化安全观,是运用马克思主义的立场、观点和方法,对维护新时代中国国家文化安全全面而系统的战略思考、深刻论述和研究总结,具有极其重大的理论价值和实践意义。

第二章

新时代国家文化安全观形成的
历史条件与思想渊源

文化对一个国家的生存、发展、繁荣至关重要。在国际问题研究领域，文化安全问题在国家安全中占据着重要位置，受到国内外各领域高度重视。习近平在《在文艺工作座谈会上的讲话》中指出："一个民族的复兴需要强大的物质力量，也需要强大的精神力量。没有先进文化的积极引领，没有人民精神世界的极大丰富，没有民族精神力量的不断增强，一个国家、一个民族不可能屹立于世界民族之林。"①新时代国家文化安全观的形成，有着复杂的背景条件和丰富的思想渊源。

第一节　新时代国家文化安全观形成的历史条件

国家文化安全关系到我国在动荡的世界格局中的战略地位和战略利益，关系到我国的现状与未来，是我国战略决策的重要组成部分。进入新时代，随着经济、社会、科学技术等方面的迅猛发展，我国社会主要矛盾发生了深刻变化，国家文化安全问题作为非传统安全问题越来越显现出来。处于新时代的中国，不仅面临着国际敌对势力对我国文化安全的威胁，而且面临着国内快速发展带来的文化安全挑战。新时代中国面临的国际国内各种威胁与风险挑战，是新时代国家文化安全观形成的重要背景原因。

一、国际背景

当前，百年未有之大变局使世界进入新的动荡变革期。随着全球化进程不断推进，国家之间经济文化交流日益密切，一些西方国家始终没有放弃对中国的和平演变，企图通过各种文

---

① 习近平：《在文艺工作座谈会上的讲话》，人民出版社，2015年，第5页。

化渗透的方式对中国进行"西化"和"分化"。

（一）国际安全环境出现新变化与新威胁

在经济全球化不断推进的今天，变革中的世界机遇与挑战并存。世界政治格局已经朝全球性方向演进。"全球事务已不再属于外交部的工作范畴，国家也不再是解决我们这个星球上许多问题的唯一来源。各种不同的非国家行为体越来越具有影响力，它们已加入并同国家决策者一起来制定新的治理世界之道。"①随着世界多极化、经济全球化、文化多样化深入发展，全球治理体系和国际秩序变革加速推进，发展中国家对世界的影响力不断增加，世界的复杂问题的解决需要更多的发展中国家参与其中，在谋划合理的国际机制、制定公平的国际规则上发挥更加重要的作用。以往以美国为首的发达国家占据着全球化发展的主导权，其他的发展中国家只能被动地按照它们制定的游戏规则行事。当下广大发展中国家正面临有利的发展机遇，综合国力不断提升，日益走向国际舞台中心，成为发达国家在谋求发展时不得不考量的合作对象。这些极具变革性的国际关系在近代以来从未有过。②各国相互联系和依存日益加深，国际力量对比更趋平衡，和平发展大势不可逆转。但是全球化时代的世界并不太平，出现经济和军事力量强大的国家动用各种霸权手段欺凌弱小国家而发动的局部战争，出现民族/种族冲突和恐怖主义，出现网络安全、资源短缺、气候变化、重大传染性疾病等传统和非传统安全问题对人类的持续威胁……

---

① 王联：《为万世开太平？——评安南的千年报告及其联合国改革计划》，《南方周末》2000年5月5日。

② 吕文菁：《习近平世界文明观研究》，湖南师范大学2019年博士学位论文，第152页。

世界面临的不稳定性和不确定性日益突出，人类面临很多共同的安全挑战。

中国与世界的关系发生了深刻变化。中国已经成为世界第二大经济体和第一大贸易国，对世界经济的稳定运行起到举足轻重的重要作用。"我国对世界的依靠、对国际事务的参与在不断加深，世界对我国的依靠、对我国的影响也在不断加深。"①中国作为安理会常任理事国积极发挥负责任大国作用，参与全球事务和地区安全事务，为促进世界安全稳定和地区和平发展做出重要贡献。同时也要看到，随着中国国际地位的提升和参与国际事务的增多，中国国家利益在全球不断拓展，中国国家安全受到威胁的风险也在上升。尤其是自特朗普上台后，以及紧随其后的拜登政府，使中美关系呈现出更加复杂的态势，中美贸易摩擦在涉及范围、打击力度等方面远超以往范畴。当前中美在高科技与金融领域的竞争态势中，竞争远大于合作，美国不再满足于中国直接让渡部分，要求中国在经济利益方面开放更多领域，且对华合作是"强制性、非对等的"②。美国不择手段损害中国核心利益，主张与中国展开全面地缘竞争，强烈呼吁与中国"脱钩断链"。③中国周边安全存在着诸多不确定性。军事上，美国增强驻亚太军事力量，巩固美日、美韩、美澳等军事同盟关系，同印度、菲律宾等国加强军事交流合作。经济上，

---

① 《中央外事工作会议在京举行习近平发表重要讲话》，《人民日报》2014年11月30日。

② Evelyn Goh. "Contesting Hegemonic Order: China in East Asia", *Security Studies*, 2019, 28 (3), p.624.

③ Jonathan Kirshner. "Handle Him with Care: The Importance of Getting Thucydides Right", *Security Studies*, 2019, 28(1), p.5.

以美国为代表的西方国家力图挤压中国在亚太地区经济活动空间，污化"一带一路"建设并遏制中国经济实力的进一步提升。文化上，打着民主、自由等"普世价值"旗号，利用各种渠道持续对我国进行意识形态输出和抹黑，还迫使一些国家接受"中国威胁论"。

在全球化时代背景下，不同民族国家所创造的不同文化、文明之间，正在发生前所未有的融合与碰撞，也面临前所未有的机遇与挑战。当今世界各国，尤其是具有国际影响力的大国，都在努力宣扬各自的民族文化。比如，面对美国文化的冲击，法国曾提出"要保护法语"。为此，法国政府每年都投巨资宣传法兰西文化，努力扩大法语的使用范围，以抗衡不断扩张的英语世界的文化影响。还有一些西方发达国家为了维护本国文化安全，共同抵制美国文化霸权主义。1998年6月，加拿大在渥太华专门组织了一次有关联手抵制美国文化霸权主义的会议。参加会议的有包括法国、英国、巴西、墨西哥在内的19个国家，但是美国被排除在外。会上讨论了把文化产品排除在降低贸易壁垒的有关协定之外的办法，其根据是自由贸易威胁各国自己的文化。现在，已不只是法国、加拿大等个别国家要抵制美国的文化霸权主义，更多美国西方盟友已经认识到维护本国文化安全的重要性，并开始采取有组织的行动来抵制美国的文化霸权主义行径。①

面对国际安全环境出现的新变化新形势与新威胁，2014年4月15日在中央国家安全委员会第一次全体会议上，习近平首次提出总体国家安全观的重大战略思想。其中，国家文化安全

---

① 苏娟：《编辑政治意识与国家文化安全》，《国际关系学院学报》2008年第1期。

是总体国家安全观的重要组成部分。这是以习近平同志为核心的党中央对国家安全理论的重大创新，是新形势下维护和塑造我国国家安全的行动指南，具有重大的理论意义、时代意义、实践意义。在十八届中央政治局第十四次集体学习时，习近平总书记又指出："改革开放以来，我们党始终高度重视正确处理改革发展稳定关系，始终把维护国家安全和社会安定作为党和国家的一项基础性工作。我们保持了我国社会大局稳定，为改革开放和社会主义现代化建设营造了良好环境。"总体国家安全观擘画了维护国家安全的整体布局，实现了对传统国家安全理念的重大突破，同时也深化和拓展了我党关于国家文化安全问题的理论视野和实践领域，促进了我国综合国力和国际竞争力的提升，标志着新时代我党对国家文化安全问题的认识达到了新的高度。

（二）西方文化霸权对中国国家文化安全的影响

西方国家主导的文化全球化加速了世界文化的交流与融合，同时也为广大发展中国家的文化安全敲响了警钟，维护国家文化安全成为新的时代要求。[1]弗兰克·柯维奇在《美国对外文化关系的历史轨迹》中阐述，文化交流已经"成为国际政治中一国政府为达到其外交目的而运用的一种特殊政策工具"[2]。二战以来，一些西方发达国家基于自身利益的考虑，凭借其在经济上的主导地位，不断推行"文化殖民"政策，通过精神和道德诉求来影响和诱惑他国政府和公众相信并同意其某些行为

---

① 程伟:《国家文化安全问题的生成与演化》,《河南社会科学》2019年第1期。
② 弗兰克·柯维奇,钱存学编译:《美国对外文化关系的历史轨迹》,《编译参考》1991年第7期。

准则、价值观念和制度安排，对欠发达国家尤其是发展中国家进行文化侵蚀，削弱他们的文化自主性和民族意识，千方百计地建立和维护其文化霸权地位。发展中国家由于经济和文化上的落后性，导致其较易放弃自身本应保持的独立性民族主体文化而盲从西方霸权文化思想。美国人甚至毫不顾忌地宣称："如果世界向统一的电信、质量和安全标准发展，那么这些标准应该是美国人制定的；如果世界逐渐被广播电视、互联网联系在一起，那么这些媒体的节目应该都是美国人编制的；如果世界向统一的语言方向发展，毫无疑问这种语言是英语；如果世界正在形成共同的价值观，那么这种价值观应该是符合美国人意愿的价值观。"①法国学者理查德·佩尔斯（Richard Pells）认为："通过电影，人们会逐渐熟悉美国的产品、美国的生活方式、行为模式和价值观念……想开美国的汽车，吃美国的食品，穿美国的衣服，更糟糕的是，人们将会对自己的本土文化和传统失去尊敬。"②正像阿兰·伯努瓦在《面向全球化》中指出的那样，文化也会"通过市场使世界同质化，从而消除民族国家和民族文化"③。

进入新时代以来，中国的文化软实力和综合国力得到了迅速的提升，国际范围内的文化话语权呈现出"西降中升"的向好趋势；但是西方文化强国对中国文化发展敌视态度依然没有改

① David Rothkopf, "In Praise of Culture Imperialism", *Foreign Policy*, No. 107, Summer 1997, p.45.

② Richard Pells, *Not like Us: How Europeans Have Loved, Hated, and Transformed American Culture Since World War II*, Basic Books, 1997.

③ [美]阿兰·伯努瓦：《面向全球化》，《全球化与世界》，王列、杨雪东编译，中央编译出版社，1998年，第20页。

变,"西强中弱"的国际文化话语格局依然没有得到彻底扭转,特别是在意识形态领域。"出于遏制中国发展的图谋,一些反华政治势力和媒体企图将整个西方舆论推入反华轨道。客观报道中国、讲述中国的人,会被污蔑为'中国的爪牙';推动与中国正常交流合作的人,会被污蔑成'被中国收买'。'只能说中国坏、不能说中国好''只准抹黑中国、不准陈述事实',似乎正成为西方舆论场上某种'政治正确'。他们的用意是要破坏世界上一些国家与中国合作的民意基础和社会氛围。"①

改革开放至今,以美国为代表的西方国家用所谓"民主、人权、自由、平等"为幌子对我国进行意识形态渗透,目的是使我国国民在潜移默化中对资本主义生活方式、价值观念、道德信仰等产生认同,造成思想上的迷乱,尤其是对青少年一代,试图颠覆我国人民的信仰。西方发达国家采用多种手段和方式侵蚀我国集体主义、爱国主义等主流意识形态,宣扬资产阶级腐朽思潮,宣传西方的个人主义、拜金主义、享乐主义、消费主义、自由主义等价值观念。采用历史虚无主义,夸大我国党和国家领导人在历史上的失误,以达到攻击和污蔑我国社会主义制度、削弱执政党领导的目的。西方国家通过输出影视作品、新闻报道、图书等文化产品,宣扬其普世价值观,改变其他国家的文化理念和价值取向,以求在文化方面达到"同质化""一元化"甚至"一致化""一体化"的目的。

面对西方的文化霸权对我国国家文化安全的影响,习近平同志有深刻的认识,抵御西方文化霸权成为新时代国家文化安

---

① 《"只能说中国坏,不能说中国好"? 还有更黑的套路……》,《参考消息》2021年10月1日。

全观的重要内容。他曾经指出："我们在国际上有时还处于有理说不出、说了传不开的境地，存在着信息流进流出的'逆差'、中国真实形象和西方主观印象的'反差'、软实力和硬实力的'落差'。"①

2013年8月19日，习近平在全国宣传思想工作会议上讲话时指出："西方仍在'唱衰'中国。国际舆论格局是西强我弱，西方主要媒体左右着世界舆论，我们往往有理说不出，或者说了传不开。这个问题要下大气力加以解决。"②

（三）网络信息化对我国国家文化安全的影响

在互联网时代，涉及国家安全各个关键领域的基础设施都已网络化、信息化、数据化，政治安全、经济安全、文化安全等都与网络科技紧密相关，人工智能、第五代移动通信技术、大数据和云计算等新技术都与网络深度融合，对信息分发、舆论生态及媒体格局影响重大，使不同国家主体间的文化交流日益频繁、日益深入，科技水平和经济水平领先的国家掌握互联网时代国际交往中的信息传递话语权，借助新兴技术呈现新的攻击态势，利用人工智能手段制造舆论、散布耸人听闻的谣言、危害国家安全和国家文化安全已成事实。

有学者分析认为，网络信息化时代国家文化安全面临的挑战与威胁，体现在四个方面：一是文化归属感淡漠削弱国家主权，威胁我国政府执政能力；二是国家政治遭受外部监督，核心利益及机密面临披露风险；三是欧美文化霸权直击我国文化安全，威胁意识形态的构建；四是西方国家丑化我国传统文化，渗

---

① 《习近平关于社会主义文化建设论述摘编》，中央文献出版社，2017年，第212页。
② 《习近平关于总体国家安全观论述摘编》，中央文献出版社，2018年，第106页。

透窠乱新一代道德标准。①这对马克思主义指导地位形成严峻挑战,对社会主义核心价值观的认同也产生消解作用,给我国国家文化安全带来了极大的威胁。面对中华民族伟大复兴的不可逆转之势,西方猜忌、防范及敌视心态体现于各个方面,文化思想交锋集中反映于网络意识形态领域,挑战与风险巨大,它所构成和形成的文化安全对社会安全的破坏力比传统的文化安全危机对社会的破坏力更大、范围更广、传播速度更快、动员力更强、内容更多,维护国家文化安全势在必行,至关重要。

习近平深刻认识到了国际网络信息化给我国文化安全带来的严峻挑战,作出一系列判断与论述。他指出:"世界范围内侵害个人隐私、侵犯知识产权、网络犯罪等时有发生,网络监听、网络攻击、网络恐怖主义活动等成为全球公害。"② 2016年4月19日,习近平在网络安全和信息化工作座谈会上讲话时指出:"互联网不是法外之地。利用网络鼓吹推翻国家政权,煽动宗教极端主义,宣扬民族分裂思想,教唆暴力恐怖活动,等等,这样的行为要坚决制止和打击,决不能任其大行其道。""我们要本着对社会负责、对人民负责的态度,依法加强网络空间治理,加强网络内容建设,做强网上正面宣传,培育积极健康、向上向善的网络文化,用社会主义核心价值观和人类优秀文明成果滋养人心、滋养社会,做到正能量充沛、主旋律高昂,为广大网民特别是青少年营造一个风清气正的网络空间。"③ 2015年5月18日,习近平在中央统战工作会议上指出:"互联网是当前

① 郑淑芬、闫明明:《基于网络信息化时代的国家文化安全研究》,《理论探讨》2014年第6期。

②《习近平谈治国理政(第二卷)》,外文出版社,2017年,第532页。

③《习近平关于总体国家安全观论述摘编》,中央文献出版社,2018年,第171页。

宣传思想工作的主阵地。这个阵地我们不去占领，人家就会占领。"① 2015年5月20日，习近平在《坚决打赢网络意识形态斗争》一文中指出："网络已是当前意识形态斗争的最前沿。掌控网络意识形态主导权，就是守护国家的主权和政权。"②

（四）宗教文化渗透对我国国家文化安全的挑战

宗教是一种具有历史延续性的传统文化模式和具有现实渗透力的社会意识形态。传教曾是近代西方资本主义国家对中华文化渗透的主要载体，"传播福音"是其华丽外衣。以美国为代表的西方国家极力借助宗教把西方的思想意识和文化价值理念传播渗透到中国，以从精神世界统治、奴役中华民族。现阶段，宗教渗透仍是西方文化渗透的一个方面。以宗教信仰自由为借口，使各种非马克思主义和反马克思主义意识形态从西方社会渗透进来，浸透到我国的现实土壤中，企图有目的、有计划、有步骤地控制和占领社会主义中国的思想阵地，消融和瓦解社会主义意识形态，影响和同化社会主义社会中的人民，干涉宗教事务，破坏中国统一，颠覆中国的社会主义制度。③美国宗教团体联合美国政府，利用宗教问题人权政治化，对我国宗教状况造谣诬蔑、攻击谩骂，借宗教人权之名干预我国内政，破坏我国社会和谐、宗教和睦，在国际上损害我国国际形象。

"美国在海外的所有活动，无论私人的活动还是政府的活动，包括所有教派的宗教活动，都应该与美国的意识形态计划

---

① 《习近平关于总体国家安全观论述摘编》，中央文献出版社，2018年，第116页。
② 《习近平关于总体国家安全观论述摘编》，中央文献出版社，2018年，第117页。
③ 匡长福：《浅谈西方对华文化渗透的新路径》，《思想理论教育导刊》2011年第5期。

相配合"，美国政府的各种计划，"应尽可能包括更多的意识形态内容"。①美西方等境外宗教团体对我国进行政治思想渗透活动直接冲击我主流意识形态。冷战结束后，中国作为世界上最大的社会主义国家，成为美西方国家进行宗教渗透、颠覆政权的首选对象。具有开放性与包容性的高校成为美国进行宗教渗透的意识形态交锋的前沿阵地。美国宗教团体经常通过基金资助我国内一些高校和研究机构，以文化交流、传播宗教文化、普及人文知识等名义，面向从事宗教教学、研究的教师和科研人员以及相关专业大学生，举办各种"宗教学""宗教文化"讲座、研讨班，或以组织讨论、课题研究等方式，借机传播带有宣教性质的内容，进行较为隐性的宗教渗透活动。美国参议员富布赖特曾指出："一代人之后，我们与其他人进行社会价值观念交流的好坏要比我们军事、外交优势对世界格局的影响更大。"②这些活动远超出"学术交流"的本意，消解中国宗教研究的无神论本色，销蚀中国青年大学生无神论思想，必然削弱我国大学生培育和践行社会主义核心价值观。具有传教士身份的外籍教师或者学者，往往利用授课或开展活动、进行业余交流之际，借浓郁的西方宗教文化感染中国学生，用令人向往的极乐生活方式迷惑学生，在学生产生强烈的好奇心时伺机宣传推广本国宗教观念，将本国意识形态与思想见解灌输给中国学生。③美西

---

① *White House Office, NSC Staff Papers*, OCB Central File Series, Box 70, "FOA Suggested Draft of Outline Plan of Operations for the U.S. Ideological Program(D-33)", Dec. 21, 1954, Eisenhower Library.

② Philip H. Coombs, *The Fourth Dimension of Foreign Policy: Educational and Affairs*, Harper and Row, 1964, p.XI.

③ 金鹏：《当代美国对华意识形态输出及我国对策研究》，辽宁大学 2020 年博士学位论文。

方国家利用宗教对社会主义实施文化渗透，把宗教作为"西化""分化"中国的突破口，本质上是为颠覆社会主义制度这一政治目的服务的。

习近平高度重视宗教文化渗透对我国国家文化安全的影响，对此多次作出重要论述。抵御宗教渗透是新时代国家文化安全观的重要内容。2014年5月28日，习近平在召开的第二次中央新疆工作座谈会上讲话时就强调："要精心做好宗教工作，积极引导宗教与社会主义社会相适应，发挥好宗教界人士和信教群众在促进经济社会发展中的积极作用。处理宗教问题的基本原则，就是保护合法、制止非法、遏制极端、抵御渗透、打击犯罪。要依法保障信教群众正常宗教需求，尊重信教群众的习俗，稳步拓宽信教群众正确掌握宗教常识的合法渠道。要重视培养爱国宗教教职人员队伍，采取有力措施提高宗教界人士素质，确保宗教组织领导权牢牢掌握在爱国爱教人士手中。"2016年4月23日，习近平在全国宗教工作会议上讲话时要求："要坚决抵御境外利用宗教进行渗透，防范宗教极端思想侵害。要高度重视互联网宗教问题，在互联网上大力宣传党的宗教理论和方针政策，传播正面声音。"[1] 2021年12月3日，习近平在全国宗教工作会议上强调："要深入推进我国宗教中国化，引导和支持我国宗教以社会主义核心价值观为引领，增进宗教界人士和信教群众对伟大祖国、中华民族、中华文化、中国共产党、中国特色社会主义的认同。"[2]

---

[1]《习近平出席全国宗教工作会议并发表重要讲话》，《人民日报》2016年4月24日。

[2]《习近平在全国宗教工作会议上强调坚持我国宗教中国化方向积极引导宗教与社会主义社会相适应》，《人民日报》2021年12月5日。

二、国内背景

党的十八大以来,中国特色社会主义进入新时代,我们坚持和加强党的全面领导,统筹推进"五位一体"总体布局、协调推进"四个全面"战略布局,坚持和完善中国特色社会主义制度、推进国家治理体系和治理能力现代化,坚持依法依规治党、形成比较完善的党内法规体系,战胜一系列重大风险挑战,实现第一个百年奋斗目标,明确实现第二个百年奋斗目标的战略安排,党和国家事业取得历史性成就、发生历史性变革,为实现中华民族伟大复兴提供了更为完善的制度保证、更为坚实的物质基础、更为主动的精神力量。中国共产党和中国人民以英勇顽强的奋斗向世界庄严宣告,中华民族迎来了从站起来、富起来到强起来的伟大飞跃,实现中华民族伟大复兴进入了不可逆转的历史进程![1]随着我国的综合国力的不断增强,从国家层面到普通民众层面对国家文化安全的认识程度都有所提高,国家文化建设取得了巨大成绩,尤其是中央国家安全委员会的设立,使得国家安全顶层战略设计有了明确的主体,从而对包括国家文化安全在内的重大国家安全问题有了制度设计上的准备。但同时不容忽视的是,我国国内在国家文化安全方面还存在明显的劣势,应该引起我们足够的重视。这也是新时代国家文化安全观产生的国内背景因素。

(一)国家文化安全意识淡薄,警惕性亟待提高

国家文化安全意识是社会的产物,是对社会现实的反映。国家文化安全意识的淡薄,意味着人们面对全球化时代给人类文化和国家文化发展所带来的威胁和危险认识不够充足。

---

① 《习近平谈治国理政(第四卷)》,外文出版社,2022年,第6页。

　　一是思想上不够重视。在长期习惯和思维定势上，中国人一般认为经济是基础，政治是核心，军事是保障，文化作为精神活动始终被认为是可有可无的、居于次要地位。人们对文化的作用、功能、性质、地位等的认识都较模糊和杂乱，致使文化在现实中处于搭台子、跑龙套、边缘化的尴尬境地。在这种意识主导下，面对全球化进程中西方文化利用知识经济时代信息的高效传播性、渗透性和难以干扰性而大量涌入的现象，我们警惕性不高，认识研究不足，导致存在大量模糊认识，更没有形成系统的国家文化安全战略与预警机制。有些人认为，强调国家文化安全是一种保守思想，不利于对外开放和吸收其他国家和民族的文化，主张在文化领域要淡化意识形态；有些人认为，"文化"本身就应该是开放的，不存在什么"安全"问题，你的文化被别人融化掉了，不存在了，只能怪你自己的东西"不过硬"，没有竞争力；还有些人认为，既然世界是走向全球化的趋势，就不要分什么"你的"文化、"我的"文化，把全球化错误理解为文化"一体化"和文化"同质化"，致使西方文化在意识形态、价值观念、政治制度和文化领域等不断渗透，已形成一定的规模和影响。2022年出现的中小学"毒教材""毒插画"事件，就是国家文化安全意识淡漠所致的突出体现，使国人切实体验到在教材、影视剧、抖音、快手等这些关乎我国意识形态安全的领域中，存在着诸多风险与挑战，没有硝烟的战争就存在于我们身边。关于中国文化的危机，有学者评价："中国的文化理论越来越远离中国问题，以重复西方话语作为先进的、创新的话语，在重复式的发展模式中沾沾自喜，这样的文化态势越来越弱化了中国的国家意识和民族意识。"[1]

二是行为上盲目接受。改革开放初期,我国一直注重国家经济建设的快速发展,过于重视经济建设和物质水平的提升,而将国家的主要资源集中在客观物质条件的建设之上,在一定程度上忽视了社会主义意识形态的建设。西方人本主义、西方马克思主义、"信息社会"理论、生态文化理论、人权理论、社会民主主义、后现代主义等思潮先后对我国产生广泛影响。这些当代西方思潮中的合理因素对我们树立知识经济观念、可持续发展观念、民主观念、法制观念、人权观念、效率观念、社会均衡观念等新的文化观念产生了积极的影响,成为我国现代化过程中的重要思想资源。但是我们也必须看到,全球化进程中的主导力量来自西方。各种西方文化,如学说、思潮等,在一定程度上对我们自身文化的创新和发展产生消极影响。

创新是一个民族的灵魂,是一个民族发展的不竭动力。没有文化的原创,就没有一个国家和民族真正的文化安全。而且,民族文化的消解因经济因素和技术进步而具有了合理性,人们沉浸在对大众文化和消费文化的追逐中。在过去十几年里,中国的大城市以惊人的速度冒出了星巴克、必胜客、麦当劳等美国餐饮,新建的住宅小区用上了"橘郡""曼哈顿花园"之类的美式名字。"欧洲人也许习惯于把麦当劳每一个'巨无霸'汉堡包都看成是可怕的美国文化帝国主义的标志,然而中国人大多欢迎这种入侵——事实上他们已经使它成了自己的一部分。"[2]久而久之,在一代代年轻人成长起来后,越来越多的青年

---

① 黄力之:《先进文化论》,上海三联书店,2002年,第244页。

② [美]马尔库塞:《单向度的人》,刘继译,上海译文出版社,1989年,第10页。

一代缺乏对"四个自信""四个意识"的理解与坚持，特别是崇尚西方的价值观和西方资本主义制度，对我国坚持的社会主义制度存在怀疑与动摇，个别甚至予以否定，这从根本上动摇了我国的文化根基。①总之，一些民众的国家文化安全意识在思想上模糊不清、行动上摇摆不定，对"文化殖民主义"和"文化帝国主义"掉以轻心甚至漠不关心，警惕性亟待提高。

习近平深刻认识到民众国家文化安全意识淡漠的巨大危害性，早在2014年9月24日在纪念孔子诞辰2565周年国际学术研讨会暨国际儒学联合会第五届会员大会开幕会上讲话时强调指出："文明特别是思想文化是一个国家、一个民族的灵魂。无论哪一个国家、哪一个民族，如果不珍惜自己的思想文化，丢掉了思想文化这个灵魂，这个国家、这个民族是立不起来的。"②

（二）中华优秀传统文化流失严重，文化传承面临挑战

传统文化是一个民族的精神家园，它积淀着一个民族和国家过去的全部文化创造和文明成果，蕴含着走向未来的可持续发展的文化基因。对传统文化的继承和保护关系到一个民族的生存和发展。"中国传统文化是指中国几千年文明发展史中在特定的自然环境、经济形式、政治结构、意识形态的作用下形成、积累和流传下来，并且至今仍在影响着当代文化的'活'的中国古代文化。它既以有关的物化的经典文献、文化物品等客体形式存在和延续，又广泛地以民族思维方式、价值观念、伦理

① 杨定明：《习近平国家文化安全思想研究》，《佛山科学技术学院学报（社会科学版）》2018年第3期。
② 《习近平关于总体国家安全观论述摘编》，中央文献出版社，2018年，第111页。

道德、性格特征、审美趣味、知识结构、行为规范、风尚习俗等主体形式存在和延续。而且,这些主体形式的文化都已内化为中华民族的文化心理和性格,深深融入到社会政治、经济、精神意识等多个领域,积淀为一种文化遗传基因,并以巨大的力量影响着人们的思想意识和行为,影响着社会历史的发展进程。"①

中国是世界上唯一一个文明延绵生发而始终未曾中断的古老民族。中华传统文化渊源深厚如滔滔江河,中华民族的民俗民风绚丽多彩如群星闪烁。西方人曾惊叹中华民族惊人的恢复力和中国文化强大的凝聚力。但是长期以来,中国对传统文化保护不够,特别是对文化资源和文化遗产的保护不够,致使文化生态环境受到破坏,传统文化流失严重。文化生态环境,是指一个民族和一个国家在长期的历史过程中形成的生存与发展的一切外在的文化条件的总和,是一个民族在漫长的文明进化过程中,在一定空间条件下,对不同生存条件下长期适应分化选择结果的一种存在性状况,包括生活方式、历史传统、风俗习惯、娱乐形式、建筑风格等物质的与非物质的内容。对于一个民族来说,许多重要的物质与非物质遗产,如口传历史、表演艺术、风俗习惯、节庆礼仪等,都是文化认同的重要标志,是维系民族社群存在的生命线,一旦这样的生命线遭到毁灭性破坏,那么失去的不仅是文化生物链的有机性,而且也使民族的存在失去了全部文化基因的谱系依据。而这恰恰是人类历史上一些民族和文化灭绝的重要原因。

文化生态的完整性和安全性,对于一个民族来说,具有兴衰存亡的重大意义。文化生态平衡一旦被打破,并造成文化基

① 顾冠华:《中国传统文化论略》,《扬州大学学报》1999年第6期。

因谱系的断裂和文化多样性的消失，那么它给一个国家和民族所带来的将是灭顶之灾。但是在经历了自近代以来饱受西方列强的入侵和蹂躏的屈辱历史后，中国传统文化受到质疑，传统文化生存于两难处境之中并日渐式微。西方现代化所带来的消费主义、自我主义、没有原则的竞争、对历史文化的漠视及践踏，使一些人变得麻木不仁，忘记了自身文化的独特性和优点，盲目地以西方标准为标准，以西方的价值为价值。这种危机突出表现为道德规范紊乱、道德评价错位、道德心态冷漠、道德教育滞后和道德理想缺失等。

"如果中国人不能继往开来，建立上承旧统而下启新运的道德秩序，我们就将既不能实现现代化，也没有资格在全球化的未来世界占有一个尊严的位置。"①从对待文化遗产的态度来说，文化遗产是一个国家和民族全部的文化积淀之所在，也是解释一个国家和民族的文化身份、显示文化个性的依据，是一个民族和国家自尊自信的精神归宿。它是一个民族进步与发展取之不尽、用之不竭的源头活水。每当一个民族和国家在生死存亡的危难关头，它都会从自己的文化资源中汲取力量。而我们目前的现实却是：一方面我们拥有丰厚的文化资源和文化遗产，中国可列入世界名录的名胜古迹数量堪称全球第一；另一方面我们对传统文化的继承、保护和开发严重不足。我国是文化资源和文化遗产大国，但却不能称为是文化强国。

在繁华而浮躁的今天，悠久的历史常被当作沉重的包袱，祖先留下的文化遗产也往往被变成满足物欲的工具。由于缺乏保护措施，再加上人为破坏而使我国文化生态环境频频告

---

① 李慎之：《中国的道路》，南方日报出版社，2000年，第8—9页。

急。更为严重的是,我国的文化资源和文化遗产在全球化过程中屡屡被他人拿去和任意使用。如美国对中国传统故事《花木兰》的改编和制作以及韩国对"端午节"的成功申报世界遗产等,都给我们敲响了保护我国传统文化的警示钟。具体来看,《花木兰》这部由美国改编的动画片,显示了迪士尼在生产过程中采用的几个关键步骤,把一个古中国的故事模式转变成一件迪士尼作品:美国化、世界化、去情景化和再情景化。通过这个过程,传统的中国价值观念如孝道和家族责任等,被爱与荣誉取代,集体主义被个人主义取代,爱国主义被男女平等代替。表面上,这种文化重塑只是用一种现代价值或西方价值取代了中国的传统文化价值观念,但是实际上,当这种替代通过电影而被我们所接受时,我们同时也就接受了这种文化重塑,接受了影片中所潜含的一些价值观念,即非常贴切地符合美国文化的价值观念。[1]

习近平高度重视中华优秀传统文化,多次作出重要批示指示。面对文化传承面临的挑战,2014年10月15日,习近平在文艺工作座谈会上讲话时深刻指出:"中华优秀传统文化是中华民族的精神命脉,是涵养社会主义核心价值观的重要源泉,也是我们在世界文化激荡中站稳脚跟的坚实根基。增强文化自觉和文化自信,是坚定道路自信、理论自信、制度自信的题中应有之义。如果'以洋为尊''以洋为美''唯洋是从',把作品在国外获奖作为最高追求,跟在别人后面亦步亦趋、东施效颦,热衷于'去思想化''去价值化''去历史化''去中国化''去主流化'

---

① 李金齐:《全球化时代的文化安全研究》,中国社会科学出版社,2008年,第165页。

那一套,绝对是没有前途的!"①

(三)文化体制改革相对滞后,影响文化市场健康发展

改革开放以来,特别是党的十八大以来,我国文化建设适应社会主义市场经济要求,遵循精神文明建设规律,取得了举世瞩目的成就。但我国文化建设在迅速发展的过程中,不可避免出现一些深层次的矛盾和问题,特别是市场分割、地方保护、资源配置散乱、经济效益总体不高、发展不平衡等问题较突出,文化发展水平与全面建设社会主义现代化强国的目标和进程还不相适应,文化体制机制与完善社会主义市场经济体制、进一步扩大对外开放的形势还不相适应,文化产品和服务的数量、质量、品种与人民群众对美好生活的精神文化需求还不相适应,文化产品的国际竞争力还不强。加快推动全国文化体制改革,尽快解决上述体制性矛盾,已成为我国文化发展的当务之急。

文化体制改革的难点主要表现在三个方面:一是中央和地方管理体制不统一和条块分割严重。就我国目前文化体制的现状来看,中央政府与地方政府之间对文化的管理权限划分不够清晰,使得文化事务宏观调控能力不强、管理层级繁多、项目审批关卡不少、管理效率低下、"越位"和"缺位"情况经常发生。如在一些不可再生的文化资源开发利用中,由于中央政府监管不到位,地方政府出于地方利益考虑,不顾国家文化发展的长远利益,破坏性开发的短期行为十分普遍。此外,由于体制改革滞后于其他领域的改革,文化市场至今条块分割问题十分明显,尚未形成全国统一的大市场。

---

① 《习近平关于总体国家安全观论述摘编》,中央文献出版社,2018年,第114页。

二是国有经营性文化事业单位转企改制步履维艰。随着我国文化市场开放度的日益增大,社会资本的参与度提高,一批非公有制文化企业迅速发展起来。但是原有的国有经营性文化事业单位转企改制却步履维艰,拖了改革的后腿。大量有经营功能的文化事业单位仍然保留了传统的"事业体制"或实行"事业体制、企业化运营"的双轨制。双轨制既能享受事业单位的福利,又能获得经营带来的高回报,这使得一些国有文化事业单位本身没有主动改革的愿望,甚至想方设法阻挠改革。在有些地区,文化管理部门对组建文化企业通过设立时间表,搞一刀切,不充分考虑不同行业的不同特点和不同地区的差异,也不考虑不同市场主体的利益关系,忽视了市场配置资源的作用,虽然在形式上完成了转企改制,可实质上难以达到良好的改革效果。

三是文化行业的意识形态属性和产业属性难以区分。文化行业或文化产品往往既有产业属性,又有意识形态属性;既有经济效益,又有社会效益。如新闻出版、广播电视等文化行业。由于新闻传播与意识形态关系紧密,国家目前仍然确定广播电视和报业为"新闻事业"。如何区分新闻出版、广播电视等文化行业的意识形态属性和产业属性,加以不同的政策调控,不仅保证党对文化事业的领导地位,又能发挥传媒在我国现代化建设和维护国家文化主权、文化安全方面的重要作用,有效维护文化市场公平竞争和适度开放,促进现代传媒产业健康发展,涉及文化体制改革、国有文化资产管理、市场准入、所有权与经营权分离等较多难点问题。

文化体制改革一直是习近平关注的重点,多次作出重要论述。2013年8月19日,习近平在全国宣传思想工作会议上讲话时指出："关于文化体制改革，我只强调一点，就是要在继续大胆推进改革、推动文化事业全面繁荣和文化产业快速发展、建设社会主义文化强国的同时，把握好意识形态属性和产业属性、社会效益和经济效益的关系，始终坚持社会主义先进文化前进方向，始终把社会效益放在首位。无论改什么、怎么改，导向不能改，阵地不能丢。"①

（四）文化自信的现实困境，亟待引起高度重视

当代中国仍然存在着没有走出屈辱历史的人们，对中华民族优秀传统文化不自信，对革命文化和社会主义先进文化不自信，甚至由于过分自怨自艾而形成严重的文化自卑。这种不自信、自卑感来自于国内全面深化改革带来的社会矛盾，来自于国外敌对势力渗透而带来的思想冲击；如果没有引起高度重视，将会对国家文化安全造成危害。

一是对中华优秀传统文化不自信。当今社会上依然存在着对于中华优秀传统文化的误解性认知：认为中华优秀传统文化不属于中国特色社会主义文化的组成部分，将二者对立起来，认为一就是一，二就是二，不存在"同一性"；认为虽然中华优秀传统文化是中国特色社会主义文化不可分割的重要组成部分，但是却强调前者必须保留"原汁原味"，无须转化创新就可以直接运用；认为中华优秀传统文化是本土的、传统的、自明的文化形态，马克思主义是外来的、新式的、自觉的文化形态，两者之间是平等并列的关系。这些误解性认知，会造成人们思想上的混乱，进而会引起广泛的不自信。当代社会中，还存在精英文化与大众文化相脱节的现象。精英文化阶层只求满足

---

① 《习近平关于总体国家安全观论述摘编》，中央文献出版社，2018年，第105页。

自身文化研究需要,缺乏提升民众文化认同的意识与意愿;大众文化阶层虽然具备保护和传承中华优秀传统文化的意识和热情,却未能真正触及优秀传统文化的核心精髓,未能将其赋予时代内涵和现代精神,中华优秀传统文化的转化能力与发展能力都有不足,这对文化自信产生了间接的消解作用。

二是对革命文化不自信。当今社会上存在着"否定革命论",认为革命是暴力的、破坏的、残忍的,所孕育而成的革命文化也是暴力文化、破坏文化、残忍文化,因此更愿意选择改良文化。他们有意无意忽视近代以来外国帝国主义、本国封建主义、官僚资本主义对中国文化的肢解和破坏,却埋怨责怪革命者实行暴力革命而"断送"了"文化江山",极力渲染暴力革命对历史文化的破坏性,而实际上这是一种典型的历史虚无主义文化论。当今社会上还存在着"告别革命论",认为革命文化诞生于新民主主义革命时期,是特定年代、特殊时期的文化产物,只能适用于烽火连天的"马上打天下",不适用于和平发展的"马下治天下",坚称革命就是革命,建设就是建设,改革就是改革,不同历史时期所产生的不同文化完全没有必要放在一起。而事实上,宣称"告别革命论"实质上是想削弱革命精神、革命理想、革命传统在当代中国的影响力,用"文化割裂"的方式进行"历史割裂",本质上依然是历史虚无主义的文化狡辩。上述两种错误论调,正在悄无声息地消解当代中国人对伟大革命文化的坚定自信,必须坚决予以回击。

三是对社会主义先进文化不自信。社会主义核心价值观是社会主义先进文化的核心内容,是彰显社会主义先进文化自信的重要标志。首先,核心价值观所倡导的"理想状态"与现阶段社会发展中的"现实状态"不相一致,导致一定程度上的文化认同危机。例如核心价值观倡导建设平等社会,倡导国民努力"共同富裕",而现实生活中人们往往体会到贫富差距很大,"羡富""仇富"现象越来越普遍,长此以往社会平等的底线将会遭到践踏。又如核心价值观倡导建设法治社会,倡导科学立法、严格执法、公正司法、全民守法,可是现实生活中却是存在各种各样的违法违规行为,严重背离核心价值观倡导的法治精神和法治文化。其次,核心价值观中的"理论状态"与现实生活中的"实践状态"不相符合,导致在一定程度上文化自信的缺失。将核心价值观"生活化"是化解矛盾的办法。但是当前我们还没有探索出将核心价值观"生活化"的实践体系,某些脱离实际、脱离群众、脱离情景的"灌输式"宣传方式导致人们对社会主义核心价值观缺乏真正的感知、体会和领悟,直接影响到对社会主义先进文化的自信心。[1]只有着力突破文化自信困境,深度开发文化自信底蕴,才能更好地推进国家文化安全建设。

随着经济与文化的国门越开越大,滋养文化的土壤与环境已经发生了深刻变化,当前迫切需要我们重新审视原有的国家文化安全体系,从理论和实践层面,着手解决一些长期困扰社会精神文化层面的被模糊化的问题。党的十八大以来,习近平总书记反复强调文化自信,2016 年 11 月 30 日,习近平在中国文联十大、中国作协九大开幕式上讲话时指出:"文化是一个国家、一个民族的灵魂。历史和现实都表明,一个抛弃了或者背叛了自己历史文化的民族,不仅不可能发展起来,而且

---

① 吴腾飞:《新时代国家文化安全建设研究》,吉林大学 2020 年博士学位论文,第 131—133 页。

很可能上演一幕幕历史悲剧。文化自信,是更基础、更广泛、更深厚的自信,是更基本、更深沉、更持久的力量。坚定文化自信,是事关国运兴衰、事关文化安全、事关民族精神独立性的大问题。"① 2021年12月14日,习近平在中国文联十一大、中国作协十大开幕式上讲话 时强调:"文化兴则国家兴,文化强则民族强","广大文艺工作者要增强文化自觉、坚定文化自信,以强烈的历史主动精神,积极投身社会主义文化强国建设"。② 2022年10月16日,习近平在中国共产党第二十次全国代表大会上的报告中特别强调:"推进文化自信自强,铸就社会主义文化新辉煌。"③

三、总体国家安全观与新时代国家文化安全观

面对国际国内各种风险与挑战,习近平一直以来高度重视国家文化安全。新时代国家文化安全观开始形成于党的十八大之后,总体国家安全观的提出,使新时代国家文化安全观逐步成熟。

(一)在总体国家安全观提出前新时代国家文化安全观已逐渐成型

在党的十八届一中全会当选中共中央总书记以来,习近平更加重视国家文化安全问题。在意识形态安全问题上,2013年8月19日在全国宣传思想工作会议上的讲话中习近平就强调,

---

① 《习近平谈治国理政(第二卷)》,外文出版社,2017年,第349页。
② 《习近平在中国文联第十一次全国代表大会中国作协第十次全国代表大会开幕式上强调 增强文化自觉 坚定文化自信 展示中国文艺新气象筑就中华文化新辉煌》,《人民日报》2021年12月15日。
③ 习近平:《高举中国特色社会主义伟大旗帜为全面建设社会主义现代化国家而团结奋斗——在中国共产党第二十次全国代表大会上的报告》,人民出版社,2022年,第42页。

意识形态工作是党的一项极端重要的工作。能否做好意识形态工作，事关党的前途命运，事关国家长治久安，事关民族凝聚力和向心力。宣传思想工作就是要巩固马克思主义在意识形态领域的指导地位，巩固全党全国人民团结奋斗的共同思想基础。在培育和弘扬社会主义核心价值观问题上，2014年2月24日习近平在主持十八届中央政治局第十三次集体学习时就指出，文化软实力的灵魂和建设重点就是核心价值观。习近平要求，要从巩固全党全国各族人民团结奋斗的共同思想基础、巩固党的执政地位的战略高度，持续加强社会主义核心价值观体系建设，把培养和弘扬社会主义核心价值观作为凝魂聚气、强基固本的基础工程，作为一项根本任务，切实抓紧抓好。在对待中华民族文化传统的问题上，习近平强调在大力传承和弘扬中华民族的优秀文化传统，要创造性转化、创新性发展。2012年12月，习近平在广东考察工作时指出："中华民族有着5000多年的文明史，创造和传承下来丰富的优秀文化传统。一方面，随着实践的发展和社会的进步，我们要创造更为先进的文化。另一方面，在历史进程中凝聚下来的优秀文化传统，决不会随着时间的推移而变成落后的东西。我们决不可抛弃中华民族的优秀文化传统，恰恰相反，我们要很好传承和弘扬，因为这是我们民族的'根'和'魂'，丢了这个'根'和'魂'就没有根基了。"2014年2月17日，习近平在省部级主要领导干部学习贯彻十八届三中全会精神全面深化改革专题研讨班讲话时指出："民族文化是一个民族区别于其他民族的独特标识。要加强对中华优秀传统文化的挖掘和阐发，努力实现中华传统美德的创造性转化、创新性发展，把跨越时空、超越国度、富有永恒魅力、具有当代价值的文化精神弘扬起来，把继承优秀传统文化又弘扬时代精神、立足本国又面向世界的当代文化创新成果传播出去。"在网络文化安全问题上,习近平强调网络和信息安全牵涉到国家安全,要加强依法管理的力度。习近平指出:"互联网已经成为舆论斗争的主战场。在互联网这个战场上,我们能否顶得住、打得赢,直接关系我国意识形态安全和政权安全。"2013年11月9日,习近平在党的十八届三中全会上所作的《关于〈中共中央关于全面深化改革若干重大问题的决定〉的说明》时指出:"随着互联网媒体属性越来越强,网上媒体管理和产业管理远远跟不上形势发展变化。特别是对面对传播快、影响大、覆盖广、社会动员能力强的微博、微信等社会网络和即时通信工具用户的快速增长,如何加强网络法制建设和舆论引导,确保网络信息传播秩序和国家安全、社会稳定,已经成为摆在我们面前的现实的突出问题。"同时,习近平强调要加强正确的舆论导向和正面宣传,要提高国家文化软实力,要加强与世界优秀文明之间的交流互鉴,讲好中国故事,等等。

党的十八大以来,围绕加强意识形态安全、培育和弘扬社会主义核心价值观、如何对待中华优秀传统文化、网络文化安全等新时代国家文化安全难题,习近平总书记提出了一系列思想观点和应对措施,标志着新时代国家文化安全观逐渐成型。

（二）总体国家安全观提出后新时代国家文化安全观逐步成熟

以前的国家安全概念几乎等同于传统的军事安全、国土安全等,而非传统的经济安全、文化安全、网络安全等并没有得到应有的重视。随着时代的发展,经济全球化、文化多元化、科技现代化加速演进,世界文化大交流大交融大交锋的时代洪流奔涌而至。如果我们不加以有效甄别和把控,就极可能丧失对国家文化发展的主导权和控制权，并最终危及国家安全和党的执政安全。

2014年4月15日，在召开中央国家安全委员会第一次会议时，习近平总书记创造性地提出总体国家安全观。习近平深刻指出："必须坚持总体国家安全观，以人民安全为宗旨，以政治安全为根本，以经济安全为基础，以军事、文化、社会安全为保障，以促进国际安全为依托，走出一条中国特色国家安全道路。"习近平还提到，要构建集政治安全、国土安全、军事安全、经济安全、文化安全、社会安全、科技安全、信息安全、生态安全、资源安全、核安全等于一体的国家安全体系，为开创国家安全工作新局面指明了方向。习近平指出，既要重视发展问题，又要重视安全问题；既要重视外部安全，又要重视内部安全；既要重视国土安全，又要重视国民安全；既要重视传统安全，又要重视非传统安全；既要重视自身安全，又要重视共同安全。

总体国家安全观的提出，总结了我国历史上治乱兴衰的经验教训，特别是在中国近代史上多次遭受侵略、内乱不断、生灵涂炭、民不聊生的惨痛教训，凸显了"安而不忘危，存而不忘亡、治而不忘乱"的强烈安全意识；意味着党中央从战略高度对统筹自身安全和外部安全两个大局有了明确的自觉把握，准确表明了中国和平发展与世界和谐之间的辩证统一。总体国家安全观从政治、国土、军事、经济、文化等多方面，将中国国家安全工作的成功经验和重大举措提升到系统化理论化的新高度，符合中华民族伟大复兴新阶段对国家安全的新需求，为新形势下维护和塑造中国特色大国安全、实现中华民族伟大复兴中国梦提供了强大的思想武器。总体国家安全观的提出，是我国家安全理论的创新和升华，是新时代国家安全工作的根本遵循，对走出一条新时代中国特色国家安全道路具有重要的指导意义。

　　总体国家安全观揭示了国家安全含义的全面性，突出"大安全"的理念。长期以来，人们普遍将国家安全工作局限于国土安全、军事安全、反奸防谍、维稳处突等方面，即传统上的"小安全"。总体国家安全观所指的国家安全，包括政治、国土、军事等领域，但不限于此，会随着时代变化而不断发展，是"大安全"，只要国家利益拓展到哪里，国家安全的边界就跟进到哪里。总体国家安全观突出了国家安全布局的系统性，国家安全不是多个领域的简单叠加，而是一张相互联系、环环相扣、具有传导和联动效应的大网，蕴含严谨的内在逻辑性。总体国家安全观强调了国家安全效果的可持续性，就是要发展与安全并重，实现长治久安，持久安全，构建出全方位国家安全体系的总体思路。

　　在总体国家安全观的"人民安全—政治安全—经济安全—军事、文化、社会安全—国际安全"五大要素之中，国家文化安全被正式纳入总体国家安全观之中，成为习近平总体国家安全观的重要组成部分，并列于军事安全、经济安全、社会安全等重要安全领域，成为国家安全的重要保障，国家软实力与硬实力相辅相成，共同构成维护总体国家安全的重要力量。维护国家文化安全绝不是仅仅推动文化繁荣发展的策略问题，而是必须上升到维护总体国家安全的战略层面。在分析国家安全形势，制定国家安全战略时，必须高度重视文化因素对国家安全的影响，从战略高度谋划国家文化安全问题。2015年7月1日，十二届全国人大常委会第十五次会议表决通过了《中华人民共和国国家安全法》，该法对包括"文化安全"等十一个领域的国家安全任务进行了明确，其中第二十三条指出："国家坚持社会主义先进文化前进方向,继承和弘扬中华民族优秀传统文化,培育和践行社会主义核心价值观,防范和抵制不良文化的影响,掌握意识形态领域主导权,增强文化整体实力和竞争力。""文化安全"和传统意义上的"领土安全、主权安全、军事安全"等国家安全,第一次以立法的形式正式共同进入总体国家安全观。

　　总体国家安全观提出后,在党的十九大上,新时代国家文化安全观被写入了习近平新时代中国特色社会主义思想的基本方略。习近平在党的十九大报告中指出:"坚持社会主义核心价值体系。文化自信是一个国家、一个民族发展中更基本、更深沉、更持久的力量。必须坚持马克思主义,牢固树立共产主义远大理想和中国特色社会主义共同理想,培育和践行社会主义核心价值观,不断增强意识形态领域主导权和话语权,推动中华优秀传统文化创造性转化、创新性发展,继承革命文化,发展社会主义先进文化,不忘本来、吸收外来、面向未来,更好构筑中国精神、中国价值、中国力量,为人民提供精神指引。"党的十九大报告中指出,要牢牢掌握意识形态领导权。落实意识形态工作责任制,加强阵地建设和管理,旗帜鲜明反对和抵制各种错误观点。要培育和践行社会主义核心价值观。把社会主义核心价值观融入社会发展各方面,转化为人们的情感认同和行为习惯。要深入挖掘中华优秀传统文化蕴含的思想观念、人文精神、道德规范,结合时代要求继承创新,让中华文化展现出永久魅力和时代风采。要坚持正确舆论导向,高度重视传播手段建设和创新,提高舆论传播力、引导力、影响力、公信力。要加强互联网内容建设,建立互联网综合治理体系,营造风清气朗的网络空间。

　　在党的二十大报告中习近平指出,要坚持马克思主义在意识形态领域指导地位的根本制度,坚持为人民服务、为社会主义服务,坚持百花齐放、百家争鸣,坚持创造性转化、创新性发展,以社会主义核心价值观为引领,发展社会主义先进文化,弘扬革命文化,传承中华优秀传统文化,满足人民日益增长的精神文化需求,巩固全党全国各族人民团结奋斗的共同思想基础,不断提升国家文化软实力和中华文化影响力。

围绕总体国家安全观,为了应对新时代产生的各种国家文化安全问题,习近平提出一系列关于国家文化安全问题的论述、阐释、措施和主张,新时代国家文化安全观逐步成熟完善。新时代国家文化安全观强调维护我国文化安全,既要建设具有强大凝聚力和引领力的社会主义意识形态,培育弘扬社会主义核心价值观,也要重视中华优秀传统文化的时代性转化,不断提升国家文化软实力;既要坚定文化自信,建设社会主义文化强国,也要注重当下网络文化安全的维护,强化各级各类思想文化阵地的管理,旗帜鲜明地反对和抵制各种错误观点;既要积极参与国际文化竞争,在文化"走出去"中维护意识形态安全,也要主动塑造、不断提升国家形象和国际亲和力,增强中华文化发展的安全性,增强中华文化国际影响力和竞争力。

第二节 对于马克思主义经典作家国家文化安全重要思想的汲取

国家文化安全问题随着时代背景的改变与历史条件的变迁而不断变换着新的内容与形式。新时代国家文化安全观,是对马克思、列宁国家文化安全重要思想的汲取和传承,也是对毛泽东、邓小平、江泽民和胡锦涛国家文化安全重要思想的继承和发展,是马克思主义中国化时代化的最新成果,是习近平中国特色社会主义理论体系的重要组成部分，是引领中国国家文化安全行稳致远的有力思想武器。

从以马克思和列宁为代表的马克思主义经典作家的国家文化安全重要思想观念之中汲取思想养分，是形成新时代国家文化安全观的基本理论遵循。

一、意识形态安全是国家文化安全的核心

意识形态具有文化属性，国家意识形态安全是马克思国家文化安全思想的核心内容。马克思认为，社会意识是人们对社会存在的反映。因此，在不同的经济社会也就有不同的社会意识。即使在同一个社会，不同的阶级由于经济地位、政治地位不同，也会产生不同的经济观念、政治观念、法律观念和文化观念等。马克思认为，自从人类进入文明时代以来，统治阶级总是高度重视意识形态的作用，把意识形态作为维护其阶级统治的工具。每一个时代的统治阶级都把意识形态当作服务于本阶级统治的工具，以达到其教化民众和巩固阶级统治的目的。在《德意志意识形态》中，马克思曾对此作过精辟的阐释："统治阶级的思想在每一个时代都是占统治地位的思想。这就是说，一个阶级是社会上占统治地位的物质力量，同时也是社会上占统治地位的精神力量。支配着物质生产资料的阶级，同时也支配着精神生产资料，因此，那些没有精神生产资料的人的思想，一般地是隶属于这个阶级的。占统治地位的思想不过是占统治地位的物质关系在观念上的表现，不过是以思想的形式表现出来的占统治地位的物质关系；因而，这就是那些使某一个阶级成为统治阶级的关系在观念上的表现，因而这也就是这个阶级的统治的思想……他们的思想是一个时代的占统治地位的思想。"①由此不难得出,统治阶级要执掌政权,不仅要成为物质力量的掌握者,还必然要成为社会精神力量的创造者和主导者。统治阶级统治着社会物质力量的同时,也掌控着社会的思想文化。而意识形态作为文化的核心,是对国家而言极为重要的政治资源,统治阶级一旦丧失了其社会思想的主导地位,失去了意识形态的防御和自卫能力,就会导致执政"话语权"的丧失,进而引发政权更替、政党衰亡。

在意识形态安全的重要性上,马克思睿智地观察到:"理论一经掌握群众,也会变成物质力量。"②所谓理论,实际上也是一种文化,从中可见马克思对文化的力量是何等的重视。"如果从观念上来考察,那么一定的意识形态的解体足以使整个时代覆灭。"③可见,观念、意识、文化对一个国家、一个民族、一个时代的影响是多么的重大。社会的现实同样也说明了这一点,例如,苏联的解体,就在一定程度上印证了马克思的预言。

马克思在对资本主义社会进行全面剖析和彻底批判的基础上,清醒地看到了以意识形态为核心的文化的强大作用;看到了资产阶级对以意识形态为核心的文化的重视程度。同时,马克思也揭示了以意识形态安全为核心的文化安全,对于资产阶级维护自身统治地位的重要性,以及对于维护无产阶级专政的社会主义国家国家安全不可替代的重要作用。

二、坚持和加强共产党对思想文化工作的领导

列宁在领导俄国革命和建设的过程中,深刻意识到无产阶

---

① 《马克思恩格斯选集(第一卷)》,人民出版社,2012年,第178—179页。
② 《马克思恩格斯选集(第一卷)》,人民出版社,1995年,第9页。
③ 《马克思恩格斯文集(第八卷)》,人民出版社,2009年,第170页。

级文化既有被俄国封建落后因素所淹没的危险，又面临被资产阶级思想渗透的威胁，自觉地把国家文化安全摆在俄国社会发展的战略层面。列宁指出："从原则上说，对于应该有共产党的领导这一点，我们不能有任何怀疑。"①共产党是俄国革命和建设的领导核心，这一点同样适应于思想文化领域。在经济文化较为落后的俄国，各种思潮纷繁杂陈，如果放松党对思想文化的引领，忽视党对文化的领导能力的建设，就会使人们的思想陷入无序的混乱之中。坚持和加强党对思想文化的领导，是列宁维护国家文化安全的根本原则。

党要加强马克思主义理论灌输。马克思主义是无产阶级的世界观，是区别于封建落后意识和资产阶级剥削思想的最科学、最进步的世界观。列宁认为，要用"科学的意识形态"，即马克思主义，教育无产阶级，对抗资产阶级意识形态。"只有马克思主义的世界观才正确地反映了革命无产阶级的利益、观点和文化。"②列宁认为打牢无产阶级的思想基础，巩固马克思主义在意识形态的指导地位是充满挑战的。基于对国际共产主义运动规律和思想文化领域斗争现实的认识，列宁指出，只有靠无产阶级政党的思想领导，才能保证马克思主义意识形态的安全。无产阶级政党要把马克思主义理论"从外面灌输进去"，"从工人同厂主的关系范围外面灌输给工人"，从而启发"工人阶级自我认识和自我意识"。③列宁指出："社会民主党人应当到居民的一切阶级中去，应当派出自己的队伍分赴各

---

① 《列宁专题文集（论社会主义）》，人民出版社，2009年，第174页。
② 《列宁专题文集（论社会主义）》，人民出版社，2009年，第167页。
③ 《列宁专题文集（论马克思主义）》，人民出版社，2009年，第53页。

个方面。"①列宁注重联系实际进行马克思主义理论灌输,让俄国人民受到了马克思主义理论教育,提高政治觉悟,在与修正主义、马赫主义、民粹主义等思潮的斗争中坚定了无产阶级的政治立场。

党要加强对新闻出版等文化事业的管理。列宁十分重视对文化事业的管理,尤其是对新闻出版和电影媒体的管理,时刻防止非无产阶级的思想通过文化事业组织的传播和泛滥。十月革命之前,列宁曾主办、领导和编辑过多份革命报刊,对报刊和新闻媒体的党性原则十分重视。列宁强调:"写作事业应当成为社会民主党有组织、有计划的、统一的党的工作的一个组成部分。""出版社和发行所、书店和阅览室、图书馆和各种书报营业所,都应当成为党的机构,向党报告工作情况。"②十月革命取得胜利后的1917年11月,列宁就签署了《关于出版问题的法令》《关于成立报刊革命法庭的法令》《关于查封破坏国防的孟什维克报纸的决定案》等法令。这些法令规定:煽动对抗政权的、传播谣言的和唆使他人犯罪的报刊,都要予以查封。③除了出版物之外,列宁也关注当时新兴的文化事物——电影。因表现的形象性和内容的可复制性,在思想文化的宣传中,电影往往起着别的艺术形式所难起到的作用。列宁提出:"教育人民委员部应当对所有影片的放映组织监督,并形成制度。在俄罗斯联邦上映的所有影片,都应在教育人民委员部登记编

---

　①《列宁全集(第六卷)》,人民出版社,1986年,第76页。
　②《列宁专题文集(论无产阶级政党)》,人民出版社,2009年,第167页。
　③叶书宗、张盛发:《锤子和镰刀——苏维埃文化与苏维埃人》,浙江人民出版社,1991年,第74页。

号。"①列宁要求在组织管理环节,对影片放映进行制度化监督,防止反革命的影片出现。

三、吸收全人类的优秀文化成果

吸收全人类的优秀文化成果是马克思、列宁国家文化安全思想之中共同关注的重要问题。马克思认为,由于人类的本质相同,人类所创造的文化有其相通的一面,即文化的共性,文化交往呼吁不同文化的相互认同。马克思指出:"随着资产阶级的发展,随着贸易自由的实现和世界市场的建立,发展着的工业生产以及一直与之相适应的生活条件的趋于一致,各国人民之间的民族隔绝和对立日益消失。"②文化的交流消除了民族的隔绝和对立。在历史向世界历史转变时,"资产阶级挖掉了工业脚下的民族基础……各民族的精神产品成了公共的财产。民族的片面性和局限性日益成为可能,于是由许多种民族的和地方的文学形成了一种世界文学"③。建立在人类共性基础上的世界文化,囊括了不同民族国家的文化发展与社会变迁。各国人民日益广泛的交流需求呼吁文化的共性,文化共性的形成之所以成为可能,是作为类存在物,人类在自由自觉地改造自然的过程中存在共性。马克思赞同摩尔根的观点:"人类出于同源,因此具有同一的智力资本,同一的躯体形式。所以,人类经验的成果在相同文化阶段上的一切时代和地区中都是基本相同的。"④随着资本主义的全球扩张,整个世界的人们的生存

---

① 韦定广:《后革命时代的文化主题:列宁文化思想研究》,人民出版社,2011年,第383页。

② 《马克思恩格斯选集(第一卷)》,人民出版社,1995年,第291页。

③ 《马克思恩格斯选集(第一卷)》,人民出版社,1995年,第276页。

④ 《马克思恩格斯全集(第45卷)》,人民出版社,1986年,第397—398页。

条件都趋于一致,而"同样的条件、同样的对立、同样的利益,一般说来,也应当在一切地方产生同样的风俗习惯"①。马克思的文化共性理论表明,文化的共存需要寻求大多数文明的共同点,要有开放包容的态度吸收人类优秀文化成果。

列宁十分重视吸收全人类的优秀文化成果。列宁坚决反对虚无主义的做法,主张无产阶级文化应该继承人类文化的优秀遗产。他说:"共产主义是从人类知识的总和中产生出来的","无产阶级文化应当是人类在资本主义社会、地主社会和官僚社会压迫下创造出来的全部知识合乎规律的发展","只有确切地了解人类全部发展过程所创造的文化,只有对这种文化加以改造,才能建设无产阶级的文化"。②列宁提出过一个著名公式:苏维埃政权+普鲁士的铁路秩序+美国的技术和托拉斯组织+美国的国民教育+……=社会主义,以此说明要通过学习外来优秀文化来建设社会主义。在1920年的《关于无产阶级文化》的决议草案中,列宁指出,马克思主义是对两千多年人类思想和文化的吸收和改造,发展无产阶级文化也应该以此为基础和方向。③列宁对人类优秀文化遗产进行吸收和继承的主张,是一种促进世界文化发展的责任担当。

马克思、列宁国家文化安全思想对于新时代国家文化安全观的形成具有多因素、多角度、多方面的启示。根据马克思、列宁国家文化安全思想,要维护社会主义国家文化安全,尤其要强化马克思主义意识形态在国家文化安全中的重要地位,加强

①《马克思恩格斯选集(第一卷)》,人民出版社,1995年,第117页。
②《列宁专题文集(论社会主义)》,人民出版社,2009年,第394页。
③《列宁专题文集(论社会主义)》,人民出版社,2009年,第167页。

党对思想文化工作的绝对领导，继承和发扬全人类优秀文化成果，促进社会主义核心价值观构建。

第三节　对于新中国历代领导人国家文化安全思想的继承

中国共产党在继承马克思主义社会意识理论、文化和意识形态理论的基础上，结合中国国情与中华传统文化发展的内在规律，极大丰富和发展了马克思主义国家文化安全思想理论。新中国成立以来，党和国家历代领导人都十分重视国家文化安全，留下许多具有开拓性、前瞻性与务实性的战略思考。这些战略思考与决策主张，对新时代国家文化安全观的形成，无疑具有巨大的启迪与重要的影响。

一、确立和坚持马克思主义在中国意识形态领域的指导地位

意识形态是"文化的核心和灵魂，决定着文化的性质和方向"[1]。公民意识形态认同直接关系到政权的巩固和稳定，是国家文化安全的重要组成部分。新中国历代领导人都高度重视意识形态工作，党的第一代领导集体确立了马克思主义在中国意识形态领域中的指导地位，随后历代领导集体始终坚持马克思主义在中国意识形态领域中的指导地位，坚持中国共产党对思想文化工作的领导。

毛泽东在探索社会主义建设的过程中，始终高度关注意识形态问题，积极维护意识形态安全。新中国成立初期，在思想文化领域同时并存着无产阶级思想、资产阶级思想、小资产阶级思想和封建思想残余。一些人对社会主义制度和马克思主

---

[1] 沈壮海：《关注文化安全新课题》，《中国教育报》2004年2月10日。

义不了解,对新生的人民政权心存疑虑,甚至怀疑共产党的执政能力。"我国社会主义和资本主义之间在意识形态方面的谁胜谁负的斗争,还需要一个相当长的时间才能解决。"①所以确立马克思主义为主导的国家意识形态,就成为巩固新生的人民政权、维护国家安全的迫切需要。②毛泽东和党的第一代领导集体始终强调马克思主义对中国革命和建设的指导作用。毛泽东明确指出:"领导我们事业的核心力量是中国共产党。指导我们思想的理论基础是马克思列宁主义。"③毛泽东要求:"全党都要注意思想理论工作,建立马克思主义的理论队伍,加强马克思主义理论的研究和宣传"④,不断推动马克思主义在中国的发展,推进马克思主义中国化进程,保证国家的文化传统和文化发展拥有独立的选择权,保护国家的主流文化思想体系不受外部文化的侵蚀和颠覆。

邓小平一贯强调要坚持以马克思主义为指导。党的十一届三中全会以后,邓小平反复强调,社会主义精神文明建设必须以马克思列宁主义、毛泽东思想为指导,"老祖宗不能丢啊!"⑤1979年改革伊始,邓小平就提出了"坚持四项基本原则",他强调,在中国的现代化进程中、在改革开放中,必须坚持社会主义方向。"马克思列宁主义、毛泽东思想,是我们党的指导思想。"⑥"对马克思主义的信仰,是中国革命胜利的一种精神动

---

① 《毛泽东文集(第七卷)》,人民出版社,1999年,第231页。
② 赵子林:《毛泽东国家文化安全思想研究》,《政治学研究》2011年第1期。
③ 《毛泽东著作选读(下册)》,人民出版社,1986年,第715页。
④ 《毛泽东文集(第七卷)》,人民出版社,1999年,第200—201页。
⑤ 《邓小平文选(第三卷)》,人民出版社,1993年,第369页。
⑥ 《邓小平文选(第二卷)》,人民出版社,1994年,第42页。

力。"①马克思主义不仅是我们取得胜利的法宝,而且是国家统一、国家主权的精神保障和动力,因而邓小平提出凡"属于文化领域的东西,一定要用马克思主义对它们的思想内容和表现方法进行分析、鉴别和批判",②并指出,马克思主义是真理,我们要理直气壮地宣传,没有什么输理的地方,坚信"世界上赞成马克思主义的人会多起来的"③。正是对马克思主义始终不渝地坚持和理直气壮地宣传,才使中国在20世纪80年代末90年代初国际风云变幻之中,经受住了各种严峻考验,保持了正确的航向。④

江泽民始终强调要坚持用马克思主义占领思想文化阵地。江泽民一贯强调要坚持以马克思主义为指导,弘扬主旋律,用马克思主义占领思想文化阵地。⑤他指出:"马克思列宁主义、毛泽东思想一定不能丢,丢了就丧失根本。"⑥"坚持马列主义、毛泽东思想的指导地位,是我们立党立国的根本,也是社会主义文化建设的根本,决定着我国文化事业的性质和方向"⑦,也是社会主义文化能否安全发展的关键。江泽民一再强调,思想文化阵地,马克思主义、无产阶级的思想不去占领,各种非无产阶级的思想甚至反马克思主义的思想就会去占领。"只有坚持以马克思主义为指导,才能发展先进思想和克服落后思想。如

①《邓小平文选(第三卷)》,人民出版社,1993年,第63页。
②《邓小平文选(第三卷)》,人民出版社,1993年,第44页。
③《邓小平文选(第三卷)》,人民出版社,1993年,第382页。
④严兴文:《邓小平国家文化安全思想的特点及现实意义》,《学术论坛》2008年第6期。
⑤严兴文:《试论江泽民的国家文化安全思想》,《学术交流》2006年第12期。
⑥《论党的建设》,中央文献出版社,2001年,第254页。
⑦《论"三个代表"》,中央文献出版社,2000年,第126页。

果放弃马克思主义的指导地位,在指导思想上搞多元化,势必导致人心大乱,天下大乱,给党和国家带来灾难。"①

胡锦涛一直强调要在全体人民中牢固建立社会主义核心价值体系。用中国特色社会主义共同理想激励广大党员、干部和人民群众,不断巩固全党全国各族人民团结奋斗的共同思想基础。社会主义核心价值体系就包括马克思主义指导思想。胡锦涛指出:"我们同各种敌对势力在意识形态领域的斗争,本质上是社会主义价值体系和资本主义价值体系的较量","必须大力推进社会主义核心价值体系建设,在全社会形成共同理想信念、强大精神力量、良好道德风尚,更好地凝魂聚气、强基固本"。社会主义核心价值体系是社会主义意识形态的本质体现,是维护国家文化安全的有效途径。

二、建设高度的社会主义精神文明

国家文化安全状况的首要决定因素就是国家文化软实力。国家文化软实力也可以说是国家精神文明的实力。社会主义精神文明是社会主义社会的重要特征,是现代化建设的重要目标和重要保证。精神文明建设搞好了,国家的文化软实力就得以增强,国家的文化安全才可能得到保障。②新中国历代党和国家领导人高度重视建设社会主义精神文明对建设社会主义国家和维护国家文化安全的重要作用。

邓小平强调,高度发展的物质文明要求有高度发达的精神文明来相适应,是保证社会主义发展方向的关键。邓小平指

---

① 《江泽民论有中国特色社会主义(专题摘编)》,中央文献出版社,2002年,第411页。

② 郝良华:《论邓小平国家文化安全思想》,《理论学刊》2011年第12期。

出："所谓精神文明，不但是指教育、科学、文化，而且是指共产主义的思想、理想、信念、道德、纪律，革命的立场和原则，人与人的同志式关系，等等。"①"国际主义、爱国主义都属于精神文明的范畴。"②他鲜明地提出，越是集中力量发展经济，就越需要社会主义精神文明提供强大的精神动力和智力支持，以保证物质文明建设的顺利进行。1992年邓小平在南方谈话中进一步强调，"要坚持两手抓""两只手都要硬"，③两个文明建设都要搞好，才是有中国特色的社会主义，肯定了社会主义精神文明建设的战略地位。关于社会主义精神文明的内容，"适应社会主义现代化建设的需要，培育有理想、有道德、有文化、有纪律的社会主义公民，提高整个中华民族的思想道德素质和科学文化素质"④，是社会主义精神文明建设的根本任务。

江泽民强调，要突出教育科学文化建设。他指出："以科学的理论武装人，以正确的舆论引导人，以高尚的精神塑造人，以优秀的作品鼓舞人。"⑤江泽民多次强调，教育科学文化建设是文化建设的基础工程，解决的是整个民族的科学文化素质和社会主义现代化建设的智力支持问题。其主要包括教育、科学、文学艺术、新闻出版、广播电视、卫生体育、图书馆等各项文化事业的发展和人民群众知识水平的提高，还包括健康、愉快、生动活泼、丰富多彩的群众性娱乐活动。加强教育科学文化建设，发展文学艺术、新闻出版、广播影视、哲学社会科学等文化

①《邓小平文选（第二卷）》，人民出版社，1994年，第367页。
②《邓小平文选（第三卷）》，人民出版社，1993年，第28页。
③《邓小平文选（第三卷）》，人民出版社，1993年，第378页。
④《十二大以来重要文献选编（下册）》，人民出版社，1988年，第1176页。
⑤《党的十六大报告学习辅导百问》，党建读物出版社，2002年，第34页。

事业,是文化建设的重要内容,对于满足人民群众日益增长的精神文化需求,提高民族素质,促进经济发展和社会全面进步具有重要作用。西方国家对外传播其价值观念主要就是以教育科学文化手段为载体,依仗其绝对的信息优势,随心所欲地在自己选择的时间和地域宣扬美式文化或攻击他国文化,在发展中国家内部积极寻找文化"接口",通过多种途径培植亲美文化势力。①因此,加强教育科学文化建设,是维护国家文化安全的重要环节。思想道德建设和教育科学文化建设这两者紧密联系,相辅相成,互相促进,互相渗透。

胡锦涛强调,要提高国家文化软实力。国家文化软实力的重要组成部分之一就是文化生产力。文化生产力的概念来源于马克思、恩格斯所论述的"精神生产",指人类围绕满足自身的精神需求,通过运用各种文化资源,生产文化产品、提供文化服务、创造精神价值的实际能力。胡锦涛曾指出:"如何找准我国文化发展的方位,创造民族文化的新辉煌,增强我国文化的国际竞争力,提升国家软实力,是摆在我们面前的一个重大现实课题。"②不论是有效应对国内不良文化思潮的冲击、维护主流文化的领导地位,还是反对国际文化霸权的扩张,维护文化的民族特性,都直接关涉国家文化软实力的强弱,深刻影响着国家文化安全。胡锦涛多次强调,要深化文化体制改革,营造有利于出精品、出人才、出效益的环境,繁荣文化市场,增强文化国际竞争力。2007年在党的十七大上,胡锦涛指出:"在时代

---

① 徐华炳、张勇:《非传统视野下的中国文化安全情势及策略》,《温州大学学报》2006年第3期。

② 胡锦涛:《在中国文联第八次全国代表大会中国作协第七次全国代表大会上的讲话》,人民出版社,2006年,第4页。

的高起点上推动文化内容形式、体制机制、传播手段创新，解放和发展文化生产力，是繁荣文化的必由之路。"①只有深化文化体制改革，推进文化体制机制创新，才能破除各种障碍，激发社会创造活力，推动文化事业和文化产业跨越式发展，解放和发展文化生产力，使我国从文化资源大国转变为文化生产强国，切实提升文化软实力，捍卫国家文化安全。

三、承继中华传统文化，促进世界文化交流互鉴

新中国历代党和国家领导人都重视传承和弘扬中华民族优秀传统文化，捍卫中国文化主权，保持文化自信。同时，要加强对外文化交流，在文化"走出去"中吸收外国的先进文化，提升国际话语权，维护世界和平。

以毛泽东同志为核心的第一代中央领导集体最早提出"古为今用、洋为中用"的著名论断。毛泽东提出"古为今用"的主要目的：第一，认识中国灿烂的古代文化，提高民族的自信心。第二，民族的文化传统是中国国情民族特点的一个重要方面。马克思主义中国化，中国现时代的革命和建设，都不能脱离中国的历史和传统。第三，学习历史，学习历史的文化遗产，是为了创造新的文化。毛泽东多次指出，"向古人学习是为了现在的人"，继承和借鉴不能代替自己的创造。为了达到古为今用、推陈出新的目的，对于古人创造的文化遗产，我们不仅要联系当时的实际，科学地分析它的历史价值，肯定它的历史地位，而且还要从今天现实的情况和需要出发，研究它们对今天的价值

---

① 胡锦涛：《高举中国特色社会主义伟大旗帜为夺取全面建设小康社会新胜利而奋斗——在中国共产党第十七次全国代表大会上的报告》，人民出版社，2007年，第36页。

和意义。总之，毛泽东对待历史文化的基本态度是"剔除其糟粕、吸取其精华"，反对"文化复古主义"和"民族虚无主义"的错误倾向。毛泽东提出"洋为中用"思想主张的用意有三：第一，吸收和借鉴外国的东西，要从中国实际需要出发。第二，毛泽东运用唯物主义辩证法原理，指出中西文化关系中存在着一个共性与个性的关系。他认为中学与西学不是"体""用"的关系，"学"是指基本理论，是"中外一致，不应该分中西"，但是中外的表现形式应该是多样的，这就是民族特点、形式和风格。第三，学习外国的东西是为了发展中国的现代民族文化，在这个过程中，毛泽东认为，"'搬'也是要搬一些的"，民族形式可以掺杂一些外国的东西，不中不西的也可以搞一些，非驴非马也可以。"洋为中用"就是在中国自己的基础上，批判地吸收西洋一切有用的成分，最后达到中国优秀文化与外国优秀文化的有机融合，创造出既不同于外国，又不同于古代中国文化的现代中国文化的新形式和新风格。文化上对外国东西一概排斥或者全盘吸收，都是错误的。[①]

以邓小平同志为核心的第二代中央领导集体提出建设社会主义精神文明必须弘扬中华民族优秀传统文化，借鉴国外的优秀文化。邓小平强调，在长期革命战争之中，我们靠"发扬革命和拼命精神，严守纪律和自我牺牲精神，大公无私和先人后己精神，压倒一切敌人、压倒一切困难的精神，坚持革命乐观主义、排除万难去争取胜利的精神，取得了伟大的胜利"[②]，今天搞社会主义建设，实现四个现代化，同样要大力发扬这些精神。

---

① 赵爽：《论毛泽东的文化安全战略思想》，《党史文苑》2012年第7期。
②《邓小平文选（第二卷）》，人民出版社，1994年，第368页。

不但共产党员要有这些精神，还要"把这些精神推广到全体人民、全体青少年中间去，使之成为中华人民共和国的精神文明的主要支柱，为世界上一切要求革命、要求进步的人们所向往，也为世界上许多精神空虚、思想苦闷的人们所羡慕"①。这些精神是中华民族优秀传统文化在当代中国的弘扬和升华，是振兴中华民族的精神动力，有力地抵御了西方文化的渗透。邓小平指出，建设社会主义精神文明必须借鉴国外的优秀文化。邓小平深刻地认识到当今世界是开放的世界，中国的发展离不开世界，"关起门来搞建设是不能成功的"②，"闭关自守、故步自封是愚蠢的"③。因而，"必须大胆吸收和借鉴人类社会创造的一切文明成果，吸收和借鉴当今世界各国包括资本主义发达国家的一切反映现代社会化生产规律的先进经营方式、管理方法"④。"我们要把世界一切先进技术、先进成果作为我们发展的起点"⑤，要把大胆吸收和借鉴人类社会创造的一切文明成果作为社会主义赢得与资本主义相比较具有优势的重要途径。"属于文化领域的东西，一定要用马克思主义对它们的思想内容和表现方法进行分析、鉴别和批判。"⑥邓小平批评对于西方各种哲学、经济学、社会政治和文学艺术等思潮不分析、不鉴别、不批判，而是一窝蜂地盲目崇拜的错误倾向，"决不学习和引进资本主义制度，决不学习和引进各种丑恶颓废的东西"⑦。邓小平要

---

① 《邓小平文选（第二卷）》，人民出版社，1994年，第368页。
② 《邓小平文选（第三卷）》，人民出版社，1993年，第78页。
③ 《邓小平文选（第三卷）》，人民出版社，1993年，第44页。
④ 《邓小平文选（第三卷）》，人民出版社，1993年，第373页。
⑤ 《邓小平文选（第二卷）》，人民出版社，1994年，第111页。
⑥ 《邓小平文选（第三卷）》，人民出版社，1993年，第44页。
⑦ 《邓小平文选（第二卷）》，人民出版社，1994年，第168页。

求"敢于创新","认真钻研、吸收、融化和发展古今中外艺术技巧中一切好的东西,创造出具有民族风格和时代特色的完美的艺术形式"。①

　　以江泽民同志为核心的第三代中央领导集体强调要用先进文化来改造中国的传统文化。先进文化是推动人类社会前进的强大精神动力和思想武器。"文化的力量,深深熔铸在民族的生命力、创造力和凝聚力之中。"②"三个代表"重要思想,提出要"代表先进文化的前进方向",其对维护我国国家文化安全的重要意义即在于,我们不能把维护文化安全仅仅定位于维护中国传统文化的安全,还应该更加重视在全球范围内吸纳当代先进的文化成果,通过先进文化来改造传统文化进而保障我国的文化安全。一个国家的文化必然要更多地借鉴世界上其他国家和民族的优秀的、先进的文化,在不断吸收世界先进文化并改造民族文化以保持自身先进性的基础上,才能获得真正的国家文化安全。正如党的十六大报告中所指出的,"当今世界,文化与经济政治相互交融,在综合国力竞争中的地位和作用越来越突出","文化是综合国力的重要标志"。③牢牢把握先进文化的前进方向,要"立足改革开放和现代化建设的实践,着眼于世界文化发展的前沿,发扬民族文化的优秀传统,汲取世界各民族文化的长处,在内容和形式上积极创新,不断增强中国特色社会主义文化的吸引力和感召力"④。

---

①《邓小平文选(第二卷)》,人民出版社,1994年,第212页。
②《江泽民文选(第三卷)》,人民出版社,2006年,第558页。
③《党的十六大报告学习辅导百问》,学习出版社,2003年,第33页。
④ 江泽民:《在中国共产党第十六次全国代表大会上的报告》,《人民日报》2002年11月18日。

以胡锦涛同志为核心的中央领导集体提出和谐世界的重要理念促进文化交流互鉴。胡锦涛审时度势地提出和谐世界理念，"建立和谐世界，必须致力于实现各国和谐共处；建立和谐世界，必须致力于全球经济和谐发展；建立和谐世界，必须致力于实现不同文明和谐进步"①。胡锦涛同志提出的和谐世界理念，是一种新安全观，是对旧的安全理念的超越。实践证明，以对抗的姿态面对文化冲突，以单边的手段维护文化安全，都只会进一步激化矛盾，导致更大的冲突，无法从根本上保障文化安全，更不能营造世界文化繁荣发展的局面。胡锦涛指出："我们要摒弃冷战思维，树立互信、互利、平等、协作的新安全观，建立公平、有效的集体安全机制，共同防止冲突和战争，维护世界和平与安全。"②胡锦涛所阐述的新安全观，以增进互信为基础，主张各国通过协商对话，增进信任，消除分歧，解决纠纷，为破解世界文化发展的窘境提供了一种新思路，即在寻求互利共赢中维护国家文化安全。③胡锦涛认为，要实现世界各国文化和人类文明的安全存在与永续发展，必须在国家文化安全的过程中具有国际视野，树立和谐共生的安全理念，开展对话和协作，建设和谐世界。胡锦涛和谐世界思想中包含着对世界文化多样性的重视，包含着对世界文化交流互鉴的科学把握。"要尊重世界文明多样性，发展道路多样化"，"以平等开放的精神，维护文明的多样性，促进国际关系民主化，协力构建各

①《胡锦涛在沙特阿拉伯王国协商会议的演讲》，中华人民共和国中央人民政府网，http://www.gov.cn/ldhd/2006-04/23/content_261905.htm。
②《十六大以来重要文献选编（中册）》，中央文献出版社，2006年，第995页。
③张安、卢建军：《胡锦涛国家文化安全思想探析》，《理论建设》2014年第3期。

种文明兼容并蓄的和谐世界"。①

四、加强网络新领域文化安全建设

互联网是我国传播先进文化的重要阵地,要实现国家文化安全,就要充分发挥网络的舆论引导作用,切实加强重点网站的建设和宣传工作。同时也要加强网络媒体对腐朽文化信息的控制能力,不仅报道积极向上的文化内容,也要及时揭露社会阴暗现象,及时阻断国外敌对势力对我国主流意识形态的抹黑诋毁、文化煽动与文化渗透。

江泽民高度重视网络文化安全工作。早在2001年7月11日,江泽民在中共中央法治座谈会上就深刻论述了法律在维护国家文化安全中的重要作用,他说:"随着信息网络化的发展,网上一些迷信、色情、暴力和其他有害信息的传播,对人民群众尤其是青少年的身心健康造成很大危害","敌对势力利用信息网络进行意识形态渗透,散布政治谣言,企图搞乱我国安定团结的大局,搞乱人心"。对此,江泽民明确提出:"要注意充分运用法律手段,搞好对信息网络的管理工作,以推动信息网络快速健康发展。"②在党的十六次全国代表大会上,江泽民又明确提出要"加强文化法制建设"③。加强文化立法是维护国家文化安全的重要手段,依靠法律法规规范社会主义文化市场,是抵御外来腐朽文化入侵和渗透的有效途径。

胡锦涛强调:"我国网络文化的快速发展,为传播信息、学习知识、宣传党的理论和方针政策发挥了积极作用,同时也给

---

①《十六大以来重要文献选编(中册)》,中央文献出版社,2006年,第997页。
②《江泽民文选(第三卷)》,人民出版社,2006年,第301页。
③《江泽民文选(第三卷)》,人民出版社,2006年,第562页。

我国社会主义文化建设提出了新的课题。能否积极利用和有效管理互联网，能否真正使互联网成为传播社会主义先进文化的新途径、公共文化服务的新平台、人民健康精神文化生活的新空间，关系到社会主义文化事业和文化产业的健康发展，关系到国家文化信息安全和国家长治久安，关系到中国特色社会主义事业的全局。"①"充分利用互联网技术，发挥互联网在我国社会主义文化建设中的重要作用，构建特色网络文化，发挥其提高全民族人民思想道德素养和科学文化素养的功能。利用网络平台逐步扩大思想宣传工作的阵地，逐步增强社会主义精神文明的向心力、辐射力、感染力和凝聚力，最终逐步实现增强我国软实力，实现文化强国的战略目标。"②"要高度重视网络文化建设，加强对互联网、手机短信等新兴媒体应用和管理，支持重点新闻网站建设，提高网络文化产品和服务供给能力，主动引导网上舆论，有效防范和遏制有害信息传播，努力使互联网成为传播社会主义先进文化的前沿阵地、提供公共文化服务的有效平台、促进人们精神文化生活健康发展的广阔空间。"③胡锦涛非常关心青少年网络工程建设，他指出："一方面要加强建设，努力使互联网成为青少年获得知识和信息的一个新窗口；另一方面要加强管理，趋利避害，积极防范互联网给青少年带来的负面影响。"④保护青少年思想不受到网络环境中的负面

---

① 胡锦涛：《以创新的精神加强网络文化建设和管理》，中国日报中国在线，http:// www.chinadaily.com.cn/dfpd/17jlzqh/2011−10/21/content_13949498.htm。
② 胡锦涛：《加强网络文化建设和管理》，《人民日报》2007年4月24日。
③ 胡锦涛：《在全国宣传思想工作会议上的讲话》，《人民日报》2008年1月22日。
④ 胡锦涛：《视察北京市和平街街道青年文明社区的讲话》，中央文献出版社，2000年，第6—7页。

影响是胡锦涛国家文化安全思想中的重要方面。

毛泽东、邓小平、江泽民、胡锦涛等党和国家领导人关于国家文化安全的思想,是马克思主义中国化的重要成果,在坚持马克思主义的指导、维护国家主流意识形态安全,弘扬社会主义核心价值观,加强社会主义精神文明建设、提升文化软实力,加大对优秀传统文化保护与弘扬,加强国际文化交流互鉴,加强网络安全等方面的思想,对新时代国家文化安全观的形成具有薪火相传、一脉相承的重要借鉴作用。

总而言之,进入中国特色社会主义新时代,以习近平同志为核心的党中央坚持从历史唯物主义出发,在充分汲取借鉴马克思主义经典作家国家文化安全重要思想、充分继承发展新中国成立以来历代党和国家领导人国家文化安全重要思想观念的基础之上,准确把握国家社会意识变动以及文化与意识形态领域的变化态势,以巨大的理论勇气和实践勇气,不断推进中国国家文化安全理论与实践的创新发展,[1]逐步形成具有鲜明时代内容与时代特征的新时代国家文化安全观。

第四节 对于中国古代优秀国家文化安全重要思想的传承

中华优秀传统文化是中华民族对物质生活世界的精神反映,是中华民族的瑰宝,滋养了一代又一代的中华儿女,是保证中华文明绵延不绝的精神纽带,是无数中华儿女对祖国忠诚热爱的根源所在。中华优秀传统文化中蕴含着丰富的国家文化安全思想。习近平充分肯定中华优秀传统文化的深厚内涵,从

---

[1] 程伟:《国家文化安全问题的生成与演化》,《河南社会科学》2019年第1期。

中国古代国家文化安全重要思想中汲取丰富的思想营养，成为新时代国家文化安全观的重要思想渊源。

中华优秀传统文化中"讲仁爱、重民本、守诚信、崇正义、尚和合、求大同"六个层面的丰厚蕴涵，共同构成的观念体系集中体现了中国古代优秀国家文化安全思想的核心价值，是中国古代国家文化安全思想中政治理念、思想道德、价值追求、人格修养、独特品质、社会理想的精华，是中华传统美德和民族精神的高度概括。习近平指出，传承和弘扬中华传统文化的思想精华，要讲清楚中华传统文化的历史渊源、发展脉络、基本走向，讲清楚中华文化的独特创造、价值理念、鲜明特色，要"深入挖掘和阐发中华优秀传统文化讲仁爱、重民本、守诚信、崇正义、尚和合、求大同的时代价值"，使中华优秀传统文化成为涵养社会主义核心价值观的重要源泉，"引导人们树立和坚持正确的历史观、民族观、国家观、文化观，增强做中国人的骨气和底气"。①

一、仁爱与民本思想

仁爱思想是儒家思想的核心范畴，也是中国古代国家文化安全思想中最核心的价值理念，中国人崇奉以儒家"仁爱"思想为核心的道德规范体系。儒家"仁爱"思想的三个核心从《孟子·尽心上》的"亲亲而仁民，仁民而爱物"中可以体会：一为"亲亲"，即为"孝"，是对生命之源的感恩和回报；二是"仁民"，是对大众的爱。"己所不欲，勿施于人""己欲立而立人，己欲达而达人"；三为"爱物"，即对天地万物的爱，它包含了人与自然和谐共处的意蕴。此外，还有克己复礼、忠恕、人文主义等含义。

---

① 《习近平总书记系列重要讲话读本（2016年版）》，学习出版社、人民出版社，2016年，第202—203页。

　　民本是中国古代政治思想的基本理念。"民为邦本,本固邦宁"是民本思想在我国的最早记载。从殷周时期的"民为邦本、本固邦宁"(《尚书·五子之歌》),到春秋时期的"政之所兴,在顺民心"(《管子·牧民》),到战国时期"民为贵,社稷次之,君为轻"(《孟子·尽心下》)等思想,包含了中国传统民本思想中的"重民、爱民、富民、顺民、信民"等基本内涵,均体现出我国古代历代王侯将相治理国家的思考总结。

　　中国古代的仁爱、民本思想对新时代国家文化安全观有着重要的影响。人民安全高于一切,以人民安全为宗旨,人民性既是习近平总体国家安全观的精髓所在,也是习近平总体国家安全观的根本目的所在,更是新时代国家文化安全观的基本特征所在。坚持以民为本,以人为本,坚持国家文化安全一切为了人民、一切依靠人民,是唯物史观和党的性质宗旨在国家安全领域的必然要求和集中体现。2016年4月,习近平总书记在第一个全民国家安全教育日到来之际专门作出重要指示,要坚持国家安全一切为了人民,一切依靠人民,动员全党全社会共同努力,汇聚起维护国家安全的强大力量,夯实国家安全的社会基础,防范化解各类安全风险,不断提高人民群众的安全感幸福感。

　　习近平设身处地为人民着想,真正将仁爱思想深化到治国理政的具体措施之中,充分体现了中华传统文化的"仁政之道"。无论是其内政还是外交中,都展现着新时代国家文化安全观。习近平总书记在讲话、文件、文章、著作中多次提及仁者爱人、与人为善、守望相助等内容,饱含着仁爱智慧,充满着仁爱情怀。他在《摆脱贫困:干部的基本功——密切联系人民群众》中指出："治政之要在于安民，安民之道在于察其疾苦。"①
"政之所兴在顺民心，政之所废在逆民心。"②习近平非常关心困
难群众，在不同场合都提到民生问题，尤其是精准脱贫的系统
工程，把党和政府的温暖切实送到百姓家中，让改革开放的红
利真正普惠于民。不管是教育实践活动还是更多其他工作，让
群众参与、受群众监督、请群众评判，多照照群众这面镜子，才
能真正回答好"依靠谁、为了谁"的问题。习近平在省部级主要
领导干部专题研讨班重要讲话中说："期盼有更好的教育、更稳
定的工作、更满意的收入、更可靠的社会保障、更高水平的医疗
卫生服务、更舒适的居住条件、更优美的环境，期盼孩子们能成
长得更好、工作得更好、生活得更好"，提出了"人民对美好生活
的向往，就是我们的奋斗目标"等著名论断。党的十八大以来，
习近平把以人为本、执政为民的治国理政理念落到实处，全心
全意为人民服务，最大程度为人民谋福利，分享发展红利，这与
我国传统文化中所倡导的民本思想一脉相承，③并且丰富和发
展了中华优秀传统文化中的民本思想。

　　中国古代国家文化安全思想中的仁爱、民本思想，集中体
现了中华优秀传统文化的人民性，反映了广大人民群众的基本
价值追求，不仅是当代中国社会主义核心价值观的重要来源，
更是新时代国家文化安全观的重要来源。

---

　　①《习近平用典（第一辑）》，人民日报出版社，2018年，第11页。
　　②陈锡喜主编：《平易近人——习近平的语言力量》，上海交通大学出版社，
2014年，第222页。
　　③姜新宇、熊琪：《习近平治国理政思想对中华优秀传统文化的传承与发展》，
《四川省社会主义学院学报》2020年第2期。

二、诚信与正义思想

诚信在中华文化中是做人的准则。"诚"是儒家为人之道的中心思想,有"实"的意思,指内心真实、实在,不掺杂虚假的成分;"信"是以"实"之谓信,指真实可靠,做事信守承诺。"言必信,行必果"历来是中国人待人处事的人生哲理。诚信既是为人处世之本,也是一个民族、一个国家的生存之基,是中华民族传统美德,是中华优秀传统文化的重要组成部分,也是中国古代优秀国家文化安全思想的重要组成部分。孔子最早对诚信给予充分重视并进行了系统总结,认为没有信誉的支撑就没有人格的树立,个人信用是做人立世的重要方面,"人而无信,不知其可也","信以成之,君子哉"。

正义是中华文化的伦理原则。儒家学说经常将"仁"与"义"放在一起谈论,子曰:"仁者,人也,亲亲为大。义者,宜也,尊贤为大。"(《中庸》)爱人首先要爱自己的亲人,对人要公正适宜,把尊重贤人放在首位。墨子说:"天下有义则治,无义则乱。"(《墨子·天志上》)以"义"治国则人民欢喜、社会和谐,无"义"则人民生乱。这里的"义"已经上升到国家治理层面的正义。中华民族是崇尚公平与道义的民族。孔子在两千多年前就抒发了"朝闻道,夕死可矣"的壮烈感慨和精神追求。正义是人立身处世的根本,体现了社会的整体利益与个人的人格尊严。正义是一种最高的善,一种人类不断追求的价值取向,而公平则是正义的具体落实。公平的也就是正义的,对正义的追求寓于对公平的追求之中,公平正义历来是人类孜孜以求的社会理想。

中华优秀传统文化中的诚信、正义思想,体现了中华优秀传统文化的重要价值理念,也是中国古代国家文化安全思想的重要内容，是新时代国家文化安全观的重要来源。弘扬和践行社会主义核心价值观是新时代国家文化安全观的主要内容之一。习近平高度重视培育和践行社会主义核心价值观，多次作出重要论述。党的十八大报告首次提出，倡导富强、民主、文明、和谐，倡导自由、平等、公正、法治，倡导爱国、敬业、诚信、友善，积极培育和践行社会主义核心价值观。在社会主义核心价值观24个字表述的基本内容之中，作为公民个人层面的价值准则的"诚信"和作为社会层面的价值取向的"公正"，均来源于中华优秀传统文化和中国古代优秀国家文化安全思想中的"诚信、正义"观念。诚信、正义是当代国家富强、民主、文明、和谐的牢固根基。

习近平多次引用"人而无信，不知其可也"来强调诚信的重要性，提倡大力弘扬诚信的传统美德，引导公民成为具有强烈责任感的社会公民，提出在全社会牢固树立"个人无信不立、企业无信不旺、政府无信不威、国家无信不强"观念，强调诚信对个人修身、社会发展和经济繁荣的重要意义。习近平在国际关系、市场经济、党的建设等领域的讲话中都反复强调诚信。他将"守诚信"上升为党员领导干部以诚待人、忠诚坚定、务实为民、勇于担当、廉洁自律的要求。他指出，不仅要弘扬中华传统的诚信美德，还应该将诚信作为现代化社会的文明之基。①习近平总书记多次强调："民心是最大的政治，正义是最强的力量。"②为官者是公平正义的执行者，"一心可以丧邦，一心可以兴邦，只在公私之间

---

① 转引自卢晓雯：《习近平传统文化观的思想意蕴与现实意义》，《淮阴师范学院学报（哲学社会科学版）》2020年第5期。

② 习近平：《在第十八届中央纪律检查委员会第六次全体会议上的讲话》，人民出版社，2016年，第6页。

尔"[1]，习近平借用此典指出，领导干部在权力面前应该大公无私、公私分明、公平正义、不偏不倚。此外，习近平的公平正义思想还体现出深厚的国际情怀。他强调，要坚持维护国际公平正义，维护世界和平稳定。他将中国的发展和世界的发展联系起来，将中国社会公平正义的实现与世界公平正义的实现联系起来，向人们展示了中国爱好和平的形象。"维护国际公平正义"是习近平对中华传统文化中"崇正义"思想的创新性发展的重要体现，也是中国独立自主和平外交政策的真实体现。党的十九大报告也提出，应推动建设公平正义、互相促进、互惠互利、共同发展的新型国际关系。党的二十大报告指出，中国坚定奉行独立自主的和平外交政策，维护国际关系基本准则，维护国际公平正义，推动全球治理朝着更加公正合理的方向发展。社会主义核心价值观、外交外宣理念中诚信、正义的思想，充分展现出新时代国家文化安全观对中华优秀传统文化、对中国古代国家文化安全思想的汲取与传承。

三、和合与大同思想

　　和合是中华文化的独特品质。和合思想在中国源远流长。"君子和而不同，小人同而不和"见于《论语·子路》，"礼之用，和为贵"出自《论语·学而》；《史记·五帝本纪》中有"百姓昭明，合和万国"的"政通人和"与"协和万邦"；《庄子·齐物论》中有"天地与我并生，而万物与我为一"的"天人合一"。这些内容都表明了中国和合思想的特殊性；注重个人与个人之间、个人与天地之间、国家与国家之间的和谐共生的关系，是中华民族文化精神的基本内容，也是中国古代优秀国家文化安全思想的体

---

　　[1]《习近平用典（第一辑）》，人民日报出版社，2018年，第59页。

现，展示出团结统一的价值追求、爱国主义的民族情感、贵和尚中的思维取向和厚德载物的品格担当。

大同是中华文化的社会理想。"大同"一词最早见于《礼记·礼运》，在春秋战国时期，王权衰落，诸侯争霸，礼崩乐坏，孔子对各种僭越礼制的行为不满，继而提出"大同"思想，希望建立"大同"社会。"大同"是中国古人最高的社会政治理想，也是中国古代国家文化安全思想之一，"大同"社会虽带有原始共产主义色彩，具有一定的空想性，但仍是人们孜孜以求的理想社会。在"大同"思想的影响下，中国后世知识分子结合所处时代特征不断对"大同"社会作出新的描绘，如康有为的《大同书》、孙中山先生对"大同世界"的阐释等，以至于"大同"思想贯穿于中国传统文化的始终，成为中华民族数千年的社会理想，激励了一代又一代仁人志士为其矢志不渝、奋斗不息。

和合、大同思想是中华优秀传统文化的基本特征和价值取向之一，也是中国古代优秀国家文化安全思想之一。和合、大同思想倡导人们互相尊重、团结友爱，各国之间要平等相待、和平共处，这些文化思想观念对新时代国家文化安全观的形成有着深刻的影响。

作为新时代国家文化安全观的对外呈现，习近平提出"和合为贵、兼容并蓄、海纳百川、包容乃大"等文化外交理念，提倡和谐万邦，互惠互利，共同进步，倡导通过对话、交流、合作、互动、谈判，实现求和平、谋发展、促合作、获共赢的目标，这些外交理念来源于中华优秀传统文化和我国古代国家文化安全思想的"尚和合"思想，是时代性表达且内涵更加丰富而具体。习近平在各种外交场合中以"和合"文化思想为媒介，展示出中国坚定地遵循和平共处五项原则的中华文化底蕴与和平大国形象。

　　习近平提出构建人类命运共同体。构建人类命运共同体和与世界优秀文化交流互鉴是新时代国家文化安全观的重要内容。人类命运共同体致力于维护世界各国共同利益,是人类真正的共同价值观。习近平指出,应"认识到每一个国家和民族的文明都是独特的,坚持求同存异、取长补短,不攻击、不贬损其他文明"。[1]他在联合国大会上的讲话中提到:"'大道之行也,天下为公。'和平、发展、公平、正义、民主、自由,是全人类的共同价值,也是联合国的崇高目标。"[2]当今世界,一方面日益紧密的联系使全球成为不可分割的整体,各国在价值观念、政治制度、发展策略等方面虽然存在差异,但是全球化使得各国具有更多的共同利益;另一方面因为人类共同面临的问题更加复杂多元,迫切需要全新的解决方案,而构建人类命运共同体的思想,作为"一种伦理理论、一种政治理论和一种身份理论"的全新的世界主义,[3]为人类社会实现共同发展、持续繁荣、长治久安绘制了蓝图。习近平提出的构建人类命运共同体思想得到了世界上很多国家的赞许。习近平在讲话中指出:"世界各国一律平等,不能以大压小,以强欺弱,以富欺贫。"[4]强调各国无论大小、强弱、贫富,一律平等。经济上,坚持共商共建共享,合力打造开放多元的世界经济;政治上,尊重主权完整,履行对

---

　　[1] 习近平:《在纪念孔子诞辰2565周年国际学术研讨会暨国际儒学联合会第五届会员大会开幕会上的讲话》,《人民日报》2014年9月25日。

　　[2] 习近平:《携手构建合作共赢新伙伴同心打造人类命运共同体——习近平在第七十届联合国大会一般性辩论时的讲话》,《人民日报》2015年9月29日。

　　[3] Robert, Kathleen Glenister, *Limits of Cosmopolis:Ethics and Provinciality in the Dialogue of Cultures*, Peter Lang Publish Inc., 2014.

　　[4] 习近平:《携手构建合作共赢新伙伴同心打造人类命运共同体——习近平在第七十届联合国大会一般性辩论时的讲话》,《人民日报》2015年9月29日。

等义务，享有同等权利，促使各国在国际事务中平等交往；文化上，坚持求同存异，尊重不同文明的差异性，和而不同，促进世界文化多样性发展。

习近平总书记提出构建人类命运共同体思想，反映了全人类共同的价值追求，不仅适应新时代中国与世界关系的历史性变化，而且对中国和平发展、世界繁荣进步，都具有重大而深远的意义。①

新时代国家文化安全观汲取和继承了中国古代国家文化安全思想中有关"讲仁爱、重民本、守诚信、崇正义、尚和合、求大同"六个方面为代表的思想精华和治国智慧，而且发展、超越和升华了这六个方面的思想内涵，凸显了中华优秀传统文化对新时代国家文化安全观的深厚滋养。2022年5月27日，习近平在中共中央政治局就深化中华文明探源工程进行第39次集体学习时指出，在五千多年漫长文明发展史中，中国人民创造了璀璨夺目的中华文明，为人类文明进步事业作出了重大贡献。要研究阐释中华文明"讲仁爱、重民本、守诚信、崇正义、尚和合、求大同"的精神特质和发展形态，阐明中国道路的深厚文化底蕴。要建立中国特色、中国风格、中国气派的文明研究学科体系、学术体系、话语体系，为人类文明新形态实践提供有力理论支撑。②

---

① 付求勇：《传承与超越：从"大同"思想到构建人类命运共同体思想》，《长江论坛》2020年第1期。

② 《习近平在中共中央政治局第三十九次集体学习时强调把中国文明历史研究引向深入推动增强历史自觉坚定文化自信》，新华网，http://www.news.cn/2022-05/28/ c_1128692207.htm。

第三章

新时代国家文化安全观的主要内容

社会大变革的时代，一定是文化大发展大繁荣的时代，一定是需要思想而且能够产生思想的时代。党的十八大以来，在领导中国社会主义建设的实践中，以习近平同志为核心的党中央着眼全球化时代背景，站在人类历史进程的高度，继承并发展了马克思、列宁和新中国前几代党和国家领导人关于国家文化安全的思想，以伟大的历史主动精神、巨大的政治勇气和强烈的责任担当，从中国国家安全与发展所面临的新情况、新变化出发，总揽全局、审时度势、视野高远、大胆创新，围绕为什么和怎么样维护国家文化安全等问题，发表了一系列重要论述，提出一系列新的主张，汇聚成博大精深、内涵丰富、思想深邃和富于创新的新时代国家文化安全观。

第一节 意识形态安全是坚守国家文化安全的根本核心

经济全球化快速发展和我国对外开放的进一步扩大，导致本土文化和外来文化、社会主义文化和资本主义文化相互激荡。在这个相互博弈的过程中，有吸纳又有排斥，有融合又有斗争，有渗透又有抵御，意识形态领域的斗争更加复杂。[1]国内外形势的纷繁多变，改革攻坚中社会群体利益的矛盾凸显，思想观念和价值追求多元化的趋势不断增强，再加上西方国家的思想侵蚀和文化渗透，我国主流意识形态安全面临着严峻挑战。[2]新时代维护国家文化安全任重道远，丝毫不能松懈，而主

---

[1] 周逢梅、邵小文：《习近平对维护国家文化安全的战略思考》，《党的文献》2019年第1期。

[2] 赵子林、曹海娜：《习近平意识形态安全思想初探》，《四川民族学院学报》2018年第4期。

流意识形态是维护国家文化安全的最大关切。

国家文化安全的核心无疑是意识形态安全。习近平就任总书记以来，高度重视意识形态工作，指出"经济建设是党的中心工作，意识形态工作是党的一项极端重要的工作"[①]。他指出要巩固马克思主义在意识形态领域的指导地位，巩固全党全国人民团结奋斗的共同思想基础。这一论断，将意识形态安全提到了新的战略高度。党的十九大、二十大报告中均指出，意识形态决定文化的前进方向和发展道路，必须"建设具有强大凝聚力和引领力的社会主义意识形态"，体现出新时代党和国家关于意识形态安全的新认识和新定位。

一、意识形态安全的极端重要性

意识形态是文化的重要组成部分，甚至决定文化的主导价值倾向。[②]"在保持整个社会集团的意识形态上的统一中，意识形态起了团结统一的'水泥作用'"[③]，从而达到社会成员和整个民族有效的内部统一和社会控制。维护国家文化安全，从根本上说是维护一个国家、民族的生活方式，是维护其核心价值观和传统文化。[④]意识形态与国家文化安全具有本质的一致性，是国家文化安全的核心内容，国家文化安全是意识形态传播的重要保障。在当今全球化时代，大众文化传播迅速，文化冲突和文化融合交替呈现，使得民族文化与意识形态的存在方式、

---

① 《习近平谈治国理政（第一卷）》，外文出版社，2018年，第153页。

② 涂成林等：《国家软实力与文化安全研究》，中央编译出版社，2011年，第36页。

③ Antonio Gramsci, David Forgacs, ed., *The Antonio Gramsci Reader: Selected Writings 1916–1935*, New York University Press, 2000, p.330.

④ 涂成林：《国家文化安全视阈下的传统文化与核心价值》，《广东社会科学》2016年第6期。

活动机制都发生了新变化,文化的意识形态特征与意识形态的"文化化"趋势都很明显。①随着世界文化传播的精品化和现代传媒运作的全域化,意识形态的传播也换上了大众化、生活化、隐性化外衣,使得文化空间成为意识形态运作、竞逐、交锋的主要场域。

意识形态安全,指一个国家的主体意识形态或占领统治地位的意识形态的主体地位与主导作用不受威胁、相对稳定与有序发展的状态。冷战结束后,西方国家把意识形态安全提升到国家核心利益层面,将意识形态竞争纳入国家竞争的战略布局。随着以美国为首的北约集团加快对东欧、中东等地区的"西化""分化"步伐,价值观输入成为"颜色革命"的主要手段和基本路径。严峻的外部形势促使我国高度重视和加强意识形态安全。进入21世纪以来,以中国为代表的发展中国家快速崛起,大国之间在意识形态领域的斗争愈加激烈。意识形态安全关乎人民的根本利益和福祉,关乎党和国家的前途命运,关乎中国特色社会主义奋斗目标的如期实现。②

(一)习近平高度重视意识形态安全的连贯性和一致性

对意识形态安全极端重要性的认识,是以习近平同志为核心的党中央一贯思想的体现,是其对意识形态安全工作重要性认识不断深化的必然,为沿着正确道路前进提供了正确的思想指导和强大的动力源泉。③无论是在地方主政还是当选为中共

---

① 涂成林:《马克思主义意识形态批判视野下的国家文化安全研究》,《马克思主义与现实》2018年第5期。

② 王小娟、陈垲仑、杨永建:《习近平意识形态安全思想的"六维向度"》,《云南农业大学学报(社会科学)》2020年第6期。

③ 朱继东:《意识形态工作是党的一项极端重要的工作——习近平意识形态思想探析》,《毛泽东邓小平理论研究》2017年第11期。

中央政治局常委，习近平都非常重视抓好意识形态安全工作，展现出其高度的政治清醒和强大的政治定力。

意识形态工作是精神文明建设的重要内容，是精神文明建设的灵魂工程。早在1982年12月，习近平时任河北省正定县委书记时，他就在全县会议上明确提出要"真正把精神文明建设当作战略方针来抓"。1990年5月，在从福建宁德地委书记调任福州市委书记之际，习近平在给宁德地直机关领导干部的临别赠言中又特别强调精神文明建设是社会主义建设的重要保证，并强调指出："作为一个共产党员，一个领导干部，如果不努力学习马克思列宁主义的理论和方法，如果不用马克思列宁主义指导自己的思想和行动，他要在革命斗争中坚持无产阶级的立场，增强无产阶级的思想意识，是不可能的。"这就从另一个角度强调了抓好意识形态安全工作的重要性，并强调了意识形态的阶级性。2004年7月，习近平担任浙江省委书记时，强调精神文明建设要"从娃娃抓起"，又强调统一思想的重要性："磨刀不误砍柴工，思想是行动的先导。在思想认识上的收获，比我们在发展上的收获更有长远意义。"这不仅强调了抓好精神文明建设、思想建设的重要性和长远意义，更凸显了习近平对意识形态安全工作的深刻认识和高度重视。

2013年1月5日，习近平强调指出："苏联为什么解体？苏共为什么垮台？一个重要原因就是意识形态领域的斗争十分激烈，全面否定苏联历史、苏共历史，否定列宁，否定斯大林，搞历史虚无主义，思想乱了，各级党组织几乎没有任何作用了，军队都不在党的领导之下了。最后，苏联共产党偌大一个党就作鸟兽散了，苏联偌大一个社会主义国家就分崩离析了。这是前车之鉴啊！"习近平站在党和国家生死存亡的高度强调了意识形态安全工作的重要性、严峻性,警示全党要高度重视、认真做好意识形态安全工作,展现出其作为党和国家最高领导人高度的政治清醒。①

习近平直面意识形态安全领域多年累积的众多问题、难题,发表了一系列重要讲话,多次做出重要批示和指示,尤其是针对以前的错误思想、认识、做法等坚决进行拨乱反正,高举起共产主义信仰的旗帜,唤起了全党对意识形态安全工作的高度重视。

2013年8月19日,习近平在全国宣传思想工作会议上发表重要讲话,把共产党人对意识形态安全工作的重视程度提升到了一个新高度。他向大家严肃地提出一个问题:"我们中国共产党人能不能打仗,新中国的成立已经说明了;我们中国共产党人能不能搞建设搞发展,改革开放的推进也已经说明了;但是我们中国共产党人能不能在日益复杂的国际国内环境下坚持住党的领导、坚持和发展中国特色社会主义,这个还需要我们一代一代共产党人继续作出回答。"习近平认为,做好意识形态安全工作,要放到这个大的背景下来认识。②通过学习贯彻"8·19"重要讲话,更多人深刻认识到意识形态安全工作在全党、全军、全国工作中的极端重要地位。

2014年2月,习近平在中央网络安全和信息化领导小组第一次会议上指出,网络安全包括很多方面,但是意识形态安全是第一位的。他对如何做好网上舆论工作、建设好网络强国等

---

① 朱继东:《意识形态工作是党的一项极端重要的工作——习近平意识形态思想探析》,《毛泽东邓小平理论研究》2017年第11期。

② 《习近平关于社会主义文化建设论述摘编》,中央文献出版社,2017年,第31—32页。

做出了部署。从此，我国网络意识形态安全乃至整个网络安全工作开启了一个新时代，不断迈上新台阶。2014年10月，针对意识形态安全工作面临的内外环境更趋复杂，境外敌对势力加大渗透和"西化"力度，境内一些组织和个人不断变换手法制造思想混乱，争夺人心；一些单位和党政干部政治敏锐性、责任感不强，在重大意识形态问题上含含糊糊、遮遮掩掩而助长了错误思潮的扩散等问题。为此，习近平再次强调指出："意识形态关乎旗帜、关乎道路、关乎国家政治安全"，并做了一系列具体要求，要在重大问题上与党中央保持高度一致，绝不允许与中央唱反调，绝不允许吃共产党的饭、砸共产党的锅；要高度重视苗头性、倾向性问题，打好主动仗，防患于未然。

随着党中央陆续出台《党委（党组）意识形态工作责任制实施办法》《党委（党组）网络意识形态工作责任制实施细则》，尤其是《党委（党组）意识形态工作责任制实施办法》，不仅突出强调要进一步加强、改进意识形态安全工作，落实党管意识形态原则，更从总体要求、责任要求、考核监督和责任追究四大方面明确了各级党委（党组）在意识形态安全工作方面的责任、意识形态阵地范围等。强调党委（党组）书记是第一责任人，各级党委（党组）应当把意识形态安全工作作为党的建设和政权建设的重要内容，并提出一些可以量化的考核指标。明确要求各级党委（党组）组织部门应把意识形态安全工作情况纳入干部考核里，标志着意识形态安全工作责任制全面实施。

意识形态安全工作责任制的实施被认为是党的意识形态发展历史上一次具有里程碑意义的重大举措。在党中央的大力推动下，各地方、部门、单位大力推动建立意识形态安全工作责任制的检查考核制度，以不断强化意识形态问责制度等为抓手,推动意识形态安全工作更上一个新台阶。尤其对那些长期发表反共、反社会主义言论却没有进行坚决查处的反面典型狠抓一批,并探索建立党员、干部的意识形态档案,使意识形态问责制度逐步成为常态,切实通过严格考核、严厉问责,将意识形态安全工作责任制真正落到实处、执行到位,从而体现强大的推动力、影响力,推动更多人重视意识形态安全工作。

2016年10月,党的十八届六中全会明确要求全党要"进一步做好党和国家各项工作,特别是要切实做好思想理论准备工作、组织准备工作、经济社会发展工作、意识形态工作",这是改革开放三十多年后第一次在党的代表大会报告、历次全会公报中提出这样的要求,特别是对意识形态安全工作的重点强调成为全会的一大亮点。全会审议通过的《关于新形势下党内政治生活的若干准则》《中国共产党党内监督条例》,从多个方面划出党员不能逾越的意识形态红线,并把落实意识形态安全工作责任制情况列入对党组织主要负责人和关键岗位领导干部监督的重点,要求全党把抓好意识形态安全工作作为全面从严治党的关键环节,使得党的十八届六中全会不仅成为全面从严治党的又一个里程碑,更成为党的意识形态发展史上的一个重要里程碑。

2017年5月26日,中共中央政治局召开会议,审议《关于修改〈中国共产党巡视工作条例〉的决定》和《关于巡视中央意识形态单位情况的专题报告》,会议不仅再次强调意识形态安全工作是党的一项极其重要的工作,而且进一步强调党管意识形态是坚持党的领导的重要内容,并提出了全面政治"体检"这一重要理念,特别强调要加强党对意识形态安全工作的领导,推动意识形态领域全面从严治党。2017年7月26日,在省部级主要领导干部专题研讨班上的重要讲话中,习近平在总结党的十八大以来的重大成就时指出:"我们加强党对意识形态工作的领导,巩固了全党全社会思想上的团结统一。"

2017年10月18日,在党的十九大报告中,在"思想文化建设取得重大进展"部分,强调"加强党对意识形态工作的领导,党的理论创新全面推进,马克思主义在意识形态领域的指导地位更加鲜明,中国特色社会主义和中国梦深入人心,社会主义核心价值观和中华优秀传统文化广泛弘扬,群众性精神文明创建活动扎实开展"。在以习近平同志为核心的党中央坚强领导下,党对意识形态安全工作的高度重视在党的十九大报告中得到充分体现。十九大报告高度评价了意识形态安全工作过去5年的巨大成绩,并就不断增强意识形态领域主导权和话语权、建设具有强大凝聚力和引领力的社会主义意识形态、落实意识形态安全工作责任制等作出部署。在党的代表大会的报告中如此强调和重视意识形态安全工作,不仅是改革开放以来第一次,而且在我们党的历史上,乃至整个国际共产主义运动史上都是第一次。可以说,在新时代夺取中国特色社会主义伟大胜利的政治宣言和行动纲领中很好地体现和贯彻了"意识形态工作是党的一项极端重要的工作"这一论断精神。

2022年10月16日,在党的二十大报告中,习近平强调:"意识形态工作是为国家立心、为民族立魂的工作。牢牢掌握党对意识形态工作领导权,全面落实意识形态工作责任制,巩固壮大奋进新时代的主流思想舆论。"①

---

① 习近平:《高举中国特色社会主义伟大旗帜为全面建设社会主义现代化国家而团结奋斗——在中国共产党第二十次全国代表大会上的报告(2022年10月16日)》,人民出版社,2022年,第43页。

（二）意识形态安全关乎党的前途命运、国家长治久安和民族凝聚力

习近平指出，意识形态工作具有极端重要的地位，作为文化安全的内核，意识形态安全能否得到保障，直接关系到国家民族的兴衰。[①]

一是意识形态安全事关党的前途命运。一定的意识形态是一定阶级和政党的一面旗帜，它以理论形态集中表达该阶级或政党的利益诉求，发挥着思想动员、理论阐释、方向导引、力量凝聚等重要功能，是获取政治认同的重要来源。"古今中外，任何政党要夺取和掌握政权，任何政权要实现长治久安，都必须抓好舆论工作。"[②]必须通过意识形态的教化和传递，来向社会成员论证其领导和执政的正当性。当前，我国意识形态领域的斗争激烈，各种非马克思主义思想都在努力夺取意识形态的主导权，他们千方百计诋毁马克思主义，污蔑中国共产党，破坏党的政治认同，威胁党的领导地位，干扰党领导的社会主义事业的发展方向。因此，为了维护和巩固人民群众的根本利益，习近平强调"意识形态工作是党的一项极端重要的工作"[③]，号召全党全面加强和改善党的意识形态工作，系统性地推进党的意识形态安全建设，给我们的中心工作提供思想保障和政治保证。

二是意识形态安全事关国家长治久安。要保证国家的长期稳定，执政者需要把权力转化为权威，建立起民众对政权体

[①] 赵子林、曹海娜：《习近平意识形态安全思想初探》，《四川民族学院学报》2018年第4期。

[②]《习近平关于社会主义文化建设论述摘编》，中央文献出版社，2017年，第38页。

[③]《习近平谈治国理政（第一卷）》，外文出版社，2018年，第153页。

系的认同。为此,除了要给人民以看得见的物质福利外,还必须"在这个基础上一步一步地提高他们的政治觉悟与文化程度"①,通过意识形态的教育来增强他们对于现存政权的认同。要建立对权威的信仰,就必须恢复信仰的权威;要把人从外在的政治说教中解放出来,就必须把这种政治笃诚变成人的内心世界。习近平强调全面加强意识形态建设,是从维护国家长治久安这个重要战略角度论述的,是"治国理政、定国安邦的大事"②。只有不断改善党的意识形态安全工作,建构起人民群众对政治制度的认同,进而为社会主义现代化建设和"中国梦"的实现塑造稳定的政治局面,国家的长治久安才能最终得到保证。

三是意识形态安全事关民族凝聚力和向心力。伟大的事业离不开伟大的精神的支撑。中华民族的伟大复兴需要弘扬中国精神,凝聚中国力量。习近平指出:"对一个民族、一个国家来说,最持久、最深层的力量是全社会共同认可的核心价值观。"③在当代中国,社会主义核心价值观是国家意识形态的价值浓缩,也是中国精神的集中表现。社会主义核心价值观在多大范围和程度上得到培育和践行,直接关系到民族凝聚力和向心力。

（三）坚持和巩固马克思主义在思想文化领域的指导地位是维护意识形态安全的核心

维护国家文化安全首先就要维护和巩固社会主流意识形态的主导地位。马克思主义作为党和国家的指导思想是中国

---

① 《毛泽东文集(第二卷)》,人民出版社,1993年,第467页。
② 《习近平关于社会主义文化建设论述摘编》,中央文献出版社,2017年,第39页。
③ 《习近平谈治国理政(第一卷)》,外文出版社,2018年,第168页。

近代以来的历史选择,是中国人民在艰辛探索中的自觉选择。在志士仁人尝试种种救国方案依然无望迷茫之际,是十月革命的一声炮响为中国送来了马克思列宁主义。此后,中国共产党人把马克思列宁主义和中国实际相结合,领导中国人民成立了新中国,确立了社会主义制度,开展大规模社会主义建设,进行改革开放新的伟大革命,使中华民族迎来了从站起来、富起来到强起来的伟大飞跃,迎来了实现中华民族伟大复兴的光明前景。习近平说:"实践证明,历史和人民选择马克思主义是完全正确的,中国共产党把马克思主义写在自己的旗帜上是完全正确的,坚持马克思主义基本原理同中国具体实际相结合,不断推进马克思主义中国化时代化是完全正确的。"①

萨义德提出,现代社会"文化成为了一个舞台,各种政治的、意识形态的力量都在这个舞台上较量。文化不但不是一个文雅平静的领地,它甚至可以成为一个战场,各种力量在上面亮相,互相角逐"②。当今社会文化安全与意识形态在价值功能和传播空间上已实现高度叠加、融合,因此非常有必要将意识形态与国家文化安全作为一个统一的整体进行系统谋划。在这方面,在文化的各个领域中,坚持马克思主义意识形态的主导地位,就具有十分重要的意义:一方面,它有助于我们运用具有科学性的意识形态去抵御大众传播中的西方文化霸权;另一方面,有助于我们把握文学艺术的创作方向及整个文化建设的方向,确保社会主义核心价值观占领全部文化领域。这是确立

---

① 习近平:《在纪念马克思诞辰 200 周年大会上的讲话》,人民出版社,2018 年,第 14—15 页。

② [美]爱德华·W.萨义德:《文化与帝国主义》,李琨译,生活·读书·新知三联书店,2016 年,第 4 页。

国家文化安全的一个重要的前提。①

在习近平看来，马克思主义作为我们立党立国的指导思想，关系中国特色社会主义的道路自信、理论自信、制度自信、文化自信，关系社会主义事业和国家文化事业的整体安危。如果我们背离或者放弃马克思主义，"就会失去灵魂、迷失方向"。在坚持马克思主义指导地位这个根本问题上，"任何时候任何情况下都不能有丝毫动摇"。②

习近平高度重视巩固马克思主义在思想文化领域的指导地位，将其作为新时代国家文化安全维护的关键所在。他在2013年全国宣传思想工作会议上指出："宣传思想工作就是巩固马克思主义在意识形态领域的指导地位，巩固全党全国人民团结奋斗的共同思想基础。"③在2016年哲学社会科学工作座谈会上，他进一步指出："坚持以马克思主义为指导，是当代中国哲学社会科学区别于其他哲学社会科学的根本标志，必须旗帜鲜明加以坚持。"④在2018年纪念马克思诞辰200周年大会上，他再次强调："马克思主义始终是我们党和国家的指导思想，是我们认识世界、把握规律、追求真理、改造世界的强大思想武器。"⑤2021年7月1日在庆祝中国共产党成立100周年大会上的讲话中，习近平特别指出，马克思主义是我们立党

---

① 涂成林：《马克思主义意识形态批判视野下的国家文化安全研究》，《马克思主义与现实》2018年第5期。

②《习近平谈治国理政（第二卷）》，外文出版社，2017年，第33页。

③《习近平谈治国理政（第一卷）》，外文出版社，2018年，第153页。

④《习近平关于社会主义文化建设论述摘编》，中央文献出版社，2017年，第73页。

⑤ 习近平：《在纪念马克思诞辰200周年大会上的讲话》，人民出版社，2018年，第15页。

立国的根本指导思想,是我们党的灵魂和旗帜。中国共产党坚持马克思主义基本原理,坚持实事求是,从中国实际出发,洞察时代大势,把握历史主动,进行艰辛探索,不断推进马克思主义中国化时代化,指导中国人民不断推进伟大社会革命。中国共产党为什么能,中国特色社会主义为什么好,归根到底是因为马克思主义行! 2022 年 10 月 16 日在党的二十大报告中,习近平强调,拥有马克思主义科学理论指导是我们党坚定信仰信念、把握历史主动的根本所在。新的征程上,我们必须坚持马克思列宁主义、毛泽东思想、邓小平理论、"三个代表"重要思想、科学发展观,全面贯彻新时代中国特色社会主义思想,坚持把马克思主义基本原理同中国具体实际相结合、同中华优秀传统文化相结合,用马克思主义观察时代、把握时代、引领时代,继续发展当代中国马克思主义、21 世纪马克思主义!

二、坚持正确舆论导向和正面宣传为主相结合

新闻舆论工作不仅是意识形态安全工作的重要组成部分,而且是面临挑战最多的意识形态安全工作之一。2016 年 2 月 19 日,习近平在党的新闻舆论工作座谈会上强调,党的新闻舆论工作是党的一项主要工作。做好党的新闻舆论工作,事关旗帜和道路,事关贯彻落实党的理论和路线方针政策,事关顺利推进党和国家各项事业,事关全党各族人民凝聚力和向心力,事关党和国家前途命运……马克思主义政党历来把新闻舆论工作作为进行革命斗争的有力武器。习近平提醒全党,要站在党和国家前途命运的高度重视新闻舆论工作,认真开展好舆论斗争,让舆论造福党和人民。

习近平强调,宣传思想工作就是要巩固马克思主义在意识形态领域的指导地位、巩固全党全国人民团结奋斗的共同思想基础。①前事不忘，后事之师。苏联解体和东欧剧变的惨痛事实证明，西方国家从来没有放弃冷战思维、零和博弈和颜色革命等图谋，社会主义政权和执政党的意识形态防线一旦被攻破，必将失去长期安全执政的根基，乃至亡党亡国。既然"两个巩固"对我们党长期执政，实现革命初心、完成历史使命具有根本性、战略性的地位作用，那么加强"两个巩固"就成为我们与国外反动势力在意识形态竞争中保持定力、争取民心、凝聚力量的关键。②习近平在党的新闻舆论工作座谈会上指出，党的新闻舆论工作，必须坚持党的领导，必须姓党，必须抓在党的手中，必须把正确政治方向摆在第一位，必须成为党和人民的喉舌。这一观点为宣传思想部门坚持正确舆论导向，保证思想宣传领域的国家文化安全指明了方向。③

（一）牢牢坚持正确舆论导向

舆论的力量绝不能小觑。舆论导向正确是党和人民之福，就能凝聚人心、汇聚力量，推动事业发展；舆论导向错误是党和人民之祸，就会动摇人心、瓦解斗志，危害党和人民事业。好的舆论可以成为发展的"推进器"、民意的"晴雨表"、社会的"黏合剂"、道德的"风向标"，不好的舆论可以成为民众的"迷魂汤"、社会的"分离器"、杀人的"软刀子"、动乱的"催化剂"。新形势下，党要带领人民统筹推进"五位一体"总体布局和协调推进"四个全面"战略布局，带领人民实现中华民族伟大复兴的中国

---

① 《习近平谈治国理政（第一卷）》，外文出版社，2018年，第153页。

② 习近平：《在全国宣传思想工作会议上的讲话》，《人民日报》2013年8月21日。

③ 王小娟、陈垲仑、杨永建：《习近平意识形态安全思想的"六维向度"》，《云南农业大学学报（社会科学）》2020年第6期。

梦,必须引导好人民思想,而要引导好人民思想就要引导好社会舆论。"在新的时代条件下,党的新闻舆论工作的职责和使命是:高举旗帜、引领导向,围绕中心、服务大局,团结人民、鼓舞士气,成风化人、凝心聚力,澄清谬误、明辨是非,联接中外、沟通世界。要承担起这个职责和使命,必须把政治方向摆在第一位,牢牢坚持党性原则,牢牢坚持马克思主义新闻观,牢牢坚持正确舆论导向,牢牢坚持正面宣传为主。"习近平认为:"党的新闻舆论工作坚持党性原则,最根本的是坚持党对新闻舆论工作的领导。党和政府主办的媒体是党和政府的宣传阵地,必须姓党。党的新闻舆论媒体的所有工作,都要体现党的意志、反映党的主张,维护党中央权威、维护党的团结,做到爱党、护党、为党;都要增强看齐意识,在思想上政治上行动上同党中央保持高度一致;都要坚持党性和人民性相统一,把党的理论和路线方针政策变成人民群众的自觉行动,及时把人民群众创造的经验和面临的实际情况反映出来,丰富人民精神世界,增强人民精神力量。新闻观是新闻舆论工作的灵魂。要深入开展马克思主义新闻观教育,引导广大新闻舆论工作者做党的政策主张的传播者、时代风云的记录者、社会进步的推动者、公平正义的守望者。"[1]

(二)牢牢坚持正面宣传为主

正面宣传为主,是党的意识形态工作,尤其是新闻舆论工作必须遵循的重要方针。习近平指出,之所以要强调团结鼓劲、正面宣传为主,一方面,我国社会积极正面的事物是主流,消极负面的东西是支流,要正确认识主流和支流、成绩和问题、

[1]《习近平谈治国理政(第二卷)》,外文出版社,2017年,第332页。

全局和局部的关系，集中反映社会健康向上的本质，客观展示发展进步的全貌，使之同我国改革发展蓬勃向上态势相协调；另一方面，我们正在进行具有许多新的历史特点的伟大斗争，面临的挑战和困难前所未有，必须激发全党全社会团结奋进、攻坚克难的强大力量，调动各方面积极性、主动性、创造性。这样，党的新闻舆论工作才能起到应有作用。

做好正面宣传，要加强重大主题、重大活动、重大事件、重大典型的宣传，要注重提高质量和水平，增强吸引力和感染力。正面宣传要用心用情去做，让群众爱听爱看，不能搞假大空的宣传，不能用一个模式服务不同类型的受众。真实性是新闻的生命。要坚持马克思主义立场、观点、方法，搞清楚是个别真实还是总体真实，不仅要准确报道个别事实，而且要从宏观上把握和反映事件或事物的全貌。除了一因一果，更要注意一因多果、一果多因、多因多果、互为因果、因果转换等复杂情况，避免主观片面、以偏概全。要从总体上把握好平衡。舆论监督和正面宣传是统一的而不是对立的。新闻媒体要直面我们工作中存在的问题，直面社会丑恶现象和阴暗面，激浊扬清，针砭时弊。对人民群众关心的问题、意见大反映多的问题，要积极关注报道，及时解疑释惑，引导心理预期，推动改进工作。对舆论监督要有承受力，不能怕自己的"形象""利益"受到损害而限制媒体采访报道。同时，媒体发表批评性报道，事实要准确，分析要客观，不要把自己放在"裁判官"的位置上。

涉及重大政策问题的批评可以通过内部渠道向上反映，不宜公开在媒体上反映。对社会上存在的思想认识问题，要加强正面引导，通过摆事实、讲道理，明辨是非、澄清模糊认识。对重大政治原则和大是大非问题，要敢于交锋、敢于亮剑。对恶意攻击、造谣生事,要坚决回击、以正视听。

(三)构建落实大宣传格局

习近平在全国宣传思想工作会议上的讲话中指出:"要树立大宣传的工作理念,动员各条战线各个部门一起来做。"①大宣传的工作理念既是对我们党优良传统的继承和弘扬,又是因应新形势新变化的重大理论创新。

当前,宣传思想工作处于开放、复杂的传播环境之中,公共话题的触发点多元化,任何一个领域或者角落的社会问题,凭借现代技术的即时性、快捷性传播,都可能会在短时间内演化成为舆论热点、焦点问题。同时,我国已进入统筹推进"五位一体"总体布局和协调推进"四个全面"战略布局的新阶段,国际国内相互影响,经济、政治、文化、社会、生态文明、党的建设等各个领域改革发展紧密相联,任何一个领域的工作都会牵动其他领域,也需要其他领域工作的密切配合。这就迫切需要树立和强化大宣传理念,从更大的视野、更深的层次、更高的要求思考和谋划宣传思想工作,建立健全系统、有力、高效的大宣传工作格局,为推进党和国家事业发展提供强有力的思想舆论支撑。②

意识形态建设作为一项社会实践,从本质上讲是一种有意识、有目的的能动活动,需要具有主观能动性的总体规划、齐抓共管和共同努力。习近平指出:"做好宣传思想工作必须全党动手。"③全党动手,才能调动各方面的力量,形成推进宣传思想

---

①《习近平谈治国理政(第一卷)》,外文出版社,2018年,第156页。
②《习近平新闻舆论思想要论》,新华出版社,2017年,第277页。
③《习近平谈治国理政(第一卷)》,外文出版社,2018年,第156页。

工作的强大合力、强劲动力，形成"一盘棋"的大宣传工作格局。

一是各级党委要负起"政治责任和领导责任"①，带头抓意识形态安全工作，保持高度的政治敏锐性和政治辨别力，在大是大非问题上站稳立场，在政治原则问题上敢于发声、敢于斗争，起到"领头羊"和"主心骨"的作用。

二是发挥各个部门、各条战线的能量和作用，紧密结合意识形态安全工作与其他领域的各项工作，树立大宣传工作理念和"一盘棋"的大局意识，共同形成整体合力。尤其是宣传思想部门作为承担重要责任和使命的"一线部门"，务必守土有责、尽职尽责，做好甄别对待红、黑、灰三个地带的工作。"红色地带是我们的主阵地，一定要守住；黑色地带主要是负面的东西，要敢抓敢管、敢于亮剑，大大压缩其地盘；灰色地带要大张旗鼓争取，使其转化为红色地带。"②党报党刊等新闻媒体是党和政府的宣传阵地，要坚定政治方向，坚守党性原则，弘扬主旋律，巩固党和人民共同的思想基础，为国家建设大局服务。

三是每一名党员、每一个党组织，都要坚持正确立场，积极传播正能量。在网络社会和自媒体时代，全体党员和党组织也是大宣传格局的重要环节，每一名党员、每一个党组织都要为做好新闻舆论工作做出积极贡献，汇聚强大合力。

四是各大高校作为我国意识形态安全工作的重要阵地，要积极配合各级党委开展好意识形态安全工作。"我们的高校是党领导下的高校，是中国特色社会主义高校。办好我们的高

---

① 《十八大以来重要文献选编（上册）》，中央文献出版社，2014年，第465页。
② 《习近平总书记系列重要讲话读本（2016年版）》，学习出版社、人民出版社，2016年，第196页。

校,必须坚持以马克思主义为指导,全面贯彻党的教育方针"[①],以立德树人为根本,始终成为培养社会主义事业建设者和接班人的坚强阵地。

五是其他各人民团体、企事业单位等社会组织,也必须坚定"四个自信",既做业务专家,也要充分利用自身的特点和优势,配合好各级党委和宣传部门的工作,共同捍卫国家意识形态安全。[②]

三、培育和弘扬社会主义核心价值观

当今世界,文化软实力越来越成为争夺发展制高点、道义制高点的关键所在,而文化的力量,归根到底来自于凝结其中的核心价值观的影响力和感召力。文化软实力的竞争,本质上是不同文化所代表的核心价值观的竞争。社会主义核心价值观是当代中国精神的集中体现,凝结着全体中国人民共同的价值追求。全球化时代,世界各国之间不论是经济、政治还是文化的交往,背后深层次的都是价值观的交往。"如果只用钢铁而不是用精神的宝剑去寻求安全的话,这个民族就必然灭亡。"[③]西方价值观的渗透,矛头直指我国的国家制度,企图在不知不觉中从根本上瓦解中国人民对马克思主义的信仰和对共产主义的价值追求。2015年7月1日第十二届全国人民代表大会常务委员会第15次会议通过的《中华人民共和国国家安全法》,在

---

① 《习近平:把思想政治工作贯穿教育教学全过程》,新华网,http://www.xinhua-net.com//politics/2016-12/08/c_1120082577.htm。

② 赵子林、曹海娜:《习近平意识形态安全思想初探》,《四川民族学院学报》2018年第4期。

③ Dulles, "The Free Far East and the Free West", draft of Speech for Cleveland, *JFDP*, Dec. 2, 1952.

其第二十三条明确表述："国家坚持社会主义先进文化前进方向，继承和弘扬中华民族优秀文化，培育和践行社会主义核心价值观，防范和抵制不良文化的影响，掌握意识形态主导权，增强文化整体实力和竞争力。"①我国文化安全最根本是指国家文化建设、文化发展、文化生活、文化活动等能够不断巩固和发展中国特色社会主义制度。②因此，国家文化安全建设最重要的任务就是要紧抓意识形态安全建设，尤其是社会主义核心价值观的建设。

（一）价值观、核心价值观和社会主义核心价值观

价值观是人类在认识、改造自然和社会的过程中产生与发挥作用的。历史和现实都表明，只有建立共同的价值目标，一个国家和民族才会有赖以维系的精神纽带，才会有统一的意志和行动。每一个时代、每一个国家都有自己的价值观。在这个时代、这个国家所有的价值观之中，起支配作用的就是核心价值观。核心价值观是一定社会形态社会性质的集中体现，在社会思想观念体系中处于主导地位，决定着社会制度、社会运行的基本原则，制约着社会发展的基本方向。历史和现实都证明，核心价值观是一个国家的重要稳定器。中国古人对核心价值观的地位有着深刻认识，他们把礼、义、廉、耻，看作"国之四维"，即维系国家安全的四种至关重要的力量，"四维不张，国乃灭亡"。如果没有共同的核心价值观，一个民族、一个国家就会魂无定所、行无依归。"价值观念在一定社会的文化中是起中轴

---

①《中华人民共和国国家安全法》，光明网，https://baijiahao.baidu.com/s?id=16157236 68119891751&wfr=spider&for=pc。
② 赵丽：《"文化安全"如何为国家安全保驾护航》，《法制日报》2014年4月23日。

作用的……世界上各种文化之争,本质上是价值观念之争,也是人心之争、意识形态之争。"①在新时代,要打赢意识形态争夺仗,切实做好人心民心工作,必须诉诸核心价值观这一思想武器。当务之急是要打赢价值观争夺仗,发挥核心价值观对巩固以马克思主义为主导的国家意识形态安全的中流砥柱作用。这既要传承历史、展望未来,又要立足当下,强化问题意识,正视人们思想意识多元多变、社会思潮纷繁复杂的新问题,不断化解思想文化领域特别是意识形态安全工作面对的各类风险挑战。②习近平认为:"核心价值观承载着一个民族、一个国家的精神追求,体现着一个社会评判是非曲直的价值标准。""如果一个民族、一个国家没有共同的核心价值观,莫衷一是,行无依归,那这个民族、这个国家就无法前进。"③"核心价值观是文化软实力的灵魂、文化软实力建设的重点。这是决定文化性质和方向的最深层次要素。一个国家的文化软实力,从根本上说,取决于其核心价值观的生命力、凝聚力、感召力。培育和弘扬核心价值观,有效整合社会意识,是社会系统得以正常运转、社会秩序得以有效维护的重要途径,也是国家治理体系和治理能力的重要方面。"④构建具有强大感召力的核心价值观,关系到社会的和谐稳定,关系到国家的长治久安。不同民族、不同国家由于其自然条件和发展历程不同,产生和形成的核心价值

---

①《习近平关于社会主义文化建设论述摘编》,中央文献出版社,2017年,第105页。

②吴勇锋:《深入弘扬社会主义核心价值观的五个导向》,《马克思主义理论学科研究》2020年第4期。

③《习近平谈治国理政(第一卷)》,外文出版社,2018年,第168页。

④《习近平谈治国理政(第一卷)》,外文出版社,2018年,第163页。

观也各有特点。

社会主义核心价值观是本质上具有社会主义意识形态性质的价值观,是最能代表当代中国十四亿多人口、五十六个民族发展利益和最广大人民根本愿望的价值追求,是中国特色社会主义的文化内核,是文化强国的旗帜与方向,是中华民族共有的精神家园。[1] 2006年10月,党的十六届六中全会通过的《中共中央关于构建社会主义和谐社会若干重大问题的决定》,第一次明确提出了"建设社会主义核心价值体系"这个重大命题和战略任务。2012年11月8日,在党的十八大报告中明确提出三个倡导——"倡导富强、民主、文明、和谐,倡导自由、平等、公正、法治,倡导爱国、敬业、诚信、友善,积极培育和践行社会主义核心价值观"。2013年12月23日中共中央办公厅发布《关于培育和践行社会主义核心价值观的意见》中提出:"富强、民主、文明、和谐是国家层面的价值目标,自由、平等、公正、法治是社会层面的价值取向,爱国、敬业、诚信、友善是公民个人层面的价值准则,这24个字是社会主义核心价值观的基本内容,为培育和践行社会主义核心价值观提供了基本遵循。"[2]其中,"富强、民主、文明、和谐",是国家层面的价值要求,反映全国各族人民的根本利益和共同愿望;"自由、平等、公正、法治",是社会层面的价值要求,反映人类最美好的目标理想和制度追求;"爱国、敬业、诚信、友善",是公民层面的价值要求,体现每个公民应当遵循的基本道德规范。在社会主义核心价值观中,最深

---

① 吴辅佐、刘志兵、李磊:《社会主义核心价值观十二讲》,国防大学出版社,2013年,第2页。

② 中共中央办公厅:《关于培育和践行社会主义核心价值观的意见》,《人民日报》2013年12月24日。

层、最根本、最永恒的是爱国主义。①

习近平认为："我们提出的社会主义核心价值观，把涉及国家、社会、公民的价值要求融为一体，既体现了社会主义本质要求，继承了中华优秀传统文化，也吸收了世界文明有益成果，体现了时代精神。"②社会主义核心价值观具有深厚的历史底蕴和坚实的现实基础，它所倡导的价值观具有强大的道义力量，它所昭示的前进方向契合中国人民的美好愿景。③

（二）高度重视培育和践行社会主义核心价值观

一个时期以来，中国在经济快速发展和人民生活不断改善的同时，在文化发展和思想文化生活领域出现了核心价值观缺失的严峻问题。有些人没有善恶观念，没有国家和集体观念、甚至不知美丑、不辨是非，突破做人做事底线，什么违反党纪国法的事情都敢干，什么失德失范的勾当都敢做。社会上出现的种种问题与核心价值观缺失有着密切关联，这方面的问题如果得不到有效解决，改革开放和社会主义现代化建设就难以顺利推进。④

党的十八大以来，党中央高度重视弘扬社会主义核心价值观工作，习近平发表了一系列重要讲话和论述，召集中央政治局开展培育和弘扬社会主义核心价值观专题学习，先后在不同场合多次对有关弘扬社会主义核心价值观工作作出重要指示要求，正如他所讲："这段时间，我集中强调了培育和践行社会主义核心价值观问题。2014年2月，中央政治局专门就培育和

---

① 《十八大以来重要文献选编（中册）》，中央文献出版社，2016年，第134页。
② 《习近平谈治国理政（第一卷）》，外文出版社，2018年，第169页。
③ 《习近平关于社会主义文化建设论述摘编》，中央文献出版社，2017年，第132页。
④ 《十八大以来重要文献选编（中册）》，中央文献出版社，2016年，第133—134页。

弘扬社会主义核心价值观进行集体学习，我作了讲话，对全社会提了要求。五四青年节，我到北京大学去，对大学师生讲了这个问题。5月底，我在上海考察工作时，对领导干部弘扬和践行社会主义核心价值观提了要求。六一儿童节前夕，我在北京海淀区民族小学同师生们座谈时讲了这个问题。6月上旬，我在两院院士大会上对院士们也提了这方面要求。9月教师节前一天，我到北京师范大学同师生座谈，再次强调了这个问题。今天，我也要对文艺界提出这方面要求，因为文艺在培育和弘扬社会主义核心价值观方面具有独特作用。"①

习近平多次指出，社会主义核心价值观是党和政府所倡导的"主导价值观"，"主导价值观"只有被社会大众普遍认同，才能成为"主流价值观"，才能有效发挥核心价值观的功能作用，从而筑牢中国价值观长城，有效抵御西方价值观渗透。②他要求广大文艺工作者："要高扬社会主义核心价值观的旗帜，充分认识肩上的责任，把社会主义核心价值观生动活泼、活灵活现地体现在文艺创作之中，用栩栩如生的作品形象告诉人们什么是应该肯定和赞扬的，什么是必须反对和否定的，做到春风化雨、润物无声。""文艺界知名人士很多，社会影响力不小，大家不仅要在文艺创作上追求卓越，而且要在思想道德修养上追求卓越，更应身体力行践行社会主义核心价值观，努力做到言为士则、行为世范。"③习近平要求新闻媒体发挥传播社会主流价值的主渠道作用，加强社会主义核心价值观宣传教育，用社会

①《论党的宣传思想工作》，中央文献出版社，2020年，第110—111页。
②徐春喜：《当代中国社会主义核心价值观的价值共识问题研究》，东北师范大学2018年博士学位论文，第23页。
③《论党的宣传思想工作》，中央文献出版社，2020年，第112页。

主义核心价值观引领社会思潮、凝聚社会共识。

2018年3月5日，十三届全国人大一次会议正式将国家倡导社会主义核心价值观纳入我国宪法，凸显了新时期加强社会主义核心价值观建设的重要性和紧迫性。

在党的十九大报告中习近平指出："要以培养担当民族复兴大任的时代新人为着眼点，强化教育引导、实践养成、制度保障，发挥社会主义核心价值观对国民教育、精神文明创建、精神文化产品创作生产传播的引领作用，把社会主义核心价值观融入社会发展各方面，转化为人们的情感认同和行为习惯。"[1]

在党的二十大报告中习近平指出："社会主义核心价值观是凝聚人心、汇聚民力的强大力量。弘扬以伟大建党精神为源头的中国共产党精神谱系，用好红色资源，深入开展社会主义核心价值观宣传教育，深化爱国主义、集体主义、社会主义教育，着力培养担当民族复兴大任的时代新人。"[2]

习近平通过一系列比喻来说明社会主义核心价值观的关键地位。他认为，从核心价值观与国家、民族的关系而言，核心价值观是一个民族"赖以维系的精神纽带"；[3]从核心价值观与文化的关系而言，核心价值观在一定社会的文化中"起中轴作用"[4]，文化的影响力首先是价值观念的影响力；从核心价值观

---

[1] 习近平：《决胜全面建成小康社会夺取新时代中国特色社会主义伟大胜利——在中国共产党第十九次全国代表大会上的报告（2017年10月18日）》，人民出版社，2017年，第42页。

[2] 习近平：《高举中国特色社会主义伟大旗帜为全面建设社会主义现代化强国而团结奋斗——在中国共产党第二十次全国代表大会上的报告（2022年10月16日）》，人民出版社，2022年，第44页。

[3]《十八大以来重要文献选编（中册）》，中央文献出版社，2016年，第105页。

[4]《习近平关于社会主义文化建设论述摘编》，中央文献出版社，2017年，第105页。

与社会的关系而言，核心价值观是"一个国家的重要稳定器"，"关系社会和谐稳定，关系国家长治久安"。①因此，要"加快构建充分反映中国特色、民族特性、时代特征的价值体系，努力抢占价值体系的制高点"，大力培育、弘扬、践行社会主义核心价值观。②

（三）培育践行社会主义核心价值观，筑牢中国价值观长城

社会主义核心价值观决定着各民族共有精神家园的发展方向，以习近平为核心的党中央一直将培育和弘扬社会主义核心价值观作为凝魂聚气、强基固本的基础工程，作为一项捍卫国家文化安全的根本任务来抓。习近平对新时代如何做好社会主义核心价值观的培育和践行，多次作出视野宏大、内涵丰富、意蕴深远的重要论述。

一是要使之成为全体人民的共同价值追求。2013年8月19日习近平在全国宣传思想工作会议上强调："要加强社会主义核心价值体系建设，倡导富强、民主、文明、和谐，倡导自由、平等、公正、法治，倡导爱国、敬业、诚信、友善，积极培育和践行社会主义核心价值观，使之成为全体人民的共同价值追求。"③2014年9月30日习近平在庆祝中华人民共和国成立65周年招待会上的讲话中指出，我们要大力培育和践行社会主义核心价值观，用共同理想信念凝聚民族意志，用中国精神激发中国力量，动员全体中华儿女共同创造中华民族新的伟业。

二是要贯穿于社会生活的方方面面。2014年2月25日习

---

① 《习近平关于全面建成小康社会论述摘编》，中央文献出版社，2016年，第111页。
② 《习近平关于全面深化改革论述摘编》，中央文献出版社，2014年，第88页。
③ 《习近平关于全面建成小康社会论述摘编》，中央文献出版社，2016年，第104页。

近平在十八届中央政治局第十三次集体学习时强调,要切实把社会主义核心价值观贯穿于社会生活的方方面面,要通过教育引导、舆论宣传、文化熏陶、实践养成、制度保障等,使社会主义核心价值观内化为人们的精神追求,外化为人们的自觉行动。

三是要变成国民的日常行为准则。2014年5月4日,习近平在北京大学师生座谈会上讲道:"广大青年树立和培育社会主义核心价值观,要在以下几点上下功夫。一是要勤学,下得苦功夫,求得真学问。二是要修德,加强道德修养,注重道德实践。三是要明辨,善于明辨是非,善于决断选择。四是要笃实,扎扎实实干事,踏踏实实做人。核心价值观的养成绝非一日之功,要坚持由易到难、由近及远,努力把核心价值观的要求变成日常的行为准则,进而形成自觉奉行的信念理念。无论什么时候,我们都要坚守在中国大地上形成和发展起来的社会主义核心价值观,在时代大潮中建功立业,成就自己的宝贵人生。"习近平要求广大青年,"要以国家富强、人民幸福为己任,胸怀理想、志存高远,投身中国特色社会主义伟大实践,并为之终生奋斗。要加强思想道德修养,自觉弘扬爱国主义、集体主义精神,自觉遵守社会公德、职业道德、家庭美德"①。2014年5月30日习近平在北京市海淀区民族小学主持召开座谈会时指出,记住要求,就是要把社会主义核心价值观的基本内容熟记熟背,让它们融化在心灵里、铭刻在脑子中;心有榜样,就是要学习英雄人物、先进人物、美好事物,在学习中养成好的思想品德追求;从小做起,就是要从自己做起、从身边做起、从小事做起,一点

---

① 习近平:《在知识分子、劳动模范、青年代表座谈会上的讲话(2016年4月26日)》,《中国青年报》2016年4月30日。

一滴积累，养成好思想、好品德；接受帮助，就是要听得进意见，受得了批评，在知错就改、越改越好的氛围中健康成长。

四是要融入各种精神文明创建活动之中。一种价值观要真正发挥作用，必须融入社会生活。习近平要求："要把社会主义核心价值观的要求融入各种精神文明创建活动之中，吸引群众广泛参与，推动人们在为家庭谋幸福、为他人送温暖、为社会作贡献的过程中提高精神境界、培育文明风尚。要利用各种时机和场合，形成有利于培育和弘扬社会主义核心价值观的生活情景和社会氛围，使核心价值观的影响像空气一样无所不在、无时不有。""要润物细无声，运用各类文化形式，生动具体地表现社会主义核心价值观，用高质量高水平的作品形象地告诉人们什么是真善美，什么是假恶丑，什么是值得肯定和赞扬的，什么是必须反对和否定的"[1]，"让社会主义道德的阳光温暖人间，让文明的雨露滋润社会，为奋进新时代、共筑中国梦提供强大精神力量和道德支撑"[2]。

五是要发挥政策导向的重要作用。在如何践行社会主义核心价值观的问题上，习近平指出："要发挥政策导向作用，使经济、政治、文化、社会等方方面面政策都有利于社会主义核心价值观的培育。""要用法律来推动核心价值观建设。各种社会管理要承担起倡导社会主义核心价值观的责任，注重在日常管理中体现价值导向，使符合核心价值观的行为得到鼓励、违背

---

[1]《习近平在中共中央政治局第十三次集体学习时强调把培育和弘扬社会主义核心价值观作为凝魂聚气强基固本的基础工程》，中华人民共和国中央人民政府网，http://www.gov.cn/ldhd/2014-02/25/content_2621669.htm。

[2]《习近平对全国道德模范表彰活动作出重要指示（2019年9月5日）》，新华网，http://www.xinhuanet.com/politics/leaders/2019-09/05/c_1124964046.htm。

核心价值观的行为受到制约。"①"要按照社会主义核心价值观的基本要求,健全各行各业规章制度,完善市民公约、乡规民约、学生守则等行为准则,使社会主义核心价值观成为人们日常工作生活的基本遵循。要建立和规范一些礼仪制度,组织开展形式多样的纪念庆典活动,传播主流价值,增强人们的认同感和归属感。"

六是要让领导干部起到榜样带头作用。习近平要求领导干部要把践行"三严三实"贯穿于全部工作生活中,养成一种习惯、化为一种境界。要加强道德修养,带头弘扬社会主义核心价值观,明辨是非善恶,追求健康情趣,不断向廉洁自律的高标准看齐,做到心有所戒、行有所止、守住底线、不碰高压线。每个领导干部都应该把洁身自好作为第一关,从小事小节上加强约束、规范自己,坚决反对特权思想、特权现象,习惯在受监督和约束的环境中工作生活,练就过硬的作风。②"榜样的力量是无穷的,广大党员、干部必须带头学习和弘扬社会主义核心价值观,用自己的模范行为和高尚人格感召群众、带动群众。"③

七是要在家庭中培育和践行社会主义核心价值观。习近平要求,广大家庭都要重言传、重身教,教知识、育品德,身体力

---

①《习近平在中共中央政治局第十三次集体学习时强调把培育和弘扬社会主义核心价值观作为凝魂聚气强基固本的基础工程》,中华人民共和国中央人民政府网,http://www.gov.cn/ldhd/2014-02/25/content_2621669.htm。

②《习近平在学习贯彻党的十九大精神研讨班开班式上发表重要讲话(2018年1月5日)》,中华人民共和国中央人民政府网,http://www.gov.cn/zhuanti/2018-01/05/content_5253681.htm。

③《习近平在中共中央政治局第十三次集体学习时强调把培育和弘扬社会主义核心价值观作为凝魂聚气强基固本的基础工程》,中华人民共和国中央人民政府网,http://www.gov.cn/ldhd/2014-02/25/content_2621669.htm。

行、耳濡目染，帮助孩子扣好人生的第一粒扣子，迈好人生的第一个台阶。要在家庭中培育和践行社会主义核心价值观，引导家庭成员特别是下一代热爱党、热爱祖国、热爱人民、热爱中华民族。要积极传播中华民族传统美德，传递尊老爱幼、男女平等、夫妻和睦、勤俭持家、邻里团结的观念，倡导忠诚、责任、亲情、学习、公益的理念，推动人们在为家庭谋幸福、为他人送温暖、为社会作贡献的过程中提高精神境界、培育文明风尚。①

八是要落细、落小、落实。习近平在上海考察时特别指出："践行社会主义核心价值观，贵在坚持知行合一、坚持行胜于言，在落细、落小、落实上下功夫。要注意把社会主义核心价值观日常化、具体化、形象化、生活化，使每个人都能感知它、领悟它，内化为精神追求，外化为实际行动，做到明大德、守公德、严私德"②，用我们四亿多家庭、十四亿多人民的智慧和力量，汇聚起夺取新时代中国特色社会主义伟大胜利、实现中华民族伟大复兴中国梦的磅礴力量。③

习近平对培育和践行社会主义核心价值观提出的这一系列新思考新观点新主张，无疑是新时代弘扬和践行社会主义核心价值观的行动指南，是维护和塑造国家文化安全的重要理念。

---

① 习近平：《在会见第一届全国文明家庭代表时的讲话（2016年12月12日）》，新华网，http://www.xinhuanet.com/politics/2016-12/15/c_1120127183.htm。
②《习近平在上海考察时的讲话（2014年5月23日、24日）》，《人民日报》2014年5月25日。
③ 习近平：《在2018年春节团拜会上的讲话（2018年2月14日）》，新华网，http://www.xinhuanet.com/politics/2018-02/14/c_1122419716.htm。

第二节 中华优秀传统文化是保障国家 文化安全的坚实根基

在绵延发展五千多年的历史长河之中,中华民族凭借优秀传统文化的丰厚滋养生生不息、发展壮大,为人类的文明与进步做出了巨大贡献。"求木之长者,必固其根本;欲流之远者,必浚其泉源。"中华优秀传统文化是中华民族的精神命脉,是涵养社会主义核心价值观的重要源泉,也是我们在世界文化激荡中站稳脚跟的坚实根基。[①]新时代中国特色社会主义事业的发展、国家文化安全的维护,离不开中华优秀传统文化的传承和创新。党的十八大以来,习近平总书记坚持不忘本来、吸收外来、面向未来,就中华优秀传统文化发表了一系列重要论述,成为中国共产党对于中华优秀传统文化的科学探索和全新认知,[②]鲜明体现了习近平总书记对中华文化之"根"的崇尚礼敬和对我国国家文化安全的坚定捍卫。

一、采取科学态度对待中华传统文化

中华传统文化不仅外化为语言、文字、艺术、风俗、道德和制度规范等形式,更内化为中华民族的人文底蕴,塑造着民族思维习惯、精神特质和心理定势,决定着民族认知模式、行为方式和族群特征。以习近平同志为核心的党中央高度重视中华传统文化,认为中华优秀传统文化是中华民族的"根"和"魂",为现代社会提供了文化根基和思想启示,是中华民族的精神标

---

① 《论党的宣传思想工作》,中央文献出版社,2020年,第114页。

② 尤文梦、王永贵:《习近平中华优秀传统文化观的思想精髓和价值意蕴》,《中国矿业大学学报(社会科学版)》2020年第6期。

识和精神家园，是实现中国国家文化安全的精神基因。站在新的历史起点上，习近平提出我们更应该以科学的态度对待中华传统文化，积极继承中华优秀传统文化，以更好地维护国家文化安全。

（一）充分肯定中华优秀传统文化的当代价值

美国学者约翰·洛·P.弗尔曾说："人是在文化氛围中长大的，受到其中基本价值、风俗习惯和信仰的熏陶……在每个国家，统治本身和外交政策的制定都是在一种文化背景下发生的。"[1]每个国家和民族的历史传统、文化积淀、基本国情不同，其发展道路必然有着自己的特色。中国特色社会主义植根于中华文化沃土、反映中国人民意愿、适应中国和时代发展进步要求，有着深厚历史渊源和广泛现实基础。习近平充分肯定中华传统文化的当代价值，认为中华优秀传统文化积淀着中华民族最深沉的精神追求，是中华民族的突出优势，是我们最深厚的文化软实力，是我们在世界文化激荡中站稳脚跟的根基。中国式现代化，深深植根于中华优秀传统文化。文化是一个国家、一个民族的灵魂。历史和现实都证明，一个抛弃了或者背叛了自己历史文化的民族，不仅不可能发展起来，而且很可能上演一幕幕历史悲剧。抛弃传统、丢掉根本，就等于割断了自己的精神命脉。"不忘本来，才能开辟未来；善于继承，才能更好创新。"[2]

---

① John Lovell, "The United States as Ally and Adversary in East Asia: Reflections on Culture and Foreign Policy", Jongsuk Chay(ed.), *Culture and International Relations*, Praeger Publishers,1990.

②《习近平在中共中央政治局第十三次集体学习时强调把培育和弘扬社会主义核心价值观作为凝魂聚气强基固本的基础工程》，中华人民共和国中央人民政府网，http://www.gov.cn/ldhd/2014-02/25/content_2621669.htm。

习近平追溯中华优秀传统文化的发展脉络,指出中华文化源远流长,中华优秀传统文化的形成和发展,"大体经历了中国先秦诸子百家争鸣、两汉经学兴盛、魏晋南北朝玄学流行、隋唐儒释道并立、宋明理学发展等几个历史时期"①。习近平指出:"要深入挖掘中华优秀传统文化蕴含的思想观念、人文精神、道德规范。"②这些优秀的传统思想观念、道德规范、人文精神等思想文化内容,涵盖了传统儒道墨等诸子百家文化、二十五史等历史文化、诗词歌赋等文学作品,以及众多文化精粹。

习近平尤为重视对儒家优秀思想的现实借鉴,他身体力行、率先垂范,在其系列讲话中特别重视阐发《论语》《孟子》《大学》《中庸》等经典中蕴含的优秀思想观念和道德规范。习近平注重从传统儒道墨、法兵杂家等诸子百家文化中汲取民族智慧,不仅多次论述《老子》《庄子》《墨子》等道墨学说中的优秀思想和《管子》《韩非子》《商君书》等法家学派的法律观、法治观,还论述了《孙子兵法》《司马法》等古代兵家典籍中的军事观,以及《淮南子》等杂家学派的优秀思想观念。习近平善于从《史记》《汉书》《三国志》《资治通鉴》等古代官修正史中汲取国家治理、成败得失的经验教训,注重从《盐铁论》《潜夫论》《申鉴》《贞观政要》等古代政论书籍,以及《朱子语类》《思问录》等古代思想典籍中汲取治国理政的智慧。此外,他还善于从古代优秀诗

---

① 习近平:《在纪念孔子诞辰2565周年国际学术研讨会暨国际儒学联合会第五届会员大会开幕会上的讲话》,人民出版社,2014年,第4—5页。

② 习近平:《决胜全面建成小康社会夺取新时代中国特色社会主义伟大胜利——在中国共产党第十九次全国代表大会上的报告(2017年10月18日)》,人民出版社,2017年,第42页。

词里汲取内容精华。①

习近平认为，中华优秀传统文化强调"民惟邦本""天人合一""和而不同"，强调"天行健，君子以自强不息""大道之行也，天下为公"；强调"天下兴亡，匹夫有责"，主张以德治国、以文化人；强调"君子喻于义""君子坦荡荡""君子义以为质"；强调"言必信，行必果""人而无信，不知其可也"；强调"德不孤，必有邻""仁者爱人""与人为善""己所不欲，勿施于人""出入相友，守望相助"；强调"老吾老以及人之老，幼吾幼以及人之幼""扶贫济困""不患寡而患不均"，等等。像这样的思想和理念，不论过去还是现在，都有其鲜明的中华民族特色，都有其永不褪色的时代价值。这些思想和理念，既随着时间推移和时代变迁而不断与时俱进发展，又有其自身的连续性和稳定性。我们生而为中国人，最根本的是我们有中国人的独特精神世界、独特民族特征，有百姓日用而不觉的价值观。我们提倡的社会主义核心价值观，就充分体现了对中华优秀传统文化的传承和升华。②

习近平的这些论述，深刻探析了中华优秀传统文化的理论本质，进一步彰显中华优秀传统文化的独特价值，为实现中华民族伟大复兴凝聚、熔铸强基固本的精神之魂。他强调，广泛深入挖掘、传承、培育、弘扬中华优秀传统文化，正是新时代国家文化安全观所主张的中华优秀传统文化是保障国家文化安全的坚实根基之所在。

---

① 安丽梅：《中华优秀传统文化时代化——学习习近平关于中华优秀传统文化的重要论述》，《教学与研究》2020年第6期。
②《习近平谈治国理政（第一卷）》，外文出版社，2018年，第171页。

（二）坚持古为今用、推陈出新，结合新的实践和时代要求进行正确取舍

在中华民族沦落、奋争与崛起的历程中，中华优秀传统文化始终是激励全党全国各族人民奋勇前进的不竭精神力量。习近平不仅高度重视中华优秀传统文化，而且将其作为治国理政的重要思想文化资源。在中国特色社会主义进入新时代、世界面临百年未有之大变局、全球化与反全球化博弈日盛、国际秩序变革急需中国智慧的时代背景下，中华优秀传统文化的价值意蕴、政治伦理、哲学智慧尤其显得珍贵，成为新时代治国理政和引领人类文明发展的重要思想资源。但是时代的变化决定了传统文化无论在思想内容上，还是在表达形式上，都要作出相应的变化，必须面向现代化、面向世界、面向未来。

中华传统文化作为一个整体是良莠不齐的，习近平说："与社会主义市场经济、民主政治、先进文化、社会治理等还存在需要协调适应的地方"①，应采取科学态度来对待，以重新焕发中华传统文化的生命活力，在解决人类面临的难题中凸显其价值。习近平认为，中华传统文化在其形成和发展过程中，不可避免会受到当时人们的认识水平、时代条件、社会制度的局限性的制约和影响，因而也不可避免会存在陈旧过时或者已经成为糟粕性的东西。这就要求当代人们在学习、研究、应用传统文化之时，在去粗取精、去伪存真基础上，坚持古为今用、推陈出新，结合新的实践和时代要求进行正确取舍，而不能一股脑

①《习近平总书记系列重要讲话读本》，学习出版社、人民出版社，2016年，第203页。

儿都拿到今天来照套照用。[①]我们必须清醒地认识到,文化的制约性与时代的局限性和相对性是并存的,不能良莠不分,以古非今。[②]

在许多重要场合的讲话中,习近平多次提到要以马克思主义为指导,坚持辩证唯物主义和历史唯物主义世界观和方法论,立足新时代的时空坐标对中华传统文化进行精准分析,既不能全盘否定、一笔勾销,也不能形式主义地照单全收、简单复古,而应该坚持古为今用、以古鉴今、推陈出新,有鉴别地加以对待,有扬弃地予以继承,取其精华、去其糟粕,用中华民族创造的一切精神财富来化人育人。"对待传统文化,既不能片面地讲厚古薄今,也不能片面地讲厚今薄古,更不能采取全盘接受或者全盘抛弃的绝对主义态度,要使之与现实文化相融相通,共同服务以文化人的时代任务。"[③]要加强对中华优秀传统文化的挖掘和阐发,使中华民族最基本的文化基因同当代中国文化相适应、同现代社会相协调,把跨越时空、超越国界、富有永恒魅力、具有当代价值的文化精神弘扬起来,激活其内在的强大生命力。

吸收中华传统文化的精华,剔除中华传统文化的糟粕,摒弃消极因素,继承积极思想,辩证思维,科学取舍,推陈出新,与时俱进,正是习近平高度重视中华优秀传统文化,从而捍卫中

[①]《习近平谈治国理政(第二卷)》,外文出版社,2017年,第313页。

[②]《习近平在中共中央政治局第十三次集体学习时强调把培育和弘扬社会主义核心价值观作为凝魂聚气强基固本的基础工程》,中华人民共和国中央人民政府网,http://www.gov.cn/ldhd/2014-02/25/content_2621669.htm。

[③]《习近平总书记系列重要讲话读本(2016年版)》,学习出版社、人民出版社,2016年,第202页。

国国家文化安全的根本着眼点。

二、实现中华传统文化的创造性转化和创新性发展

中华文化延续着我们国家和民族的精神血脉,既需要薪火相传、代代守护,也需要与时俱进、推陈出新。[①]在2014年纪念孔子诞辰2565周年国际学术研讨会暨国际儒学联合会第五届会员大会开幕会上,习近平指出:"我们要善于把弘扬优秀传统文化和发展现实文化有机统一起来,紧密结合起来,在继承中发展,在发展中继承。"[②]"要以批判继承的态度对待传统文化,强调对传统文化进行创造性转化和创新性发展。中华优秀传统文化与社会主义市场经济、民主政治、先进文化、社会治理等,还存在需要协调适应的地方。弘扬中华优秀传统文化,要处理好继承和创造性发展的关系,实现中华文化的创造性转化和创新性发展。创造性转化,就是要按照时代特点和要求,对那些至今仍有借鉴价值的内涵和陈旧的表现形式加以改造,赋予其新的时代内涵和现代表达形式,激活其生命力。创新性发展,就是要按照时代的新进步新进展,对中华优秀传统文化的内涵加以补充、拓展、完善,增强其影响力和感召力。"[③]2018年3月20日,在第十三届全国人民代表大会第一次会议上的讲话中,习近平又深刻阐明了这一思想,并且强调:"我们要以更大的力度、更实的措施加快建设社会主义文化强国,培育和践行社会主义核心价值观,推动中华优秀传统文化创造性转化、创

[①] 习近平:《在哲学社会科学工作座谈会上的讲话》,人民出版社,2016年,第17页。

[②] 《习近平谈治国理政(第二卷)》,外文出版社,2017年,第313页。

[③] 《习近平总书记系列重要讲话读本》,学习出版社、人民出版社,2016年,第203页。

新性发展，让中华文明的影响力、凝聚力、感召力更加充分地展示出来。"

习近平强调："国家之魂，文以化之，文以铸之。我们要立足中国，面向现代化、面向世界、面向未来，巩固马克思主义在意识形态领域的指导地位，发展社会主义先进文化，加强社会主义精神文明建设，把社会主义核心价值观融入社会发展各方面，推动中华优秀传统文化创造性转化、创新性发展，不断提高人民思想觉悟、道德水平、文明素养，不断铸就中华文化新辉煌"①，习近平把传承、创新中华优秀传统文化提升到了一个与时俱进的全新境界。

2017 年，党中央印发了《关于实施中华优秀传统文化传承发展工程的意见》，系统化部署了中华优秀传统文化的传承、转化与发展工作，重点强调了传承与发展传统文化的发展方向、工作导向、方法与原则，明确提出"到 2025 年，中华优秀传统文化传承发展体系基本形成……文化自觉和文化自信显著增强，国家文化软实力的根基更为坚实，中华文化的国际影响力明显提升"②的总体目标。在《关于实施中华优秀传统文化传承发展工程的意见》中把"中华优秀传统文化的创造性转化和创新性发展"列入传统文化传承发展的指导思想、基本原则，强化了我们对传统文化价值与生命的体认，通过传统与现实的对接，释放传统文化的活力，进一步增强国人的文化自觉和文化自信。新时代有新的特点和新的要求，必须根据现实需要赋予中华优

---

① 习近平：《在纪念马克思诞辰 200 周年大会上的讲话》，人民出版社，2018 年。

② 中共中央办公厅、国务院办公厅：《关于实施中华优秀传统文化传承发展工程的意见》，《人民日报》2017 年 1 月 26 日。

秀传统文化以新的时代内涵,激活其生命力,使之与我们正在进行的社会主义伟大实践结合起来,使其成为实现中国梦的精神食粮。习近平总书记提出的创造性转化和创新性发展观念,破除了传统和现代的截然对立,开拓了中华传统文化现代化的路径。看不到传统文化的创造性转化、创新性发展,看不到优秀传统文化所蕴含的社会主义因素,就必然把传统与落后等同起来,把传统和现代截然对立起来,陷入形而上学的窠臼之中,导致历史虚无主义,陷入文化自卑、崇洋媚外而不能自拔。①

在新时代的背景下,做好中华优秀传统文化的创造性转化和创新性发展,积极维护中国国家文化安全,重点应从三个层面着手:

(一)保存整理

历史文化遗产属于我们这代人,也属于子孙后代,是不可再生、不可替代的宝贵资源,生动地记载着过去,也深刻地影响着当下与未来。保护好传承好历史文化遗产,是对历史负责,也是对人民负责。习近平十分重视对"收藏在禁宫里的文物、陈列在广阔大地上的遗产、书写在古籍里的文字"等古代典籍,以及承载了民族精神的文化遗产、历史文物的保护和整理。2014年习近平在北京大学人文学院考察时就赞扬汤一介编纂的《儒藏》对传承发展中华优秀传统文化的贡献,并多次强调:"加强文物保护利用和文化遗产保护传承"②,对于承载优秀传

---

①陈志刚:《习近平关于中华优秀传统文化的新思想新定位》,《新视野》2020年第5期。

②习近平:《决胜全面建成小康社会夺取新时代中国特色社会主义伟大胜利——在中国共产党第十九次全国代表大会上的报告(2017年10月18日)》,北京:人民出版社,2017年,第44页。

统文化的不同载体,我们有必要重点加强对文本典籍的保存和整理。"经典的产生和传承、文献的大规模整理,这对中华文化的源远流长、持续不断的发展具有重要作用。"①习近平要求,要加强历史文物、历史遗迹等物质文化遗产和非物质文化遗产的保护利用工作,要善于把悠久历史、厚重文化以文字、图片、实物、影像等多种形式保存和展示出来,使其从沉寂的历史中走出,从浩瀚的文化典籍中走出,从广大民众的集体记忆中走出,从丰富的制度器物中走出,从生动的社会习俗中走出。要加强文物保护总体规划,统筹抢救性保护和预防性保护、本体保护和周边保护、单体保护和集群保护,维护文物资源的历史真实性、风貌完整性、文化延续性,筑牢文物安全底线。"以古人之规矩,开自己之生面",实现中华文化的创造性转化和创新性发展。

(二)梳理传承

习近平深刻认识到只有"对博大精深的中华文化有深刻的理解",才能有效对比古今文化和中西文化的异同,进而在实现融会贯通的基础上切实推进文化的发展创新。因此,他强调"要系统梳理传统文化资源"②,全面准确理解中华传统文化的发展脉络、丰富内容与精神实质。系统梳理传统文化资源,就需要具备打开传统文化资源宝库的钥匙。习近平指出,要精通并善于激活"书写在古籍里的文字",也就是要精通古文字学,具备扎实的文言功底,在此基础上对保存整理好的古代文本典籍认真学习研究。全面、整体、有层次地梳理传统儒道墨等不

---

① 陈先达:《马克思主义和中国传统文化》,人民出版社,2015年,第80页。
②《习近平谈治国理政(第一卷)》,外文出版社,2018年,第161页。

同流派且又相互交融发展的内容体系。党的十九大报告明确指出,要"深入挖掘中华优秀传统文化蕴含的思想观念、人文精神、道德规范"[1],并不断激活其生命力,使其走进现代生活,走进信息社会,走向世界。要传承历史文脉,处理好城市改造开发和历史文化遗产保护利用的关系。要做好历史文化遗产保护工作,在保护中发展,在发展中保护,建立健全历史文化遗产资源资产管理制度和不可移动文物保护机制,严厉打击文物犯罪。要加强非物质文化遗产保护和传承。非物质文化遗产是指各族人民世代相传并视其为文化遗产组成部分的各种传统文化表现形式,以及与传统文化表现形式相关的实物和场所。非物质文化遗产包括传统口头文学和作为其载体的语言,传统美术、书法、音乐、舞蹈、戏曲、曲艺、杂技,传统技艺、医药、历法,传统礼仪、节庆等民俗,传统体育、游艺,以及其他非物质文化遗产。[2]要培养非物质文化遗产传承人,让非物质文化遗产绽放出更加绚丽的光彩。

(三)弘扬传播

习近平提出,要"把跨越时空、超越国度、富有永恒魅力、具有当代价值的文化精神弘扬起来,把继承优秀传统文化又弘扬时代精神、立足本国又面向世界的当代中国文化创新成果传播出去"[3],即通过国内传播和国际传播形式,积极弘扬中华传统文化中优秀内容和经过时代化的文化创新成果。在国内传播

---

[1] 习近平:《决胜全面建成小康社会夺取新时代中国特色社会主义伟大胜利——在中国共产党第十九次全国代表大会上的报告(2017年10月18日)》,人民出版社,2017年,第41页。

[2]《国家文化安全知识百问》,人民出版社,2022年,第100页。

[3]《习近平谈治国理政(第一卷)》,外文出版社,2018年,第161页。

方面,习近平指出要"通过学校教育、理论研究、历史研究、影视作品、文学作品等多种方式,加强爱国主义、集体主义、社会主义教育,引导我国人民树立和坚持正确的历史观、民族观、国家观、文化观,增强做中国人的骨气和底气"。①习近平强调,要重视发挥十四亿传播主体的作用,强调紧密结合社会主义核心价值观培育,着重通过国民教育、文化熏陶、实践养成等路径,让十四亿中国人的每一分子都成为传播中华美德、中华文化的主体。不仅充分发挥榜样示范引领作用,而且"要让中华民族文化基因在广大青少年心中生根发芽"②,引导人们自觉传承和践行中华优秀传统文化。在国际传播方面,习近平指出,要通过完善人文交流机制,创新人文交流方式,科学对待世界各国文化,充分吸纳人类创造的一切优秀文明成果加以改造和整合,把当代中国文化创新成果传播出去。总之,通过国内传播与国际传播的多种机制形式,推动与时俱进的中华优秀传统文化的弘扬传播。

习近平对中华优秀传统文化创造性转化和创新性发展的思想及其实践,不仅揭示了文化自身发展的内在规律,而且呈现了文化创新发展的历史逻辑和实践逻辑。在传承基础上创新,创新才有根基、才有生命力;在创新中传承发展,传承才是真正的传承、才能更好凸显传统文化的价值。习近平立足中国特色社会主义伟大实践,以全球视野和发展的眼光审视中华传统文化的价值,为中国特色社会主义道路自信、理论自信、制度自信奠定了坚实的文化自信基础。习近平身体力行推进中华

---

①《习近平谈治国理政(第一卷)》,外文出版社,2018年,第162页。
②《习近平谈治国理政(第二卷)》,外文出版社,2017年,第324页。

传统文化的创造性转化和创新性发展,为延续传统文化魂脉、创新传统文化形式和内容、彰显传统文化意义、建构我国主流意识形态,提供了方法论的指导和方向性示范。①

中华民族的复兴,归根结底就是中华文化的复兴,就是中华文化从传统走向现代的历史性变革和创造性转化,就是要实现从旧文化向新文化的飞跃。②习近平深入挖掘当今仍具有现实价值的中华优秀传统文化的元素,融进新时代国家文化安全观之中,彰显中华优秀传统文化是维护我国国家文化安全的坚实根基,凸现了对待中华传统文化的科学态度,使古老的中华传统文化得以传承弘扬与创造性转化和创新性发展,有利于在当今我国国家文化安全面临诸多严峻挑战的环境下综合施策,借鉴中华优秀传统文化智慧,有效防范和化解我国国家文化安全面临的挑战与威胁,提高我国国家文化安全的治理成效,推进国家文化安全治理体系和治理能力的现代化,更加务实高效地维护和塑造中国国家文化安全。

第三节　文化自信是捍卫国家文化安全的强大支撑

文化自信体现的是深层次的精神追求和坚守。坚定文化自信,是保障国家文化安全的有力武器;维护国家文化安全,要以坚定文化自信为重要支撑。文化自信是新时代国家文化安全观中最深层次的重要内容。习近平指出:"文化自信,是更基

---

① 董德福、朱小颖、吴俐:《转化创新中国传统文化的典范——习近平优秀传统文化发展思想与实践论析》,《江苏大学学报(社会科学版)》2019年第5期,第6页。

② 李想哲:《不忘初心、牢记使命与坚定中国特色社会主义文化自信》,《中国矿业大学学报(社会科学版)》2019年第5期,第13页。

础、更广泛、更深厚的自信，是更基本、更深沉、更持久的力量。坚定文化自信，是事关国运兴衰、事关文化安全、事关民族精神独立性的 大问题。"①"中华民族生生不息绵延发展、饱受挫折又不断浴火重生，都离不开中华文化的有力支撑。中华文化独一无二的理念、智慧、气度、神韵，增添了中国人民和中华民族内心深处的自信和自豪。"②

一、文化自信的内在意蕴

习近平指出："信仰、信念、信心，任何时候都至关重要。小到一个人、一个集体，大到一个政党、一个民族、一个国家，只要有信仰、信念、信心，就会愈挫愈奋、愈战愈勇，否则就会不战自败、不打自垮。"③文化自信是一个民族、国家、政党，以及社会民众对自身文化的自我肯定，对自身文化价值的自我确信和对自身文化生命力的坚定信念。党的十八大以来，习近平反复强调文化自信，作出许多深刻阐述。习近平说："中华文明五千多年绵延不断、经久不衰，在长期演进过程中，形成了中国人看待世界、看待社会、看待人生的独特价值体系、文化内涵和精神品质，这是我们区别于其他国家和民族的根本特征，也铸就了中华民族博采众长的文化自信。""十四亿中国人民凝聚力这么强，就是因为我们拥有博大精深的中华文化、中华精神，这是我

---

① 习近平：《在中国文联十大、中国作协九大开幕式上的讲话(2016年11月30日)》，人民出版社，2016年，第6页。
② 习近平：《在中国文联十大、中国作协九大开幕式上的讲话(2016年11月30日)》，人民出版社，2016年，第4页。
③《习近平重要讲话金句》，中国共产党新闻网，http://cpc.people.com.cn/n1/2018/ 1219/c64094-30474989.html。

们文化自信的源泉。"①文化自信主要体现在三个方面，即对主体而言的文化自信、对客体而言的文化自信和对于主客体关系而言的文化自信。

一是对于主体而言的文化自信。主体既是文化的载体，又是文化的实践者和传播者。文化自信必须基于主体内心自信的基础之上。自信是自我意识的一部分，也是自我行为的一部分。只有当主体拥有自信意识的时候，才能够勇于实践文化，客观地对待文化中的不足和优点，有取有舍，批判吸收，从而创造出更为灿烂的文化。因此可以说，文化自信即主体对文化的态度，在客观认识文化的优劣后所表示出来的一种文化上的自信感。

二是对于客体而言的文化自信。其分为客观角度上对文化独特性的自信和客观角度上对文化共同性及交融性的自信。不同民族生活环境不同，其所创造的文化也必定不尽相同。这种文化的差异性，赋予了文化的独特性。作为文化的创造者——人，对这种文化中的独特性保持着高度的认可和高度的自信。同时，虽然人类在生活环境上存在较大差异，但整体的发展趋势上却是相似的，都是遵循着依赖自然、改造自然的发展过程。可以说，文化都具备一定的共通性。因此，客体的文化自信，就是对人类改造自然的肯定以及对自然规律的充分尊重。

三是对于主客体关系而言的文化自信。文化主客体的关系主要体现在认识关系、实践关系和价值关系上。文化自信的认识关系即主体与文化之间所存在的反映与被反映的关系。

---

①《习近平在敦煌研究院座谈时的讲话（2019年8月19日）》，出自"习近平谈文化自信"，环球网，https://china.huanqiu.com/article/42V2I8ojeD1。

认识的本质就是主体对客观世界能动的反映。主体在通过对文化的认识，然后依据个人需求和理解，对文化进行二次加工，形成文化自信，并将这种文化体现在自我行为之中。文化自信的实践关系，即表示主体依据自身对世界的认识和需求，采用一定的手段创造出新的文化。主体的社会实践过程，就是文化创造的过程，通过创造出新的文化，提高主体能力，这种能力再反映到主体精神面貌上，变成文化自信。文化自信的价值关系，就是主体对文化自信的需求以及文化客体满足主体需求之间的关系。主客体关系的文化自信，就是主体通过积极认识自我需求，在对自我需求客观认识后创造出新的文化。在实践中不断检验这种文化，衍生出新的文化价值。主体通过对这种文化价值的充分肯定和认可，从而形成主体的文化自信。①

二、文化自信的主要内容

习近平新时代中国特色社会主义思想语境下的文化自信，就是在对社会发展规律和时代发展潮流的深刻把握中，对中华优秀传统文化的自我坚守，对与时俱进的马克思主义的自我肯定，对中国共产党领导人民群众在争取民族独立和民族解放的艰苦卓绝斗争过程中形成的革命文化的自我确认，对党领导人民群众在中国特色社会主义伟大实践中创造的社会主义先进文化的高度自我确信，对中华文化生命力的坚定信念，对市场经济条件下的文化多样性中马克思主义的一元化指导作用的自我坚持。②新时代国家领导人习近平关于文化自信的主要

① 周文君：《习近平文化自信提高路径和策略研究》，《湖南科技学院学报》2020年第1期。

② 张雪侠：《习近平新时代中国特色社会主义思想语境下的文化自信和文化安全》，《法制与社会》2018年第1期（下）。

内容,从其系列相关重要讲话和论述等内容中,可概括为三个方面:

一是对中华优秀传统文化的自信。习近平指出:"中国有坚定的道路自信、理论自信、制度自信,其本质是建立在五千多年文明传承基础上的文化自信"①,对待中华传统文化应从文化产生的时代背景和文化形成的历史土壤进行理性认知,了解中华文化的发展历程,把握历史规律,以扬弃的态度对待中华优秀传统文化,提炼中华文明的核心价值理念,实现传统文化的时代性创新,提升中华文化自强的勇气和力量。中华民族的凝聚力和向心力很大程度源于人们对中华优秀传统文化的高度认同。中华优秀传统文化作为中华民族精神的载体,对于增进民族凝聚力、增强国民的国家认同感,具有十分重要的作用。习近平指出:"文化自信是一个国家、一个民族发展中的最基本、最深沉、最持久的力量。向上向善的文化是一个国家、一个民族休戚与共、血脉相连的重要纽带。"②要充分理解和把握中华文化历久弥新的时代价值,需要认识到"中国优秀传统文化的丰富哲学思想、人文精神、教化思想、道德理念等,可以为治国理政提供有益启示,也可以为道德建设提供有益启发"③。当代中国的发展,必须高度重视民族精神的培育,珍惜和传承中华优秀传统文化,让中华优秀传统文化基因代代相传。

二是对革命文化的自信。习近平指出:"当今世界,要说哪

---

① 《习近平谈文化自信》,《人民日报(海外版)》2016年7月13日。
② 《在全国抗击新冠肺炎疫情表彰大会上的讲话(2020年9月8日)》,人民出版社,2020年,第20—21页。
③ 习近平:《在纪念孔子诞辰2565周年国际学术研讨会暨国际儒学联合会第五届会员大会开幕式上的讲话》,《人民日报》2014年9月25日。

个政党、哪个国家、哪个民族能够自信的话，那中国共产党、中华人民共和国、中华民族是最有理由自信的。有了'自信人生二百年，会当击水三千里'的勇气，我们就能毫无畏惧面对一切困难和挑战，就能坚定不移开辟新天地、创造新奇迹。"①近代中国国家积贫积弱，人民饱受磨难。诞生于民族危亡局势下的中国共产党，为中华民族的独立，为中国人民的解放作出了不懈努力，付出了巨大的牺牲，在中国波澜壮阔的革命中创造出了带有鲜明中国烙印的革命文化。革命文化，是"中华民族优秀传统文化与马克思主义先进文化理论相互交融而产生的文化新形态，它见证了中国共产党领导人民群众实现民族独立和人民解放、国家富强和人民富裕的艰难历程"②，彰显了中国共产党人无比坚定的理想信念，凝聚了中国人民深沉的爱国情怀。习近平对产生于革命战争年代的革命文化非常重视。他指出，我们党在长期奋斗历程中形成的革命文化是一笔异常宝贵的精神财富，大力弘扬革命文化、高度评价革命精神，目的就在于坚定共产党员的理想信念，更好地完成全心全意为人民服务的核心宗旨。在革命文化中凝结而成的革命精神，是支持我们党战胜一切困难险阻的强大精神力量，特别是"长征向全中国、全世界庄严宣告，中国共产党及其领导的人民军队，是用马克思主义武装的、以共产主义为崇高理想和坚定信念的。长征路上的苦难、曲折、死亡，检验了中国共产党人的理想信念，向世人证明了中国共产党人的理想信念是坚不可摧的"③。英雄人物

---

① 《十八大以来重要文献选编（下册）》，中央文献出版社，2018年，第348页。

② 韩玲：《红色文化的价值意蕴》，《人民日报》2013年8月1日。

③ 习近平：《在纪念红军长征胜利80周年大会上的讲话》，《人民日报》2016年10月22日。

是共同体形象浓缩而成的精华,是集体形象的投射产物。英雄的卓越品格、不凡成就,召唤着全体成员追随他们的脚步,增强人们继续他们未竟事业的决心和勇气。对英雄人物的敬重,体现了人们对一个民族的敬重,对一个时代的缅怀。习近平强调:"祖国是人民最坚实的依靠,英雄是民族最闪亮的坐标。"习近平在中国文联十大、中国作协九大开幕式上的讲话中特别指出:"对中华民族的英雄,要心怀崇敬,浓墨重彩记录英雄、塑造英雄,让英雄在文艺作品中得到传扬,引导人民树立正确的历史观、民族观、国家观、文化观,绝不做亵渎祖先、亵渎经典、亵渎英雄的事情。"①革命文物承载着中国共产党和人民英勇奋斗的光荣历史,记载着中国革命的伟大历程和感人事迹,是党和国家的宝贵财富,是弘扬革命传统和革命文化、加强社会主义精神文明建设、激发爱国热情、振奋民族精神的生动教材。习近平强调:"加强革命文物保护利用,弘扬革命文化,传承红色基因,是全党全社会的共同责任。各级党委和政府要把革命文物保护利用工作列入重要议事日程,加大工作力度,切实把革命文物保护好、管理好、运用好,发挥好革命文物在党史学习教育、革命传统教育、爱国主义教育等方面的重要作用,激发广大干部群众的精神力量,信心百倍为全面建设社会主义现代化国家、实现中华民族伟大复兴中国梦而奋斗。"②

三是对社会主义先进文化的自信。习近平指出:"要增强文化自信,在传承中华传统文化基础上发展社会主义先进文

---

① 习近平:《在中国文联十大、中国作协九大开幕式上的讲话》,《人民日报》2016年12月1日。

②《习近平对革命文物工作作出重要指示》,中华人民共和国中央人民政府网,http:// www.gov.cn/xinwen/2021-03/30/content_5596770.htm。

化，加快建设社会主义文化强国。"①社会主义先进文化是新时代中国特色社会主义文化的集中体现，是人类社会发展史和中华文明史上一种崭新的文化形态，是中华民族优秀文化的当代形态，是社会主义在中国建立、建设、改革中创造并不断发展完善的新文化。社会主义先进文化是面向现代化、面向世界、面向未来的文化，是民族的科学的大众的文化。社会主义先进文化是当代中国社会主义文化最先进的旗帜，引领和彰显着中国特色社会主义文化的前进方向。习近平在庆祝中国共产党成立100周年大会上的讲话中提醒全体党员必须牢记，我们要建设的是中国特色社会主义，"走自己的路，是党的全部理论和实践立足点，更是党百年奋斗得出的历史结论。中国特色社会主义是党和人民历经千辛万苦、付出巨大代价取得的根本成就，是实现中华民族伟大复兴的正确道路。我们坚持和发展中国特色社会主义，推动物质文明、政治文明、精神文明、社会文明、生态文明协调发展，创造了中国式现代化新道路，创造了人类文明新形态"②。社会主义制度是人类历史上迄今为止最优越的社会制度，社会主义先进文化是党引领人民朝向共产主义迈进的精神支撑。一方面，要"以先进文化塑造灵魂"，努力构筑中国精神，特别是进一步坚持以爱国主义为核心的民族精神和以改革创新为核心的时代精神。另一方面，要深化文化体制改革，大力推进文化治理能力和治理体系现代化。

---

① 习近平：《在广西考察工作时的讲话（2017年4月19—21日）》，《人民日报》2017年4月22日。

② 《习近平谈治国理政（第四卷）》，外文出版社，2022年，第10页。

三、文化自信的时代需要

2016 年 5 月 17 日，习近平《在哲学社会科学工作座谈会上的讲话》中讲道："我们说要坚定中国特色社会主义道路自信、理论自信、制度自信，说到底是要坚定文化自信。"[①]"没有高度的文化自信，没有文化的繁荣兴盛，就没有中华民族的伟大复兴。"[②]随着全球化进程的日益加快，中西方文化交流日益频繁和密切，提高中华文化自信，客观地看待中国文化和西方文化，具有重大的时代意义。[③]

一是实现中华民族伟大复兴的需要。习近平在国内外不同场合发表讲话都明确强调，实现中华民族的伟大复兴，首先要从文化自觉和文化自信开始。"中华文化之所以如此精彩纷呈、博大精深，就在于它兼收并蓄的包容特性。展开历史长卷，从赵武灵王胡服骑射，到北魏孝文帝汉化改革；从'洛阳家家学胡乐'到'万里羌人尽汉歌'；从边疆民族习用'上衣下裳''雅歌儒服'，到中原盛行'上衣下裤'、胡衣胡帽，以及今天随处可见的舞狮、胡琴、旗袍等，展现了各民族文化的互鉴融通。各族文化交相辉映，中华文化历久弥新，这是今天我们强大文化自信的根源。"[④]只有建立在文化自信的基础上，才能够赋予中国人

---

① 习近平：《在哲学社会科学工作座谈会上的讲话》，人民出版社，2016 年，第 17 页。

② 习近平：《决胜全面建成小康社会夺取新时代中国特色社会主义伟大胜利——在中国共产党第十九次全国代表大会上的报告（2017 年 10 月 18 日）》，人民出版社，2017 年，第 41 页。

③ 田圆圆：《习近平关于文化自信的重要论述及其对青年教育的启示》，《中共乐山市委党校学报（新论）》2020 年第 1 期。

④《论坚持人民当家作主》，中央文献出版社，2021 年，第 283—284 页。

民建设社会主义现代化中国的强大精神力量。①高度的文化自信是建设社会主义文化强国、实现文化输出、提升中国国际影响力的重要保证。党的十九大报告中指出:"文化自信是一个国家、一个民族发展中更基本、更深沉、更持久的力量。必须坚持马克思主义,牢固树立共产主义远大理想和中国特色社会主义共同理想,培育和践行社会主义核心价值观,不断增强意识形态领域主导权和话语权,推动中华优秀传统文化的创造性转化和创新性发展,继承革命文化,发展社会主义先进文化,不忘本来、吸收外来、面向未来,更好构筑中国精神、中国价值、中国力量,为人民提供精神指引。"②面对当前国内外文化意识形态现状,面对中国传统文化遭受巨大冲击和挑战的局面,客观地认识中西方文化的优缺点,积极宣传和发扬中国优秀传统文化,弘扬社会主义核心价值观,培育强大的中国文化自信,是维护国家利益、传承民族文化、发扬中华文明、实现中华民族伟大复兴的重要前提。

二是促进文化全球化发展的需要。在互联网技术推动下,目前经济全球化步伐日益加快,在这种背景下中西方文化交流势必加大,实现文化全球化。但是,我们必须清醒地认识,现代文化不等同于西方文化,而实现中国现代化,也不等同于中国全盘西化。因此,加强文化自信,打造中国特色社会主义文化,对于丰富全球文化类型,促进文化全球化,具有重大意义。而

---

① 赵爱琴:《文化自信视角下传承优秀传统文化的实现路径探究——以习近平关于文化建设的重要论述为依据》,《江南社会学院学报》2019年第4期。

② 习近平:《决胜全面建成小康社会夺取新时代中国特色社会主义伟大胜利——在中国共产党第十九次全国代表大会上的报告(2017年10月18日)》,人民出版社,2017年,第41页。

且作为一项软实力,中国在走向全球化时,要想提高国际话语权,必须依赖于中国文化走出去。强大的文化软实力,必须建立在强大的文化自信基础之上。提高文化自信,可以有效促进中国文化走向世界,提高中国国际话语权。

三是满足个人的发展需要。提高文化自信,不仅可以加深人们对文化的认可,丰富人的精神层次,提升个人素养,同时,高度的文化自信,也可以有效促进科学的发展和文明的进步。在多元文化的社会里,只有提高文化自信,客观地看待社会主义中国现代文化和西方资本主义现代文化,认真分析两种文化的优缺点,才能提高中华文化认同感,增强文化自觉感,满足对幸福生活的物质和精神需求。提高文化自信,能够帮助人们客观地看到中国科学技术与西方科学技术的差异性,奋起直追,攻坚克难,发展中国科学技术,建设社会主义强国。[①]

四、文化自信的现实意义

党的十九大以来,习近平进一步将"坚定文化自信,推动社会主义文化繁荣兴盛",作为我国"五位一体"建设布局之"文化布局"部分的主题加以强调,并对推动文化发展作出具体部署,凸显了文化在社会主义现代化建设布局中的战略地位,以文化自信维护国家文化安全,进而促进国家的总体安全。文化自信的强调,对当今时代的中国具有十分巨大的现实意义。

文化自信是"四个自信"的基石。"文化自信是一种自我肯定、自我相信的心理状态,它象征着从容、奋发的勇气和创新的活力,同时它是一种信念,有了自信才能勇于克服困难、迎接挑

---

① 周文君:《习近平文化自信提高路径和策略研究》,《湖南科技学院学报》2020年第1期。

战。"①习近平认为，文化自信具有"更基础、更广泛、更深厚"的力量，文化自信是一个国家、一个民族、一个社会的灵魂，也是国家民族信仰信念的底气和支撑。习近平指出："人民有信仰，民族有希望，国家有力量。""一个国家，一个民族，要同心同德迈向前进，必须有共同的理想信念作支撑。"②习近平强调："实现'两个一百年'奋斗目标，需要全社会方方面面同心干，需要全国各族人民心往一处想、劲往一处使。如果一个社会没有共同理想，没有共同目标，没有共同价值观，整天乱哄哄的，那就什么事也办不成。"③习近平要求在全党全社会持续深入开展建设中国特色社会主义宣传教育，高扬主旋律，唱响正气歌，不断增强中国特色社会主义道路自信、理论自信、制度自信和文化自信。在"四个自信"中，道路自信是指中国特色社会主义的路径和方向，方向的正确有赖于思想文化的正确；理论自信是指中国特色社会主义的行动指南，正确的行动指南有赖于指导思想理论的科学；制度自信是指中国特色社会主义的行动规范，"优良的制度产生于相应的观念，制度的有效落实则更需要观念的推动。因此，相比其他因素，文化才是国家（或地区）成功的关键，是其事业能够不断向前推进的根源"④。

文化自信是实现"四个伟大"的动力源泉。实现中华民族

---

① 邹慧：《文化自觉、文化自信、文化自强：习近平文化思维的逻辑理路》，《思想理论教育导刊》2013年第3期。

②《习近平关于全面建成小康社会论述摘编》，中央文献出版社，2016年，第122页。

③ 习近平：《在网络安全和信息化工作座谈会上的讲话》，人民出版社，2016年，第7页。

④ 曾麒玥：《文化自信的实现路径——习近平的文化自信观探究》，《社会主义研究》2017年第4期。

伟大复兴是近代以来中华民族最伟大的梦想。党的十九大报告指出，实现这个"伟大梦想"，必须进行"伟大斗争"、必须加强党的建设新的"伟大工程"、必须推进中国特色社会主义"伟大事业"。党的二十大报告指出，要"以中国式现代化推进中华民族伟大复兴"。我们要进行伟大斗争、建设伟大工程、推进伟大事业、实现伟大梦想，都离不开文化所激发的精神力量。当今世界，文化在综合国力竞争中的地位和作用愈加凸显。可以说，文化是决定国家、民族和个人命运的关键因素。"文化可以用作设计关于社会、经济和军事结构与机构的宏伟蓝图，从而对民族国家与国际社会的行为和前途产生强烈的影响。"[①]"人无精神不立，国无精神不强。精神是一个民族赖以长久生存的灵魂，唯有精神上达到一定的高度，这个民族才能在历史的洪流中屹立不倒、奋勇向前。"[②]"实现中国梦，必须弘扬中国精神，这就是以爱国主义为核心的民族精神和以改革创新为核心的时代精神。爱国主义是中华民族伟大复兴的奋斗旗帜，是中华儿女相亲共睦的精神纽带，是共建美好幸福家园的精神力量。改革创新体现了突破陈规、大胆探索的思想观念，不甘落后、奋勇争先的使命感，坚韧不拔、自强不息的精神状态。中国精神是凝心聚力的兴国之魂、强国之魂，是振奋起全民族的'精气神'。"[③]中华文化蕴涵着实现伟大梦想的中国精神和中国力量，建设中国特色社会主义伟大事业，深入推进党的建设的伟大工

---

① [美]麦哲：《文化与国际关系：基本理论述评》，《现代外国哲学社会科学文摘》1997年第4期。

② 习近平：《在纪念红军长征胜利八十周年大会上的讲话》，人民出版社，2016年，第9页。

③ 陈锡喜主编：《平易近人——习近平的语言力量》，上海交通大学出版社，2014年，第9页。

程，需要充分汲取中华民族五千多年来积累下来的伟大智慧，运用马克思主义的伟大指导，总结中国共产党领导下中国人民在革命、建设、改革中创造的伟大经验，以高度的文化自信，激发全体中华儿女共同创造中华民族新伟业的智慧和力量。

文化自信是中华民族"站起来""富起来""强起来"的助推器。党的十九大报告指出："中国特色社会主义进入新时代，意味着近代以来久经磨难的中华民族迎来了站起来、富起来到强起来的伟大飞跃，迎来了实现中华民族伟大复兴的光明前景。"①中国共产党人百年的奋斗历程表明，国家独立和民族解放有赖于文化的觉醒，文化的觉醒让中国共产党人对文明和进步有了追求和向往，对社会发展规律逐渐有了清醒的认识，对历史任务有了主动担当，中华民族洗刷了近百年的耻辱终于站起来了，让中国人在近代历史上第一次对自己的文化有了自信。正如习近平所讲，站立在九百六十万平方公里的广袤土地上，吸吮着中华民族漫长奋斗积累的文化养分，拥有十四亿多中国人民聚合的磅礴之力，我们走自己的路，具有无比广阔的舞台，具有无比深厚的历史底蕴，具有无比强大的前进定力，"中国人民应该有这个信心，每一个中国人都应该有这个信心"②。国家富裕有赖于文化自信，文化自信让我们"获得坚持坚守的从容，鼓起奋发进取的勇气，焕发创新创造的活力"，③使

---

① 习近平：《决胜全面建成小康社会，夺取新时代中国特色社会主义伟大胜利——在中国共产党第十九次全国代表大会上的报告》，《人民日报》2017年10月19日。

②《十八大以来重要文献选编（下册）》，中央文献出版社，2018年，第323页。

③ 赵银平：《文化自信——习近平提出的时代课题》，《理论导报》2016年第8期。

中国特色社会主义展现出蓬勃生机,中华民族正以崭新姿态屹立于世界的东方。

但是中国正处于并将长期处于社会主义初级阶段的基本国情没有改变,中国是世界上最大的发展中国家的国际地位没有改变,习近平总书记指出:"我们现在所处的,是一个船到中流浪更急、人到半山路更陡的时候,是一个愈进愈难、愈进愈险而又不进则退、非进不可的时候。"①中国要从"富起来"到"强起来",力量源自于文化自信,文化自信同样也是中国"强起来"的助推器。只有充分的文化自信,才有可能推进深入扎实的文化建设,构筑起国家文化安全的坚固堡垒。习近平提出中华文化是中华民族的根和魂,必须坚定文化自信。"一带一路"正是中华文化与其他文化互动交流,也是完善中国国家形象、提高文化自信心的重要契机。②

党的十八大以来,在新时代国家文化安全观尤其是坚定文化自信的理性指引下,全党和全国各族人民在社会主义文化建设和对外文化交流传播等方面取得了举世瞩目的成就,中华文化软实力明显提升,中国国际话语权和国际传播影响力显著增强,新时代中国国家文化安全得到了有效的捍卫与维护。

第四节　网络文化安全是维护国家文化安全的重要领域

随着全球化进程的不断推进、科技的不断创新和互联网的

---

① 习近平:《在庆祝改革开放40周年大会上的讲话》,人民出版社,2018年,第42页。
② 陈敏:《国家文化安全理论研究述评与展望——基于总体国家安全观的视野》,《探求》2019年第1期。

飞速发展，网络空间已经成为不同国家之间相互交流、碰撞的重要平台，各个国家不再是单一的个体，而是生活在"地球村"的有机整体。2014年2月27日，在中央网络安全和信息化领导小组第一次会议上，习近平指出："当今世界，信息技术革命日新月异，对国际政治、经济、文化、社会、军事等领域发展产生了深刻影响。信息化和经济全球化相互促进，互联网已融入社会生活方方面面，深刻改变了人们的生产和生活方式。"[①]目前，国际互联网80%以上是英文网页，世界上六千多种语言在互联网上都找不到，而且大多数世界性大型数据库设在美国。因此，英语霸权和美国霸权使西方学术界和新闻媒体的观点在网络上占据绝对优势。网上中文信息占据整个网络信息总量的不到1%。网络媒体成为文化传播的重要途径，我们在借鉴吸收别国文化、获取有效信息的同时，也会带来网络文化安全的问题。美国互联网协会主席唐·希斯认为："如果美国想要拿出一项计划在全球传播美国式资本主义和政治自由主义的话，那么互联网就是最好的传播方式。"[②]西方敌对势力借助网络进行文化渗透，传播西方价值观念，妄图撼动中华民族文化的主体地位，网络文化安全正经受着前所未有的考验。维护网络文化安全，已经成为维护中国国家文化安全的重要领域。网络文化安全是新时代国家文化安全观的重要内容，是新时代中国特色社会主义思想的重要组成部分。

一、高度重视网络文化安全

网络文化是指发生在网络环境中的与各种文化形式相关

---

①《习近平谈治国理政（第一卷）》，外文出版社，2018年，第197页。

② Steve Lohr, "Welcome to Internet, the First Global Colony", *The New York Times*, January 9, 2000, section 4, 1.

的各种信息,是指网络时代所代表的新的文明成果和状态的总和。网络文化包括资源系统、信息技术等物质层面的内容,包括网络活动的道德准则、社会规范、法律制度等制度层面的内容,还包括网络活动的价值取向、审美情趣、道德观念、社会心理等精神层面的内容。当今我国互联网事业快速发展,网络已走入千家万户,网民数量位居世界第一,我国已成为网络大国,"互联网+文化"已成为文化宣传的主阵地。很多人特别是年轻人基本不太关注主流媒体,大部分信息都是从网上获取,不同文化和价值观念在互联网上交流交融交锋,网络文化已成为文化传播的主要方式。习近平对网络文化安全高度重视,从国际环境和国内实际出发,审时度势,提出了网络文化安全思想。

(一)网络文化安全是国家安全的战略前线

在党的十九大报告中,习近平提出将建设网络强国战略目标作为建设新时代创新型国家的重要环节。网络强国建设是以国家文化安全作为一切发展的前提条件与重要内核。2014年2月27日,习近平在中央网络安全和信息化领导小组第一次会议讲话时指出:"没有网络安全就没有国家安全,没有信息化就没有现代化。"[①] 2018年4月20日,习近平在全国网络和信息化工作会议上讲话时指出:"当今世界,一场新的全方位综合国力竞争正在全球展开。能不能适应和引领互联网发展,成为决定大国兴衰的一个关键。世界各国均把信息化作为国家战略重点和优先发展的方向,围绕网络空间发展主导权、制网权的争夺日趋激烈,世界权力图谱因信息化而被重新绘制,互联网成为影响世界的重要力量。当今世界,谁掌握了互联网,谁就

---

①《习近平谈治国理政(第一卷)》,外文出版社,2018年,第198页。

把握住时代主动权；谁轻视了互联网，谁就会被时代所抛弃，一定程度上可以说，得网络者得天下。"①习近平又强调："网络安全和信息化事关党的长期执政，事关国家长治久安，事关经济社会发展和人民群众福祉，过不了互联网这一关，就过不了长期执政这一关，要把网信工作摆在党和国家事业全局中谋划，切实加强党的集中统一领导。"②

互联网技术作为网络文化传播的重要支撑，主导着网络文化的发展走向，依附于网络安全的网络文化安全也十分重要，是国家安全的重要组成。当前形势下，网络领域依然存在西方互联网强国利用技术优势进行网络文化垄断的现象。西方敌对势力利用网络技术对我国进行"西化""分化"始终没有间断，利用网络散布谣言，宣扬拜金主义、享乐主义、利己主义、封建迷信等腐朽思想，对我国家文化安全危害极大，一旦"失控"，将对我国造成全局性的影响。网络空间的渗透与反渗透、颠覆与反颠覆斗争将长期存在且日趋复杂。

（二）互联网已成为宣传思想工作的主阵地

多样的网络文化的出现丰富了传统媒介的宣传形式，创新了宣传思想工作的表达和传播手段，互联网已经成为宣传思想工作的主阵地。2015年5月18日，习近平在中央统战工作会议讲话中提出："互联网是当前宣传思想工作的主阵地。这个阵地我们不去占领，人家就会去占领。"③2015年12月25日，习近平在《坚持军报姓党坚持强军为本坚持创新为要，为实现中国

---

① 《习近平关于网络强国论述摘编》，中央文献出版社，2021年，第41页。
② 《习近平关于网络强国论述摘编》，中央文献出版社，2021年，第43页。
③ 《习近平关于网络强国论述摘编》，中央文献出版社，2021年，第65页。

梦强军梦提供有力思想舆论支持》一文中指出："现在,媒体格局、舆论生态、受众对象、传播技术都在发生变化,特别是互联网正在媒体领域催发一场前所未有的变革,数以亿计的人在通过互联网获得信息。我国网民就达六亿七千万。读者在哪里,受众在哪里,宣传报道的触角就要伸到哪里,宣传思想工作的着力点和落脚点就要放在哪里。"[①] 2019 年 1 月 25 日,习近平在十九届中央政治局第十二次集体学习时的讲话指出："网络是一把双刃剑,一张图、一段视频经由全媒体几个小时就能形成爆发式传播,对舆论场造成很大影响。这种影响力,用好了造福国家和人民,用不好就可能带来难以预见的危害。""我多次说过,人在哪儿,宣传思想工作的重点就在哪儿,网络空间已经成为人们生产生活的新空间,那就也应该成为我们党凝聚共识的新空间。移动互联网已经成为信息传播主渠道。随着 5G、大数据、云计算、物联网、人工智能等技术不断发展,移动媒体将进入加速发展新阶段。要坚持移动优先策略,建设好自己的移动传播平台,管好用好商业化、社会化的互联网平台,让主流媒体借助移动传播,牢牢占据舆论引导、思想引领、文化传承、服务人民的传播制高点。"[②]

(三)网络已成为当前意识形态斗争的最前沿

网络媒体作为传播意识形态的新兴载体,为蓄谋传播错误思潮、妄想摧毁中国特色社会主义事业的网络安全防线的敌对势力提供了便利条件。马克思主义主流意识形态与非马克

---

① 《习近平关于网络强国论述摘编》,中央文献出版社,2021 年,第 67 页。
② 习近平:《推动媒体融合向纵深发展巩固全党全国人民共同思想基础》,新华网,http://www.xinhuanet.com/politics/leaders/2019-01/25/c_1124044208.htm。

思主义社会思潮在网络媒体上正面交锋日趋激烈。2015年5月20日，习近平在《坚决打赢网络意识形态斗争》中指出："网络意识形态安全风险问题值得高度重视。网络已是当前意识形态斗争的最前沿。掌控网络意识形态主导权，就是守护国家的主权和政权。各级党委和党员干部要把维护网络意识形态安全作为守土尽责的重要使命，充分发挥制度体制优势，坚持管用防并举，方方面面齐动手，坚决打赢网络意识形态斗争，切实维护以政权安全、制度安全为核心的国家政治安全。"[①] 2018年4月28日，习近平在全国网络安全和信息化工作会议上强调，"信息流通无国界，网络空间有硝烟。互联网日益成为意识形态斗争的主阵地、主战场、最前沿。能不能牢牢掌握意识形态工作领导权，关键要看能不能占领网上阵地，能不能赢得网上主导权"[②]。2022年10月16日，在党的二十大报告中习近平再次强调，要"健全网络综合治理体系，推动形成良好网络生态"[③]。

（四）构建网上网下同心圆

实现全面建成社会主义现代化强国的奋斗目标，需要全社会方方面面同心干。思想政治工作的主要任务就是引导干部群众凝聚共同的理想、共同的目标、共同的价值观。为此，干部群众要互动，各种媒体要齐动，网上网下要联动，结成共同体，画出同心圆，使全国各族人民心往一处想、劲往一处使。团结

---

① 《习近平关于网络强国论述摘编》，中央文献出版社，2021年，第54页。

② 《习近平关于网络强国论述摘编》，中央文献出版社，2021年，第55页。

③ 习近平：《高举中国特色社会主义伟大旗帜 为全面建设社会主义现代化国家而团结奋斗——在中国共产党第二十次全国代表大会上的报告（2022年10月16日）》，人民出版社，2022年，第44页。

要有圆心,固守圆心才能万众一心。中国共产党就是中华民族团结奋斗的圆心。2016年4月19日,习近平在网络安全和信息化工作座谈会上讲话时指出:"凝聚共识工作不容易做,大家要共同努力。为了实现我们的目标,网上网下要形成同心圆。什么是同心圆? 就是在党的领导下,动员全国各族人民,调动各方面的积极性,共同为实现中华民族伟大复兴的中国梦而奋斗。"① 2016年10月9日,习近平在十八届中央政治局第三十六次集体学习时指出:"要发挥网络传播互动、体验、分享的优势,听民意、惠民生、解民忧,凝聚社会共识。网上网下要同心聚力、齐抓共管,形成共同防范社会风险、共同构筑同心圆的良好局面。"② 2018年4月28日,习近平在全国网络安全和信息化工作会议上强调:"最大范围争取人心,构建网上网下同心圆。人心是最大的政治。做网上工作,不能见网不见人,必须下大气力做好人的工作,把广大网民凝聚到党的周围。"③习近平关于构建网上网下同心圆的论述,不仅是其网络文化安全思想的重要内容,而且赋予了新时代宣传思想工作者新的使命,使全体人民在理想信念、价值理念、道德观念上紧紧团结在一起,让正能量更强劲、主旋律更高昂,客观上推进了对我国网络文化安全的有效维护和塑造。

二、主动占领网络文化安全阵地

习近平指出:"网络安全和信息化是事关国家安全和国家发展、事关广大人民群众工作生活的重大战略问题,要从国际

---

① 《习近平关于网络强国论述摘编》,中央文献出版社,2021年,第55页。
② 《习近平关于网络强国论述摘编》,北中央文献出版社,2021年,第73页。
③ 《习近平关于网络强国论述摘编》,中央文献出版社,2021年,第78页。

国内大势出发,总体布局,统筹各方,创新发展,努力把我国建设成为网络强国。"①他又强调:"我们要深刻认识舆论引导的重要性,主动加强引导。现在,互联网等新媒体快速发展,如果我们不主动宣传、正确引导。别人就可能先声夺人,抢占话语权。"②

(一)加强党对网络文化安全的领导

网络文化是重要的文化形态,是社会主义文化的重要组成部分。必须加强党对网络文化的领导,把党的文化方针、政策贯彻到网络文化建设中。习近平指出:"必须旗帜鲜明、毫不动摇坚持党管互联网,加强党中央对网信工作的集中统一领导,确保网信事业始终沿着正确方向前进。"③他强调:"我多次讲,过不了互联网这一关,就过不了长期执政这一关。党管媒体,不能说只管党直接掌握的媒体。党管媒体是把各级各类媒体都置于党的领导之下,这个领导不是'隔靴搔痒式'领导,方式可以有区别,但不能让党管媒体的原则被架空。"④"网络意识形态安全风险问题值得高度重视。网络已是当前意识形态斗争的最前沿。掌控网络意识形态主导权,就是守护国家的主权和政权。各级党委和党员干部要把维护网络意识形态安全作为守土尽责的重要使命,充分发挥制度体制优势,坚持管用防并举,方方面面齐动手,坚决打赢网络意识形态斗争,切实维护以政权安全、制度安全为核心的国家政治安全。"⑤为了更好地实

①《习近平谈治国理政(第一卷)》,外文出版社,2018年,第197页。
②《习近平关于网络强国论述摘编》,中央文献出版社,2021年,第49页。
③《习近平关于网络强国论述摘编》,中央文献出版社,2021年,第10页。
④《论党的宣传思想工作》,中央文献出版社,2020年,第183页。
⑤《习近平关于网络强国论述摘编》,中央文献出版社,2021年,第54页。

施党对网络文化的领导,习近平要求各级干部,特别是党的高级干部,要学网、懂网、用网。习近平指出:"现在,各级领导干部特别是高级干部,如果不懂互联网、不善于运用互联网,就无法有效开展工作。各级领导干部要学网、懂网、用网,积极谋划、推动、引导互联网发展。要正确处理安全和发展、开放和自主、管理和服务的关系,不断提高对互联网规律的把握能力、对网络舆论的引导能力、对信息化发展的驾驭能力、对网络安全的保障能力,把网络强国建设不断推向前进。"①

(二)开展积极的网络舆论斗争

从世界范围看,网络安全威胁和风险日益突出,西方敌对势力日益向我国的政治、经济,特别是文化领域渗透,对我国开展网络舆论斗争,目的就是争夺人心、争夺群众、争夺阵地,企图推翻中国共产党的领导、颠覆社会主义制度。西方国家通过互联网煽动的"颜色革命"屡屡得手,中东乱局就是前车之鉴,令人警醒。习近平历来重视网络舆论斗争,早在2013年8月19日全国宣传思想工作会议上就指出:"互联网已经成为舆论斗争的主战场。有同志讲,互联网是我们面临的'最大变量',搞不好会成为我们的'心头之患'。西方反华势力一直妄图利用互联网'扳倒中国',多年前有西方政要就声称'有了互联网,对付中国就有了办法''社会主义国家投入西方怀抱,将从互联网开始'。从美国的'棱镜''X-关键得分'等监控计划看,他们的互联网活动能量和规模远远超出世人想象。在互联网这个战场上,我们能否顶得住、打得赢,直接关系我国意识形态安全和

---

① 习近平:《在十八届中央政治局第三十六次集体学习时的讲话(2016年10月9日)》,《人民日报》2016年10月10日。

政权安全。"2016年10月27日在党的十八届六中全会第二次全体会议上习近平又指出,要高度重视网上舆论斗争,加强网上网下宣传,消除生成网上舆论风暴的各种隐患。在2018年4月20日的全国网络安全和信息化工作会议讲话中,习近平指出,坚决打赢网络意识形态斗争,维护国家政治安全。历史和现实反复证明,搞乱一个社会、颠覆一个政权,往往先从意识形态领域打开缺口,先从搞乱人们思想入手。互联网是我们面临的最大变量,在互联网这个战场上,我们能否顶得住、打得赢,直接关系国家政治安全。

(三)构建网络文化新秩序

网络空间是现实社会的延伸。尽管网络空间有着虚拟、隐蔽、间接、低门槛等特点,但终归属于社会公共空间的范畴。建立健全网络文化的规章制度,落实责任分工,实施网络综合治理,营造积极健康的网络空间,维护文明和谐的网络秩序,是网络文化建设的客观要求。习近平高度重视网络文化新秩序建设。2015年9月22日,他在接受美国《华尔街日报》书面采访答问时讲:"网络空间与现实社会一样,既要提倡自由,也要遵守秩序。自由是秩序的目的,秩序是自由的保障。我们既要充分尊重网民交流思想、表达意愿的权利,也要构建良好的网络秩序,这也是为了更好保障广大网民合法权益。"[1]2016年4月19日,习近平在网络安全和信息化工作座谈会上指出:"网络空间是亿万民众共同的精神家园。网络空间天朗气清、生态良好,符合人民利益。网络空间乌烟瘴气、生态恶化,不符合人民利益。谁都不愿生活在一个充斥着虚假、诈骗、攻击、谩骂、恐怖、

---

[1]《习近平关于网络强国论述摘编》,北京:中央文献出版社2021年版,第66页。

色情、暴力的空间。互联网不是法外之地。利用网络鼓吹推翻国家政权,煽动宗教极端主义,宣扬民族分裂思想,教唆暴力恐怖活动,等等,这样的行为要坚决制止和打击,决不能任其大行其道。""我们要本着对社会负责、对人民负责的态度,依法加强网络空间治理,加强网络内容建设,做强网上正面宣传,培育积极健康、向上向善的网络文化,用社会主义核心价值观和人类优秀文明成果滋养人心、滋养社会,做到正能量充沛、主旋律高昂,为广大网民特别是青少年营造一个风清气正的网络空间。"① 2016年4月19日,习近平在网络安全和信息化工作座谈会上要求要加快立法进程,完善依法监管措施,化解网络风险。2017年6月1日,我国网络安全领域首部基础性、框架性、综合性法律《中华人民共和国网络安全法》正式施行,对网络安全作了规范,明确了网警的职能,完善网警巡查监督常态化机制,充分发挥公安机关与互联网联合机制的作用,以更加准确地落实监督系统的任务。2018年4月20日,习近平在全国网络安全和信息化工作会议上的讲话指出:"要把依法治网作为基础性手段,继续加快制定完善互联网领域法律法规,推动依法管网、依法办网、依法上网,确保互联网在法治轨道上健康运行。"②他强调要加强网络综合治理,形成党委领导、政府管理、企业履职、社会监督、网民自律等多主体参与,经济、法律、技术等多种手段相结合的综合治网格局。他还要求要落实网络安全责任制,制定网络安全标准,明确保护对象、保护层级、保护措施。要压实互联网企业的主体责任,决不能让互联网成为传播有害信

---

① 《论党的宣传思想工作》,中央文献出版社,2020年,第196页。
② 《习近平关于网络强国论述摘编》,中央文献出版社,2021年,第45页。

息、造谣生事的平台。

三、加强国际合作维护网络文化主权

互联网的发展，创造了人类生活新空间，拓展了国家治理新领域，互联网也成为当今世界文化交流的重要平台。如何实现各国网络共享、共治、共赢，如何在网络空间中提升国际话语权，如何讲好中国故事等，习近平敏锐地洞察网络社会发展趋势，把脉网络文化发展规律，提出了一系列创造性的思想观点。

（一）网络空间命运共同体

2014年11月19日，习近平在给首届世界互联网大会的贺词中提到了这个重大命题。他说："互联网真正让世界变成了地球村，让国际社会越来越成为你中有我、我中有你的命运共同体。同时，互联网发展对国家主权、安全、发展利益提出了挑战，迫切需要国际社会认真应对、谋求共治、实现共赢。""中国愿意同世界各国携手努力，本着相互尊重、相互信任的原则，深化国际合作，尊重网络主权，维护网络安全，共同构建和平、安全、开放、合作的网络空间，建立多边、民主、透明的国际互联网治理体系。"① 2015年12月16日，习近平在第二届世界互联网大会开幕式讲话时提出："网络空间是人类共同的活动空间，网络空间前途命运应由世界各国共同掌握。各国应该加强沟通、扩大共识、深化合作，共同构建网络空间命运共同体。"② 2018年11月，在第五届世界互联网大会的贺信中习近平指出："世界各国虽然国情不同、互联网发展阶段不同、面临的现实挑战不同，

---

① 习近平：《致首届世界互联网大会的贺词（2014年11月19日）》，《人民日报》2014年11月20日。

② 《论党的宣传思想工作》，中央文献出版社，2020年，第173页。

但推动数字经济发展的愿望相同、应对网络安全挑战的利益相同、加强网络空间治理的需求相同。各国应该深化务实合作，以共进为动力、共赢为目标，走出一条互信共治之路，让网络空间命运共同体更具生机活力。"①在给2019年10月第六届、2020年11月第七届和2021年9月第八届的世界互联网大会的贺信中，习近平都提及要与各国一道激发数字经济活力，开创数字合作新局面，筑牢数字安全屏障，共同推动网络空间全球治理，努力推动携手构建网络空间命运共同体，让数字文明造福各国人民。由此可见，习近平关于构建网络空间命运共同体的思想，是随着互联网的发展而不断深化的。习近平提出的构建网络空间命运共同体的主张，得到众多国家的一致认同和支持。

（二）网络文化交流共享

网络空间命运共同体的提出，为网络文化交流共享提供了理论前提。网络文化交流共享是世界文化交流的迫切要求，也是互联网发展的必然趋势。网络空间应该成为世界各国优秀思想文化交流的大舞台，是各国共同竞技的赛场，而不能只有少数国家唱"独角戏"，更不应该成为硝烟弥漫的"战场"。每个国家要加强沟通、增进共识、深化合作，共同维护网络国际空间安全，严厉打击各种网络意识形态的渗透，实现多边参与、多方参与，真正把互联网打造成各国平等参与的交流合作的疆域。2015年12月16日，习近平在第二届世界互联网大会开幕式讲话时指出："打造网上文化交流共享平台，促进交流互鉴。文化因交流而多彩，文明因互鉴而丰富。互联网是传播人类优秀文化、弘扬正能量的重要载体。中国愿通过互联网架设国

---

① 习近平：《致第五届世界互联网大会的贺信》，《人民日报》2018年11月8日。

际交流桥梁,推动世界优秀文化交流互鉴,推动各国人民情感交流、心灵沟通。我们愿同各国一道,发挥互联网传播平台优势,让各国人民了解中华优秀文化,让中国人民了解各国优秀文化,共同推动网络文化繁荣发展,丰富人们精神世界,促进人类文明进步。"①习近平多次强调国际间网络文化交流的重要性,提倡各国共同加强网络空间合作意识,互相尊重网络文化主权,共同抵制存有不良目的者利用网络传输文化强力灌输本国意识形态的行为。网络文化交流共享让世界各国人民跨越信息鸿沟,真正达到网络互享、教育资源互通,是打造网络空间命运共同体的根本所在,对我国网络文化安全有着十分重要的意义。

(三)讲好网络中国故事

在网络空间,"中国威胁论""中国崩溃论"不绝于耳,有理说不出、说了传不开的被动境地不时出现,严重影响了中国主流意识形态安全。习近平深刻了解互联网意识形态属性,指出维护网络文化安全就要讲好中国故事,传播好中国声音。2016年2月19日,他在党的新闻舆论工作座谈会上的讲话中指出:"讲故事,是国际传播的最佳方式。"②要在网络空间巩固壮大主流思想舆论,就要讲好中国故事,传播好中国声音。他还指出:"我们要把握国际传播领域移动化、社交化、可视化的趋势,在构建对外传播话语体系上下功夫,在乐于接受和易于理解上下功夫,让更多的国外受众听得懂、听得进、听得明白,不断提升对外传播效果。""现在,国际上理性客观看待中国的人越来越

①《论党的宣传思想工作》,中央文献出版社,2020年,第174页。
②《习近平关于社会主义文化建设论述摘编》,中央文献出版社,2017年,第212页。

多,为中国点赞的人也越来越多。我们走的是正路、行的是大道,这是主流媒体的历史机遇,必须增强底气、鼓起士气,坚持不懈讲好中国故事,形成同我国综合国力相适应的国际话语权。"① 2021年5月31日,习近平在十九届中共中央政治局第三十次集体学习时的讲话中尤其指出,要加强国际传播的理论研究,掌握国际传播的规律,构建对外话语体系,提高传播艺术。要采用贴近不同区域、不同国家、不同群体受众的精准传播方式,推进中国故事和中国声音的全球化表达、区域化表达、分众化表达,增强国际传播的亲和力和实效性。讲好中国故事,习近平要求中央的同志要讲,各级领导干部都要讲;不仅宣传部门要讲,媒体要讲,而且实际工作部门都要讲、各条战线都要讲。习近平身体力行、率先垂范地讲中国故事。在世界互联网大会上、联合国总部演讲时,每次出访的会谈、交流、演讲中,习近平都要讲中国道路的历史渊源和现实基础,讲"中国梦"的背景和内涵,讲中国和平发展的理念和主张。习近平还在不少国家主流媒体发表署名文章讲中国故事,向世界展示一个真实的、立体的、全面的中国。让世界知道发展中的中国、开放的中国、为人类文明做贡献的中国。

第五节 与世界优秀文化交流互鉴是塑造国家文化安全的重要途径

文化是构建人类命运共同体的纽带,客观上要求多元文化交流互鉴。随着综合国力和国际地位的不断提升,我国日益走近世界舞台中央,国际社会对我国的关注前所未有,迫切需要

---

① 《论党的宣传思想工作》,中央文献出版社,2020年,第357页。

中国文化"走出去"，展现真实、立体、全面的新时代中国。与此同时，随着改革开放的深入，让世界文化"走进来"成为历史发展的必然。2018年5月4日，习近平在纪念马克思诞辰200周年大会讲话中指出："今天，人类交往的世界性比过去任何时候都更深入、更广泛，各国相互联系和彼此依存比过去任何时候都更频繁、更紧密。一体化的世界就在那儿，谁拒绝这个世界，这个世界也会拒绝他。"① 2019年5月15日，习近平在北京举行的亚洲文明对话大会开幕式上的主旨演讲中指出："现在，大量外国优秀文化产品进入中国，许多中国优秀文化产品走向世界。"伴随中华文化"走出去"步伐加快，中国文化对外开放水平进一步提高，中国文化与世界文化交流互鉴已经成为中国文化发展创新的重要途径。

一、与世界优秀文化交流互鉴，超越文明冲突

一个国家、一个民族的文化，只有广泛吸取外来文化的优秀元素，才会更加丰富、更加博大，才会具有旺盛生命力；反之，在文化上封闭保守、妄自尊大，必然导致僵化、停滞和落后。不同文化之间相互比较、汲取养分、相互融合，才能共同推动人类文明的发展与进步。以习近平同志为核心的党中央十分重视文化交流互鉴，提出了一系列的观点和主张。习近平指出："当今世界是开放的世界，当今中国是开放的中国。中国和世界的关系正在发生历史性变化，中国需要更好地了解世界，世界需要更好地了解中国。"②中国共产党一路走来，始终继承、发展、弘扬中华文明，也始终以开放的眼光、开阔的胸怀对待世界各

---

① 习近平：《在纪念马克思诞辰200周年大会上的讲话》，人民出版社，2018年。
②《习近平新闻思想讲义》，人民出版社、学习出版社，2018年，第146页。

国人民的文明创造,主张同世界各种文明交流对话、互学互鉴。习近平关于文化文明交流互鉴的思想观念,是新时代国家文化安全观的重要组成内容。

(一)交流互鉴是推动人类文明进步的动力

文明是有利于社会进步的各种活动及其积极的成果,是人类创造的各种财富。文明是文化的内在价值,文化是文明的外在表现形式。文明是文化的重要组成部分,是文化中的宝贵财富。文明的交流互鉴,也是文化的交流互鉴。2014年3月27日,习近平主席在联合国教科文组织总部发表重要演讲时指出:"文明因交流而多彩,文明因互鉴而丰富。文明交流互鉴,是推动人类文明进步和世界和平发展的重要动力。"

平等是文明交流互鉴的前提。习近平十分重视世界文明的平等性,人类文明因平等才有交流互鉴的前提。2014年3月27日,习近平在联合国教科文组织总部的演讲指出:"各种人类文明在价值上是平等的,都各有千秋,也各有不足。世界上不存在十全十美的文明,也不存在一无是处的文明,文明没有高低、优劣之分。"2014年6月5日,习近平在中阿合作论坛第六届部长级会议开幕式上的讲话中强调:"人类文明没有高低优劣之分,因为平等交流而变得丰富多彩,正所谓'五色交辉,相得益彰;八音合奏,终和且平'。"①他建议世界各国要平等地对待其他国家的文化,不能分高低优劣,文明的差异不能成为世界冲突的根源。2017年1月18日,习近平在联合国日内瓦总部的演讲中说:"文明没有高下、优劣之分,只有特色、地域之别。文明差异不应该成为世界冲突的根源,而应该成为人类文明进步

---

① 《习近平谈治国理政(第一卷)》,外文出版社,2018年,第314—315页。

的动力。每种文明都有其独特魅力和深厚底蕴，都是人类的精神瑰宝。"①

尊重是文明交流的基础。2014年6月28日，习近平在和平共处五项原则发表六十周年纪念大会上的讲话指出："我们要尊重文明多样性，推动不同文明交流对话、和平共处、和谐共生，不能唯我独尊、贬低其他文明和民族。人类历史告诉我们，企图建立单一文明的一统天下，只是一种不切实际的幻想。"②2015年9月28日，习近平在第七十届联合国大会一般性辩论时的讲话中指出："文明相处需要和而不同的精神。只有在多样中相互尊重、彼此借鉴、和谐共存，这个世界才能丰富多彩、欣欣向荣。不同文明凝聚着不同民族的智慧和贡献，没有高低之别，更无优劣之分。文明之间要对话，不要排斥；要交流，不要取代。人类历史就是一幅不同文明相互交流、互鉴、融合的宏伟画卷。我们要尊重各种文明，平等相待，互学互鉴，兼收并蓄，推动人类文明实现创造性发展。"③

包容是文明交流互鉴的动力。习近平认为只有相互包容，才能做到交流互鉴，才能可持续发展。既然世界文化文明是平等的，我们对待其他国家文化的态度不可或缺的是包容。2014年3月27日，习近平在联合国教科文组织总部发表重要演讲指出："海纳百川，有容乃大。人类创造的各种文明都是劳动和智慧的结晶。每一种文明都是独特的。在文明问题上，生搬硬套、削足适履不仅是不可能的，而且是十分有害的。一切文明

---

① 《习近平谈治国理政（第二卷）》，外文出版社，2017年，第544页。
② 《习近平在和平共处五项原则发表60周年纪念大会上的讲话》，中央政府门户网，http://www.gov.cn/xinwen/2014-06/29/content_2709613.htm。
③ 《习近平谈治国理政（第二卷）》，外文出版社，2017年，第524—525页。

成果都值得尊重,一切文明成果都要珍惜。"" '一花独放不是春,百花齐放春满园。'如果世界上只有一种花朵,就算这种花朵再美,那也是单调的。不论是中华文明,还是世界上存在的其他文明,都是人类文明创造的成果。"2018年6月10日,习近平在上海合作组织成员国元首理事会第十八次会议上的讲话时强调:"我们要树立平等、互鉴、对话、包容的文明观,以文明交流超越文明隔阂,以文明互鉴超越文明冲突,以文明共存超越文明优越。"① 2019年5月15日,习近平在北京举行的亚洲文明对话大会开幕式上主旨演讲时说:"每一种文明都扎根于自己的生存土壤,凝聚着一个国家、一个民族的非凡智慧和精神追求,都有自己存在的价值。人类只有肤色语言之别,文明只有姹紫嫣红之别,但绝无高低优劣之分。认为自己的人种和文明高人一等,执意改造甚至取代其他文明,在认识上是愚蠢的,在做法上是灾难性的! 如果人类文明变得只有一个色调、一个模式了,那这个世界就太单调了,也太无趣了! 我们应该秉持平等和尊重,摒弃傲慢和偏见,加深对自身文明和其他文明差异性的认知,推动不同文明交流对话、和谐共生。"

正是在新时代国家文化安全观的引领下,以平等、尊重和包容的态度与胸怀对待世界优秀文化,中国文化在走向世界的过程中,保持自身的独特性、纯洁性和先进性,同时,海纳百川,与时俱进,维护了自身的文化安全与发展。

(二)同心共筑人类共同的文化安全战略

新时代国家文化安全建设不仅仅是中国需要面对的问题,

---

①《习近平在上海合作组织成员国元首理事会第十八次会议上的讲话》,新华网,http://www.xinhuanet.com/world/2018-06/10/c_1122964013.htm。

也是涉及如何推动全人类文明进步的问题。习近平从全球治理的视角和国家文化安全的战略高度,把中国的命运与世界人民的命运联结在一起。2014年3月27日,习近平在巴黎中法建交50周年纪念大会上的讲话中讲道:"中国梦是奉献世界的梦。'穷则独善其身,达则兼济天下。'这是中华民族始终崇尚的品德和胸怀。中国一心一意办好自己的事情,既是对自己负责,也是为世界作贡献。随着中国不断发展,中国已经并将继续尽己所能,为世界和平与发展作出自己的贡献。"①他指出:"万物并育而不相害,道并行而不相悖。"②多元文化发展交流互鉴,需要坚持互信、互利、平等、协作的新文化安全观,共同构筑人类共同的文化安全战略。

习近平基于中华民族崇尚世界大同的优秀传统文化提出了人类命运共同体的文化安全战略。2014年3月28日,习近平在德国科尔伯基金会演讲时指出:"中华民族是爱好和平的民族。一个民族最深沉的精神追求,一定要在其薪火相传的民族精神中来进行基因测序。有着五千多年历史的中华文明,始终崇尚和平,和平、和睦、和谐的追求深深植根于中华民族的精神世界之中,深深溶化在中国人民的血脉之中。中国自古就提出了'国虽大,好战必亡'的箴言。'以和为贵''和而不同''化干戈为玉帛''国泰民安''睦邻友邦''天下太平''天下大同'等理念世代相传。中国历史上曾经长期是世界最强大的国家之一,但没有留下殖民和侵略他国的记录。我们坚持走和平发展的道

---

①《习近平在中法建交50周年纪念大会上的讲话》,中国共产党新闻网,http://theory.people.com.cn/n/2014/0328/c49150-24761132.html。

②《习近平在中法建交50周年纪念大会上的讲话》,中国共产党新闻网,http://theory.people.com.cn/n/2014/0328/c49150-24761132.html。

路,是对几千年来中华民族热爱和平的文化传统的继承和发扬。"①中华优秀传统文化的理念蕴含着丰厚的人类命运共同体基因。人类共同的文化安全构建,正是建立在中华优秀传统文化的安全价值观的基础之上。

2014年以来,习近平持续在不同场合提出人类共同的文化安全思想,并渐臻成熟。2014年3月27日,习近平在联合国教科文组织总部演讲时指出:"历史告诉我们,只有交流互鉴,一种文明才能充满生命力。只要秉持包容精神,就不存在什么'文明冲突',就可以实现文明和谐。"2017年5月14日在"一带一路"国际合作高峰论坛开幕式上的演讲中,习近平提出:"'一带一路'建设要以文明交流超越文明隔阂、文明互鉴超越文明冲突、文明共存超越文明优越,推动各国相互理解、相互尊重、相互信任。"②2019年5月15日,在亚洲文明对话的大会上习近平提出:"我们要加强世界上不同国家、不同民族、不同文化的交流互鉴,夯实共建亚洲命运共同体、人类命运共同体的人文基础","我们应该秉持平等和尊重,摒弃傲慢和偏见,加深对自身文明和其他文明差异性的认知,推动不同文明交流对话、和谐共生"。③2019年6月14日,在上海合作组织成员国元首理事会第十九次会议上习近平提出:"要摒弃文明冲突,坚持开放包容、互学互鉴。"④党的十九大报告中提出:"要尊重世界文明多

①《习近平谈治国理政(第一卷)》,外文出版社,2018年,第265页。

②《习近平谈治国理政(第二卷)》,外文出版社,2017年,第513页。

③《习近平出席亚洲文明对话大会开幕式并发表主旨演讲》,新华网,http://www.xinhuanet.com/2019-05/15/c_1124499008.htm。

④《习近平主席在上海合作组织成员国元首理事会第十九次会议上的讲话》,新华网,http://www.xinhuanet.com/politics/leaders/2019-06/14/c_1124625213.htm。

样性,以文明交流超越文明隔阂、文明互鉴超越文明冲突、文明共存超越文明优越。"① 2020年9月22日,习近平在第七十五届联合国大会一般性辩论上的讲话中指出:"这场疫情启示我们,我们生活在一个互联互通、休戚与共的地球村里。各国紧密相连,人类命运与共。任何国家都不能从别国的困难中谋取利益,从他国的动荡中收获稳定。如果以邻为壑、隔岸观火,别国的威胁迟早会变成自己的挑战。我们要树立你中有我、我中有你的命运共同体意识,跳出小圈子和零和博弈思维,树立大家庭和合作共赢理念,摒弃意识形态争论,跨越文明冲突陷阱,相互尊重各国自主选择的发展道路和模式,让世界多样性成为人类社会进步的不竭动力、人类文明多姿多彩的天然形态。"2021年7月6日,习近平在中国共产党与世界政党领导人峰会上的主旨讲话中指出:"我们要担负起凝聚共识的责任,坚守和弘扬全人类共同价值。各国历史、文化、制度、发展水平不尽相同,但各国人民都追求和平、发展、公平、正义、民主、自由的全人类共同价值。我们要本着对人类前途命运高度负责的态度,做全人类共同价值的倡导者,以宽广胸怀理解不同文明对价值实现路径的探索,把全人类共同价值具体地、现实地体现到实现本国人民利益的实践中去。"

习近平提出的各国人民齐心协力构建人类命运共同体,以及人类共同的文化安全战略得到了世界各国的认可。同时也向国际社会发出倡导,人类共同的文化安全战略是追求世界性的文化安全共同体,加强文化安全治理的国际合作,主张通过对话和协商的方式,反对文化渗透和文化霸权主义,统筹应对

---

① 《习近平谈治国理政(第三卷)》,外文出版社,2020年,第46页。

文化安全的威胁,实现世界文化普遍安全。

二、掌握主动权,推动中华文化"走出去"

中国特色社会主义进入新时代,中华文化更好地"走出去"已经成为历史发展的必然趋势。党中央高度重视中华文化"走出去",2016年11月1日,习近平主持中央全面深化改革领导小组第二十九次会议,审议通过了《关于进一步加强和改进中华文化走出去工作的指导意见》。会议强调,要加强和改进中华文化"走出去"工作,创新内容形式和体制机制,拓展渠道平台,创新方法手段,增强中华文化亲和力、感染力、吸引力、竞争力,提高国家文化软实力。国家加大了文化开放的力度,但是这种文化开放并不是无条件的开放,而是以国家文化安全为保障的开放,要牢牢掌握国家文化安全的主动权,时刻保持清醒头脑,敢于面对开放带来的各种挑战,筑牢国家文化安全的屏障。

(一)构建中国的话语体系

在中华文化"走出去"的过程中,国际社会在更多了解和认可中国发展的同时,也出现了形形色色对中国发展的误读和曲解。2013年8月19日,习近平在全国宣传思想工作会议上讲话时指出:"要精心做好对外宣传工作。随着我国经济社会发展和国际地位提高,国际社会对中国发展道路和发展模式的理性认识逐步加深,同时对我们的误解也还不少,'中国威胁论''中国崩溃论'等论调不绝于耳。同欧美一些国家受困于金融危机、债务危机相比,同一些发展中国家陷入发展陷阱相比,同西亚北非一些国家政治动荡、社会混乱相比,我国发展可以说是风景这边独好。但是,西方仍然在'唱衰'中国。国际舆论格局是西强我弱,西方主要媒体左右着世界舆论,我们往往有理说不出，或者说了传不开。这个问题要下大气力加以解决。"① 2015年10月21日，习近平在访问英国时指出："在当今世界复杂多变的形势中，中国发展日益受到各方关注。一段时间以来，国际上对中国的各种看法和评价众说纷纭，其中有'唱多'，也有'唱空'，还有'唱衰'，有赞许、理解、信心，也有困惑、疑虑、误解。"②

面对国际社会的误解，特别是西方国家对中国的"唱衰"，中华文化"走出去"能否行稳致远，在保持自身文化安全的同时立于国际不败之地，最关键的是要建立中国自己的话语体系。话语体系是一定时代经济社会发展方式、时代精神和文化传统的表达范式。习近平十分重视话语体系建设。2013年12月30日，习近平在十八届中央政治局第十二次集体学习时指出："要精心构建对外话语体系，发挥好新兴媒体作用，增强对外话语的创造力、感召力、公信力，讲好中国故事，传播好中国声音，阐释好中国特色。"③建构话语体系的关键在于话语权的生成。话语权是引领时代变革发展的重要力量，是客观存在的权力空间和竞争的重要内容，代表着一个国家发展道路、文化传统和价值观念对世界的影响力。党的十九大报告强调，要"不断增强意识形态领域主导权和话语权"。党的二十大报告进一步强调，要"坚守中华文化立场，提炼展示中华文明的精神标识和文化精髓，加快构建中国话语和中国叙事体系，讲好中国故事、传播好中国声音，展现可信、可爱、可敬的中国形象"。

---

① 《习近平关于总体国家安全观论述摘编》，中央文献出版社，2018年，第105—106页。

② 《习近平在伦敦金融城的演讲》，新华网，http://www.xinhuanet.com/world/2015-10/22/c_1116906053.htm。

③ 《习近平关于社会主义文化建设论述摘编》，中央文献出版社，2017年，第203页。

党的十八大以来,随着习近平总书记提出的一系列重大理念、思想、战略不断成为国际舆论焦点,中国话语的世界影响得到极大提升。中国特色话语体系正在面向世界、走向世界中构建。习近平对如何建立中国特色的话语体系给出了诸多方案,主要有以下四个方面:

一是构建话语体系,要有高度的文化自信。习近平说:"中国有坚定的道路自信、理论自信、制度自信,其本质是建立在五千多年文明传承基础上的文化自信。"①2014年3月29日,他在同德国汉学家、孔子学院老师代表和学习汉语的学生代表座谈时说:"在中外文化沟通交流中,我们要保持对自身文化的自信、耐力、定力。"②

二是构建中国的话语体系,要反映当代中国的伟大社会变革和国家形象。要以"中国梦"为引领,讲好中国故事。2014年10月23日,习近平在《当前工作需要注意的几个问题》一文中提出:"六十五年来,我们党带领人民成功开创和拓展了中国特色社会主义道路,创造了一个个举世瞩目的中国奇迹。我们六十五年的成就是实打实的,十三亿多中国人民看得见、摸得着,没人否定得了。中国为什么能? 中国共产党为什么能? 国内外不少人都在思考这个问题。我们现在有底气、也有必要讲好中国故事,这对激励广大干部群众继续沿着中国道路前进的信心和勇气、加深国际社会对中国道路的认识至为重要。"③2013年

---

① 《习近平谈文化自信》,《人民日报(海外版)》2016年7月13日。
② 《习近平关于社会主义文化建设论述摘编》,中央文献出版社,2017年,第205页。
③ 《习近平关于社会主义文化建设论述摘编》,中央文献出版社,2017年,第207—208页。

12 月 30 日,在十八届中央政治局第十二次集体学习时他强调:"要注重塑造我国的国家形象,重点展示中国历史底蕴深厚、各民族多元一体、文化多样和谐的文明大国形象,政治清明、经济发展、文化繁荣、社会稳定、人民团结、山河秀美的东方大国形象,坚持和平发展、促进共同发展、维护国际公平正义、为人类作出贡献的负责任大国形象,对外更加开放、更加具有亲和力、充满希望、充满活力的社会主义大国形象。"①

三是构建中国的话语体系,要反映中国爱好和平的理念。爱好和平是中国传统文化中最深层的文化基因,习近平在国际舞台倡导构建人类命运共同体。2014 年 3 月 27 日,习近平在中法建交 50 周年纪念大会上指出:"拿破仑说过,中国是一头沉睡的狮子,当这头睡狮醒来时,世界都会为之发抖。中国这头狮子已经醒了,但这是一只和平的、可亲的、文明的狮子。"②

四是构建中国的话语体系,要传播好当代中国的价值观念。习近平新时代中国特色社会主义思想是当代中国价值观念的集中体现,文化"走出去"要把习近平新时代中国特色社会主义思想作为重点,把中国道路、中国理论、中国制度、中国文化、中国精神、中国力量寓于到中国故事中,使人想听爱听、听有所思、听有所得。习近平强调:"当代中国价值观念,就是中国特色社会主义价值观念,代表了中国先进文化的前进方向。我国成功走出了一条中国特色社会主义道路,实践证明我们的道路、理论体系、制度是成功的。要加强提炼和阐释,拓展对外

---

①《习近平关于社会主义文化建设论述摘编》,中央文献出版社,2017 年,第202 页。

②《习近平在中法建交 50 周年纪念大会上的讲话》,中国共产党新闻网,http://theory.people.com.cn/n/2014/0328/c49150-24761132.html。

传播平台和载体,把当代中国价值观念贯穿于国际交流和传播方方面面"①,增强中华文明传播力、影响力。

(二)改进文化传播的表达方式

中华文化"走出去",如何提高文化传播的效率,把中国的话语体系表达出来,是一个值得研究的课题。要创新对外话语的表达方式,研究国外不同受众的习惯和特点,把我们想讲的和国外受众想听的结合起来。2013年8月19日习近平在全国宣传思想工作会议上的讲话指出:"要着力推进国际传播能力建设,创新对外宣传方式,加强话语体系建设,着力打造融通中外的新概念新范畴新表述,讲好中国故事,传播好中国声音,增强在国际上的话语权。"②

改进文化的传播方式是文化在"走出去"过程中维护国家文化安全的重要手段。在对外传播中,除了要在多样的传播内容中始终坚持中国的话语体系外,还要做到以下三个方面:

一是在多元化的文化传播主体中打造国际传播的媒体集群。目前,中国有关部门已在境外建立了约几十家文化中心,一些新闻机构在境外设立的记者站、传媒中心、相关部门建立的文化中心、孔子学院和孔子课堂、华人华侨文艺团体、留学中介机构、留学生社团,以及"走出去"的国营企业,都负有传播中华文化的责任和使命。但是,如何在文化"走出去"中牢牢把握传播的主动权,保持文化传播的正确方向,最主要的是要建立国际传播媒体集群。2016年2月19日习近平在党的新闻舆论

---

①《习近平谈治国理政(第一卷)》,外文出版社,2018年,第161页。

②《习近平关于社会主义文化建设论述摘编》,中央文献出版社,2017年,第197—198页。

工作座谈会上的讲话时指出："近些年来，我们加强国际传播能力建设，支持中央主要媒体'走出去'，参与国际传媒市场竞争，取得重要成果。这方面的工作要继续抓下去，优化战略布局，集中优势资源，着力打造具有较强国际影响的外宣旗舰媒体"①，全面提升国际传播效能，形成同我国综合国力和国际地位相匹配的国际话语权。

二是在多样化的文化传播方式中实施本土化战略。由于体制机制甚至是法律法规方面存在隔阂，开展对外文化传播活动，往往会不可避免地遇到不同程度的障碍和壁垒。因此，对外文化传播活动要因国施策，因地制宜。充分了解并切实尊重国外文化市场环境，包括文化贸易运行规则、人们的审美情趣与习惯。以当地人民普遍接受的方式方法，循序渐进地传递中国信息、传播中华文化。2016年2月19日习近平在党的新闻舆论工作座谈会上的讲话时指出："中央主要媒体要强化驻外机构对外传播职能，加快实施本土化战略，成为国际传播生力军。""要创新对外话语表达方式，研究国外不同受众的习惯和特点，采用融通中外的概念、范畴、表述，把我们想讲的和国外受众想听的结合起来，把'陈情'和'说理'结合起来，把'自己讲'和'别人讲'结合起来，使故事更多为国际社会和海外受众所认同。"②

三是在现代化的文化传播形势下发挥新兴媒体作用。在当今世界，谁掌握了最先进的传播技术和手段，谁就占据了先发制人、先声夺人的优势地位和先睹为快、先入为主的主动权。

---

① 《习近平关于社会主义文化建设论述摘编》，中央文献出版社，2017年，第214页。

② 《习近平关于社会主义文化建设论述摘编》，中央文献出版社，2017年，第213、214页。

对外文化传播要充分利用现代化传播工具和技术手段,特别是以网络平台为载体进行信息和文化传播的新媒体。习近平指出:"网络信息是跨国界流动的,信息流引领技术流、资金流、人才流,信息资源日益成为重要生产要素和社会财富,信息掌握的多寡成为国家软实力和竞争力的重要标志。信息技术和产业发展程度决定着信息化发展水平,要加强核心技术自主创新和基础设施建设,提升信息采集、处理、传播、利用、安全能力,更好惠及民生。"①相对于传统的传播方式,包括数字报纸、数字广播、数字杂志、数字电影、数字电视、车载电视、手机短信、幕墙广告、触摸媒体等,具有超乎寻常的传播速度和功效。

(三)规范文化"走出去"的传播内容方向

中华文化"走出去"是一项宏伟的战略工程,需要国家层面进行规划。要确保文化"走出去"的国家文化安全,就要明确文化"走出去"的内容方向。2016年8月27日,习近平在推进"一带一路"建设工作座谈会上讲话时指出:"要注重软实力建设,把我国标准、规则、理念推出去,逐步形成一套带有中国印记的多边治理规则,扩大以我为主的全球伙伴关系网,提升我国在地区乃至全球治理中的影响力和话语权。"②2019年1月25日,习近平在主持中共十九届中央政治局第十二次集体学习时讲话中指出:"要使全媒体传播在法治轨道上运行,对传统媒体和新兴媒体实行一个标准、一体管理。"③2021年5月31日,习近平在十九届中央政治局第三十次集体学习时的讲话中指出:"要

---

① 《习近平谈治国理政(第一卷)》,外文出版社,2018年,第198页。

② 《习近平关于社会主义文化建设论述摘编》,中央文献出版社,2017年,第215页。

③ 《习近平谈治国理政(第三卷)》,外文出版社,2020年,第319页。

加快构建中国话语和中国叙事体系，用中国理论阐释中国实践，用中国实践升华中国理论，打造融通中外的新概念、新范畴、新表述，更加充分、更加鲜明地展现中国故事及其背后的思想力量和精神力量。要加强对中国共产党的宣传阐释，帮助国外民众认识到中国共产党真正为中国人民谋幸福而奋斗，了解中国共产党为什么能、马克思主义为什么行、中国特色社会主义为什么好。要围绕中国精神、中国价值、中国力量，从政治、经济、文化、社会、生态文明等多个视角进行深入研究，为开展国际传播工作提供学理支撑。要更好推动中华文化走出去，以文载道、以文传声、以文化人，向世界阐释推介更多具有中国特色、体现中国精神、蕴藏中国智慧的优秀文化。要注重把握好基调，既开放自信也谦逊谦和，努力塑造可信、可爱、可敬的中国形象。"①

　　保证文化"走出去"时的国家文化安全，最重要的是要规范文化传播的内容方向。文化传播的内容不能鱼龙混杂，要体现主旋律，体现中国立场、中国智慧、中国价值和中国形象。

　　第一，要把握正确的政治方向，这是中华文化"走出去"的重要前提。2016年2月19日，习近平在党的新闻舆论工作座谈会上讲话时指出："在新的时代条件下，党的新闻舆论工作的职责和使命是，高举旗帜、引领导向，围绕中心、服务大局，团结人民、鼓舞士气，成风化人、凝心聚力，澄清谬误、明辨是非，联接中外、沟通世界。要承担起这个职责和使命，坚持正确的政治方向是第一位的。"要牢牢坚持党性原则、坚持马克思主义新闻

　　①《加强和改进国际传播工作展示真实立体全面的中国》，中国共产党新闻网，http://cpc.people.com.cn/n1/2021/0602/c64093-32120102.html。

观、坚持正解的舆论导向和正面宣传为主的思想。

第二,展示中国国家形象是文化"走出去"的重要内容。习近平多次强调要讲好中国故事,传播好中国声音,向世界展现真实、立体、全面的中国。2013年12月30日,习近平在主持十八届中央政治局第十二次集体学习时的讲话中指出:"要注重塑造我国的国家形象,重点展示中国历史底蕴深厚、各民族多元一体、文化多样和谐的文明大国形象,政治清明、经济发展、文化繁荣、社会稳定、人民团结、山河秀美的东方大国形象,坚持和平发展、促进共同发展、维护国际公平正义、为人类作出贡献的负责任大国形象,对外更加开放、更加具有亲和力、充满希望、充满活力的社会主义大国形象。"

第三,"中华优秀传统文化是最深厚的文化软实力",是文化"走出去"的战略立足点。中华优秀传统文化是中华民族的突出优势,是我们最深厚的软实力。习近平十分重视中国优秀传统文化的传承与传播。他多次强调,中华文化"走出去"战略实施过程中,要以中华优秀传统文化为立足点,对其不断传承创新。2016年5月17日,习近平在哲学社会科学工作座谈会上的讲话时指出:"要推动中华文明创造性转化、创新性发展,激活其生命力,让中华文明同各国人民创造的多彩文明一道,为人类提供正确精神指引。要围绕我国和世界发展面临的重大问题,着力提出能够体现中国立场、中国智慧、中国价值的理念、主张、方案。我们不仅要让世界知道'舌尖上的中国',还要让世界知道'学术的中国''理论的中国''哲学社会科学的中国',让世界知道'发展中的中国''开放中的中国''为人类文明作出贡献的中国'。"深化文明交流互鉴,推动中华文化更好走向世界。

三、筑牢防火墙,迎接世界文化"走进来"

中华文化之所以历久弥新,正在于其具有海纳百川的气度和博采众长的基因。从先秦诸子的百家争鸣,到盛唐时期中国对各国文化的兼收并蓄,多种不同文化的相互激荡、交流与融合,造就了中华传统文化的蓬勃生命力。文化开放是时代发展的必然趋势,世界文化"走进来"是文化开放的显著特征。实施文化开放,不会压倒本土的、原创的文化,反而会激发其内在的文化生命力和文化创造力,有利于提升文化事业和文化产业的核心竞争力,有利于满足人民群众日益增长的精神文化需要。文化在开放中接纳不同的思想和观念,形成文化的多样性,成为文化创新的基础,有利于提高文化发展的综合实力,为国家文化安全提供可靠的保障。文化只有在开放中才能发展自己,国家文化安全只有在文化发展中才能更好地得以维护。习近平高度重视文化开放,2014年3月28日,在德国科尔伯基金会的演讲时指出:"中国愿意以开放包容心态加强同外界对话和沟通,虚心倾听世界的声音。我们期待时间能够消除各种偏见和误解,也期待外界能够更多以客观、历史、多维的眼光观察中国,真正认识一个全面、真实、立体的中国。"①

(一)吸收借鉴世界文化有益的成果

中华传统文化的发展历史也是吸收外来文化的历史。中华文明是在中国大地上产生的文明,也是在与其他文明不断交流互鉴的过程中逐渐丰富、成熟、壮大的文明。习近平同志多次强调,对待中华文化要"不忘本来、吸收外来、面向未来"。吸

---

① 《习近平关于社会主义文化建设论述摘编》,中央文献出版社,2017年,第204页。

收外来,就是要主动地学习、借鉴、吸收外来有益文化的精髓,就是要善于融通国外各种有益的思想文化资源,大胆吸收借鉴人类创造的一切优秀文明成果,为铸就中华文化新辉煌源源不断地提供养料和活力。习近平一直以来重视借鉴和吸收外来文化的优秀成果。2014年3月27日,习近平在联合国教科文组织总部演讲时指出:"两千多年来,佛教、伊斯兰教、基督教等先后传入中国,中国的音乐、绘画、文学等也不断吸收外来文明的优长。中国传统画法同西方油画融合创新,形成了独具魅力的中国写意油画,徐悲鸿等大师的作品受到广泛赞赏。"2014年10月15日,习近平在全国文艺工作座谈会上讲话时指出:"我们社会主义文艺要繁荣发展起来,必须认真学习借鉴世界各国人民创造的优秀文艺。只有坚持洋为中用、开拓创新,做到中西合璧、融会贯通,我国文艺才能更好发展繁荣起来。其实,现代以来,我国文艺和世界文艺的交流互鉴就一直在进行着。白话文、芭蕾舞、管弦乐、油画、电影、话剧、现代小说、现代诗歌等都是借鉴国外又进行民族创造的成果。"2019年5月15日,习近平在亚洲文明对话大会开幕式上作主旨演讲时指出:"中华文明是在同其他文明不断交流互鉴中形成的开放体系。从历史上的佛教东传、'伊儒会通',到近代以来的'西学东渐'、新文化运动、马克思主义和社会主义思想传入中国,再到改革开放以来全方位对外开放,中华文明始终在兼收并蓄中历久弥新。"对待外来文化,要立足国情进行中国化,去粗取精、去伪存真,使外来文化中优秀的、有生命力的要素在中国大地上生根发芽、开花结果,成为中华文化有机组成部分。

实施文化开放战略,吸收世界文化的优秀成果,就要坚决摒弃心胸狭隘的排外主义和妄自尊大的自我中心主义,以兼收并蓄、海纳百川的大国气度,了解并理解文化的多样性。习近平非常重视营造世界文化"走进来"的国际环境。2019年5月15日,习近平在亚洲文明对话大会开幕式上作主旨演讲时指出:"我们应以海纳百川的宽广胸怀打破文化交往的壁垒,以兼收并蓄的态度汲取其他文明的养分","这些年来,中国同各国一道,在教育、文化、体育、卫生等领域搭建了众多合作平台,开辟了广泛合作渠道。中国愿同各国加强青少年、民间团体、地方、媒体等各界交流,打造智库交流合作网络,创新合作模式,推动各种形式的合作走深走实,为推动文明交流互鉴创造条件"。

(二)提高抵御西方文化侵蚀的能力

近代以来,西方强势文化潜移默化影响着人们的思维方式、价值观念、行为习惯。在我国的对外文化交流中,西方国家借机推销其价值观和所谓的"民主",企图在我国制造"颜色革命",妄图颠覆中国共产党的领导和我国社会主义制度,这是我国政权安全、文化安全面临的现实危险。2016年10月27日习近平在党的十八届六中全会第二次全体会议讲话时指出:"国际上,西方敌对势力一直把我国发展壮大视为对西方价值观和制度模式的威胁,一刻也没有停止对我国进行意识形态渗透,千方百计利用一些热点问题进行炒作,煽动基层群众对党委和政府的不满,挑起党群干群对立情绪,企图把人心搞乱。"

我们在学习借鉴世界文化的同时,一定要擦亮眼睛,时刻提高警惕,抵御西方文化的侵蚀影响,确保国家文化安全。要始终坚持自身文化的主体地位,保持对自身文化的自信、耐力、定力,自信而有原则地吸收他人之长,不盲目选择,更不搞全盘西化。2014年9月24日,习近平在纪念孔子诞辰2565周年国际学术研讨会暨国际儒学联合会第五届会员大会开幕会上的讲话指出："进行文明相互学习借鉴,要坚持从本国本民族实际出发,坚持取长补短、择善而从,讲求兼收并蓄,但兼收并蓄不是囫囵吞枣、莫衷一是,而是要去粗取精、去伪存真。"[①] 2014年10月15日,习近平在文艺工作座谈会上讲话时强调："热衷于'去思想化''去价值化''去历史化''去中国化''去主流化'那一套,绝对是没有前途的。"面对西方文化的侵蚀,最为重要的是牢牢把握意识形态的主动权。他强调："各级党委要把做好意识形态工作摆在重要位置,加强组织领导,及时掌握意识形态形势和动态,对各种政治性、原则性、导向性问题要敢于放管,对各种错误思想必须敢于亮剑,帮助人们明辨是非,牢牢掌握意识形态工作主动权。特别是要防止各种敌对势力借机干扰和破坏,避免一些具体问题演变成政治问题,局部问题演变成全局性事件,避免出现大的意识形态事件和舆论漩涡。"

[①] 习近平:《在纪念孔子诞辰2565周年国际学术研讨会暨国际儒学联合会第五届会员大会开幕会上的讲话》,《人民日报》2014年9月25日。

第四章

新时代国家文化安全观的显著特征

新时代国家文化安全观传承了马克思、列宁等马克思主义经典作家及新中国党和国家历代领导人关于国家文化安全思想的精髓，以及中华优秀传统文化精髓，立足时代发展潮流，顺应世界大势，在总体国家安全观的宏观指导下，把握新时代中国国家文化安全发展趋势，作出新判断、新概括和新升华，形成系统性的科学理论体系。用马克思主义辩证唯物主义世界观、方法论解析社会，是新时代国家文化安全观的一根主线。习近平总书记强调，要始终用联系的、发展的眼光看社会，分清实质和现状、主流和支流，既要看清局部问题又要看清全局问题。新时代国家文化安全观的突出特点，主要体现在四个"高度统一"的协调关系之中，即战略性与时代性的高度统一、党性与人民性的高度统一、传承性与创新性的高度统一、民族性与开放性的高度统一。通过分析研究这些鲜明的理论特征，有助于人们对新时代国家文化安全观丰富内涵的深刻理解与正确掌握。

第一节　战略性与时代性的高度统一

新时代国家文化安全观，放眼世界、着眼长远，立足我国发展重要战略机遇期的大背景来谋划，同时，又着眼现实、关注当前，与我国新时代发展形势紧密契合，体现了战略性与时代性的高度统一。

一、新时代国家文化安全观的战略性

战略，是指在特定历史阶段可以指导全局的方略，而战略性则是要具有远大的视野，掌控全局，并善于掌握事情发展的总态势和大方向。古人云："不谋全局者，不足以谋一域。"所以局部一定要为全局服务，不能为了局部而影响全局，更不能让局部与全局发生对立。

当前，国家文化安全是国家总体安全的重要保证，是维护民族和国家独立与尊严的精神支柱，是国家总体安全观的重要组成部分。习近平强调，既要注重传统安全又要注重非传统安全，形成一个集政治安全、文化安全等于一体的大国安全体系。新时代国家文化安全观体现了当代中国国家文化安全战略定位，也反映出了以习近平同志为核心的党中央的政治清醒和战略稳健。当前国家文化安全已正式融入中国总体国家安全体系，并列在政治、经济、军事和国土安全等国家安全领域，软实力和硬实力相辅相成、相得益彰，共同构成保障国家总体安全的重要力量。

"总体国家安全观"把国家文化安全提升到了全新的战略高度，国家文化安全在一切国家安全要素中具有无法取代的重要战略地位和重大作用影响。新时代国家文化安全观立足于中国国家发展重要战略机遇期，保持了发展战略信心、发展战略耐性、发展战略定力，将战略主动权牢牢把握在自己手里，从战略上明确了我国文化安全坚定、清晰的发展方向和发展道路。新时代国家文化安全观的战略性主要体现在其国家文化安全观的具体内容中，特别是体现在意识形态安全、社会主义核心价值观的培植和网络文化安全等重要论述中，都是站在维护国家主权和国家政权的高度来认识，把它们作为关系到党和国家生死存亡的大事来治理。

一是将意识形态安全上升到了国家战略的高度。意识形态是党的一项极端重要的战略工程，意识形态安全是新时代国家文化安全观的核心内容。习近平强调，要加强马克思主义在意识形态领域的主导地位，奠定了全党全国人民凝聚战斗的共同思想基础。要牢固掌握政治思想工作的领导权、管理权和话语权。2013年8月19日，习近平在全国宣传思想工作大会上的重要讲话中指出："历史和现实都反复证明，能否做好意识形态工作，事关党的前途命运，事关国家长治久安，事关民族凝聚力和向心力。"①

二是把培育和弘扬社会主义核心价值观上升到了国家战略的高度。核心价值观在一个社会的文化中起着核心作用，是决定文化方向和性质的最深层因素，是一个国家的重要稳定器。弘扬社会主义核心价值观是新时代国家文化安全观的重要组成部分。人类社会发展的历史表明，一个民族、一个国家最持久、最深层的力量是全社会公认的核心价值观。如果没有共同的核心价值观，一个国家或民族就会无所适从。2013年12月30日在十八届中央政治局第12次集体学习时，习近平指出："文化的影响力首先是价值观念的影响力。世界上各种文化之争，本质上是价值观念之争，也是人心之争、意识形态之争，正所谓'一时之强弱在力，千古之胜负在理'。首先要打好价值观念之争这场硬战。"②2014年2月24日在十八届中央政治局第13次集体学习时，习近平指出："历史和现实都表明，核心价值观是一个国家的重要稳定器，能否构建具有强大感召力的核心价值观，关系社会和谐稳定，关系国家长治久安。"③

三是把网络文化安全上升到了国家战略的高度。互联网已成为当今宣传思想工作的主阵地，网络文化安全是国家安全的战略前线。网络文化安全是新时代国家文化安全观的重要

---

① 《习近平关于总体国家安全观论述摘编》，中央文献出版社，2018年，第99页。
② 《习近平关于总体国家安全观论述摘编》，中央文献出版社，2018年，第107页。
③ 《习近平关于总体国家安全观论述摘编》，中央文献出版社，2018年，第109页。

内容。习近平特别强调了网络意识形态的安全风险，指出掌握网络意识形态的主导权就是维护国家的主权和政权，必须坚决打赢网络意识形态的战争。2013 年 8 月 19 日在全国宣传思想工作会议上的讲话中习近平指出："互联网已经成为舆论斗争的主战场。""在互联网这个战场上，我们能否顶得住、打得赢，直接关系我国意识形态安全和政权安全。"①

维护国家文化安全绝不是仅仅推动文化繁荣发展的策略问题，而是必须上升到维护国家安全的战略层面。习近平在制定总体国家安全战略时高度重视文化安全对国家安全的重要作用，从战略高度谋划国家文化安全问题。②

二、新时代国家文化安全观的时代性

"明者因时而变，知者随事而制。"理论是时代的产物，它是与时俱进的，必须反映和解决时代提出的问题。习近平在世界经济论坛 2017 年年会开幕式上的主旨演讲中指出："'这是最好的时代，也是最坏的时代'，英国文学家狄更斯曾这样描述工业革命发生后的世界。今天，我们也生活在一个矛盾的世界之中。一方面，物质财富不断积累，科技进步日新月异，人类文明发展到历史最高水平。另一方面，地区冲突频繁发生，恐怖主义、难民潮等全球性挑战此起彼伏，贫困、失业、收入差距拉大，世界面临的不确定性上升。"③关注和回答时代和实践提出的新的重大问题，是保持马克思主义生机活力的秘诀。新时代国家

---

① 《习近平关于总体国家安全观论述摘编》，中央文献出版社，2018 年，第103 页。

② 夏云：《论总体国家安全观视野中的文化安全》，《扬州大学学报（人文社会科学版）》2014 年第 5 期。

③ 《习近平谈治国理政（第二卷）》，外文出版社，2017 年，第 476 页。

文化安全观是一种立足于时代、回答时代问题的科学理论。它最大的特点之一是其鲜明的时代特色。

习近平在主持中共十八届中央政治局第43次集体学习时指出："只有引领时代才能走向世界。要立足时代特点,推进马克思主义时代化,更好地运用马克思主义观察时代、解读时代、引领时代,真正搞懂面临的时代课题,深刻把握世界历史的脉络和走向。"[①]新时代国家文化安全观既是对马克思、列宁和新中国历代党和国家领导人国家文化安全思想的继承,又是新时代党推进国家文化安全理论的创新,反映了新时代的新特点。如在意识形态安全方面,当前,意识形态工作的内外部环境比较复杂。外国敌对势力加大渗透和西化力度,国内一些组织和个人不断变换手段,制造思想混乱来争夺民心。一些单位和党政干部缺乏政治敏感度和责任感,在重大思想问题上含糊其辞、遮遮掩掩,助长错误思想的传播。习近平在充分分析意识形态面临的严峻形势后,提出新时代要强化意识形态安全,牢牢把握意识形态领导权和主动权,这些国家文化安全的思想理念,都具有鲜明的时代性特征。在弘扬社会主义核心价值观方面,习近平指出,我国社会正处在思想大活跃、观念大碰撞、文化大交融的时代,出现了不少问题。这方面的问题如果得不到有效解决,改革开放和社会主义现代化建设就难以顺利推进。[②]习近平在充分分析当前国人价值观中所存在的问题与现状后,提出要弘扬主旋律,加强积极引导,用中国特色社会主义理论引导舆论,

---

[①]《习近平谈治国理政(第二卷)》,外文出版社,2017年,第66页。

[②]《习近平关于总体国家安全观论述摘编》,中央文献出版社,2018年,第113—114页。

用社会主义核心价值观凝聚人心，这些国家文化安全的思想都具有鲜明的时代属性。

新时代国情、世情的发展态势，对国家文化安全工作提出了新的使命和新的要求。实现中华民族伟大复兴的中国梦，必须维护好国家文化安全。新时代国家文化安全观的形成，可谓顺势而成、应运而生，是从时代大潮、全球风云中分析演变机理，探究历史规律而提出的根本遵循，是适应新时代发展要求的特定时代产物，具有鲜明的时代特性。

三、新时代国家文化安全观是战略性与时代性的协调统一

党中央正确处理全局与局部、宏观与微观、长远与当前的辩证关系，习近平更是以战略家的高度分析了国家文化安全的重要性和国家文化安全的战略地位，同时也以强烈的问题意识关注国家文化安全的时代现状，将国家文化安全的战略性与时代性高度统一起来。

习近平指出："当前我国国家安全内涵和外延比历史上任何时候都要丰富，时空领域比历史上任何时候都要宽广，内外因素比历史上任何时候都要复杂，必须坚持以经济安全为基础，以军事、文化、社会安全为保障，以促进国际安全为依托，走出一条中国特色国家安全道路。"①习近平关于总体国家安全观，特别是国家文化安全的论述，使党对国家文化安全的认识达到了一个战略高度和全局性境界。一个国家的精神文化和优秀传统文化构成了其各项事业发展的精神支撑和文化底蕴。随着时代的发展，国家文化安全已经成为影响总体国家安全的重

---

① 习近平：《坚持总体国家安全观走中国特色国家安全道路》，《人民日报》2014年4月16日。

要因素,在国家安全总体布局之中,国家文化安全具有了不可替代的重要地位。

在当今大发展大变革大调整的时代,人类社会发展面临诸多挑战。面对当今中国现实和时代条件,面临维护国家文化安全的新的任务与使命,习近平指出:"要有强烈的问题意识,以重大问题为导向,抓住关键问题进一步研究思考,着力推动解决我国发展面临的一系列突出矛盾和问题。"①他强调:"理论创新的过程就是发现问题、筛选问题、研究问题、解决问题的过程。"②新时代国家文化安全观体现出鲜明的时代特有的问题导向。此外,针对互联网的快速发展,习近平强调要把网上舆论管制作为新闻舆论工作的重中之重来抓;针对当前我们在国际传播中存在的"逆差""反差""落差",强调要加强国际传播能力建设,增强国际话语权;针对各类新媒体的涌现和有效管理的缺位,强调要把党管媒体的原则贯彻到新媒体领域,等等。

新时代国家文化安全观,把战略的坚定性和时代的灵活性紧密结合起来,是基于党的百年奋斗重大成就和历史经验凝练的深邃智慧,是面向新时代新征程赢得更加伟大胜利和荣光的实践指南。

第二节　党性与人民性的高度统一

新时代国家文化安全观把党性作为生命线,强调了党要始终掌握对国家文化安全工作的领导权。在强调党性的同时,习近平强调维护国家文化安全,本质上是为了人民,要始终坚持

---

① 《习近平谈治国理政(第一卷)》,外文出版社,2018年,第74页。

② 习近平:《在哲学社会科学工作座谈会上的讲话》,人民出版社,2016年,第20页。

马克思主义的人民立场，要时刻"以人民为中心"做好国家文化安全工作。

一、新时代国家文化安全观的党性

文化工作从来就是党的工作。新时代国家文化安全观的一条鲜明主线就是党对文化工作的绝对领导。习近平关于坚持党性原则的一系列重要论述，是新时代国家文化安全观的灵魂。坚持党中央对国家文化安全工作的集中统一领导，以党的意志为意志，以党的方向为方向，以党的旗帜为旗帜。只有坚持党的领导，发挥党总揽全局、协调各方的核心领导作用，才能有效强化国家文化安全工作的顶层设计，团结带领人民形成万众一心维护国家文化安全的磅礴伟力，为全面建设社会主义现代化国家提供坚强文化安全保障。

习近平指出："办好中国的事情，关键在党。中华民族近代以来一百八十多年的历史、中国共产党成立以来一百年的历史、中华人民共和国成立以来七十多年的历史都充分证明，没有中国共产党，就没有新中国，就没有中华民族伟大复兴。历史和人民选择了中国共产党。中国共产党领导是中国特色社会主义最本质的特征，是中国特色社会主义制度的最大优势，是党和国家的根本所在、命脉所在，是全国各族人民的利益所系、命运所系。"①坚持党性就是坚持正确的政治方向，坚定政治立场，科学把握党制定的路线方针政策，坚决与党中央保持高度一致，维护党中央的权威，深刻把握并宣传党关于当前重大问题的分析研判；就是要自觉承担起举旗帜、聚民心、育新人、兴文化、展形象的使命任务，建设具有强大凝聚力和引领力的

①《习近平谈治国理政（第四卷）》，外文出版社，2022年，第8页。

社会主义意识形态。①

从意识形态安全、中华优秀传统文化维护、文化自信、网络文化安全,再到与世界优秀文化交流互鉴等国家文化安全的各个方面,习近平强调要把党的领导贯穿并统领始终,牢牢把握文化工作的主动权。牢固树立政治意识、大局意识、核心意识、看齐意识,在政治立场、政治方向、政治原则、政治道路上同党中央保持高度一致。比如,在网络文化安全这个关键问题上,习近平强调:"各级党委和党员干部要把维护网络意识形态安全作为守土尽责的重要使命,充分发挥制度体制优势,坚持管用防并举,方方面面齐动手,坚决打赢网络意识形态斗争,切实维护以政权安全、制度安全为核心的国家政治安全"②;特别是在新闻舆论工作上,习近平强调,党的新闻媒体的各项工作必须体现党的意志,反映党的主张,维护党中央权威,维护党的团结,爱党、护党、为党。在2013年全国宣传思想工作会议上,习近平指出:"做好宣传思想工作,必须讲党性。"③只有坚持党性,才能为国家文化安全提供坚强有力的政治保证。

二、新时代国家文化安全观的人民性

人民性是以民为本、以人为本,把人民利益看得高于一切,一切以人民利益为重。人民安全是国家文化安全的基石。坚持以人民为中心,是习近平新时代中国特色社会主义思想的重要内容,以人民安全为宗旨,把维护人民安全贯穿于包括文化安全在内的国家安全工作各个方面和整体过程之中,使人民安

---

①《习近平谈治国理政(第三卷)》,外文出版社,2020年,第312页。

②《习近平关于网络强国论述摘编》,中央文献出版社,2021年,第54页。

③《习近平关于社会主义文化建设论述摘编》,中央文献出版社,2017年,第24页。

全得到更加全面、充分的保障。在维护国家文化安全中捍卫人民安全，为人民的生存发展创造良好条件，让国家文化安全根基坚如磐石，平安中国建设水平不断提升。习近平指出："人民对美好生活的向往，就是我们的奋斗目标。""密切联系群众，是党的性质和宗旨的体现，是中国共产党区别于其他政党的显著标志，也是党发展壮大的重要原因；能否保持党同人民群众的血肉联系，决定着党的事业成败。"①

2021年7月1日，在庆祝中国共产党成立100周年大会上习近平指出："江山就是人民、人民就是江山，打江山、守江山，守的是人民的心。中国共产党根基在人民、血脉在人民、力量在人民。中国共产党始终代表最广大人民根本利益，与人民休戚与共、生死相依，没有任何自己特殊的利益。"②他强调，坚持人民性，就是要坚持以民为本、以人为本。全心全意为人民服务宗旨不能忘，既服务群众也引导群众，贴近群众生活实际，满足群众精神需求。坚持把社会效益放在首位，引导文艺工作者树立正确的历史观、民族观、国家观、文化观，推动文化产业高质量发展，健全现代文化产业体系和市场体系，推动各类文化市场主体发展壮大，以高质量文化供给增强人们的文化获得感、幸福感。③

中国共产党作为马克思主义政党，始终同人民在一起，为人民利益而奋斗。做好国家文化安全工作，要解决好"为了谁、依靠谁、我是谁"这个根本问题。贯穿总体国家安全观，要坚持

---

①《习近平谈治国理政（第一卷）》，外文出版社，2018年，第366—367页。

②《习近平谈治国理政（第四卷）》，外文出版社，2022年，第9页。

③《习近平谈治国理政（第三卷）》，外文出版社，2020年，第313—314页。

国家文化安全一切为了人民、一切依靠人民,切实维护广大人民群众安全权益。①

　　为民情怀,是新时代国家文化安全观的深层底色,维护国家文化安全本质上就是为了人民。坚持马克思主义的人民立场,以人民为中心做好国家文化安全工作。习近平特别注重新闻舆论工作的人民性。他强调,新闻舆论工作者要以人民为中心,心系人民、讴歌人民,俯下身、沉下心,察实情、说实话、动真情,努力推出有思想、有温度、有品质的作品。只有扎根群众生活,扎根基层实践沃土,锤炼过硬的脚力、眼力、脑力、笔力,新闻舆论工作者才能源源不断地获得丰富的养分,写出有价值的优秀作品。习近平要求社会主义文艺要坚持以人民为中心的创作导向。把人民放在心中最高位置,把人民满意不满意作为检验艺术的最高标准,创作更多满足人民文化需求和增强人民精神力量的优秀作品,让文艺百花园永远为人民绽放。

　　除了新闻舆论、文艺创作等工作要体现人民性外,习近平国家文化安全观一个共同特点就是以人民性为出发点和落脚点,要充分发挥人民群众的积极性、主动性和创造性,巩固人民群众维护国家文化安全的防线,加强安全宣传教育,增强人民群众的国家文化安全意识,凝聚维护国家文化安全的强大动力。只有坚持人民性,才能巩固国家文化安全的强大群众基础。

三、新时代国家文化安全观是党性与人民性的协调统一

　　党的十八大以后,习近平向全党重申了党性和人民性的统

---

　　① 国家安全部党委:《为建设社会主义现代化国家提供坚强安全保障》,光明网,http://share.gmw.cn/theory/2021-04/15/content_34766078.htm。

一关系,他指出:"党性和人民性从来都是一致的、统一的。"[1]坚持党性实质上就是坚持人民性,坚持人民性就是坚持党性,任何将两者人为割裂开的观点都是极其错误和有害的,与辩证唯物主义的基本立场和方法相违背的。只有统领全局,站在全党和全国人民的高度,才能准确把握党性和人民性的辩证统一。因此,我们必须坚持党性和人民性相统一,既要坚定政治立场,又要坚持以人民为中心的工作方向。

新时代国家文化安全观体现了党性与人民性的高度统一。例如,在意识形态安全方面体现党性与人民性的统一。党的领导是意识形态安全的根本保证,习近平多次明确提出要牢牢把握意识形态工作的主动权。他要求各级党委高度重视意识形态工作,加强组织领导,及时把握意识形态的动态,对各种政治性、导向性、原则性问题敢抓敢管,对各种错误思想敢于亮剑。习近平的意识形态安全思想最终目的还是为了人民。弘扬主旋律,传播正能量,激发全社会团结奋斗的强大力量,夯实全民团结的思想基础,从而巩固中国特色社会主义制度,维护人民当家作主、繁荣富强的幸福生活。在新闻舆论安全方面,也体现了党性与人民性的高度统一。习近平多次强调党管媒体的原则,要坚持政治家办报、办台、办刊、办新闻网站,引导人民树立正确的国家观、文化观、历史观,增强做中国人的骨气和底气。2016年2月19日,习近平在党的新闻舆论工作座谈会上的讲话时强调:"舆论导向正确是党和人民之福,舆论导向错误是党和人民之祸。"[2]这次会议上习近平还强调,要以正确的舆论引导人,所有工作都要有利于

---

① 《习近平谈治国理政(第一卷)》,外文出版社,2018年,第154页。
② 《习近平关于总体国家安全观论述摘编》,中央文献出版社,2018年,第118页。

坚持党的领导和社会主义制度,有利于促进改革和发展,促进各族人民的团结,维护社会和谐稳定。①

只有坚持党性,才能为国家文化安全提供坚强的政治保证;只有坚持人民性,才能巩固国家文化安全的群众基础。新时代国家文化安全观是对马克思主义中国化国家文化安全思想的继承、深化与升华,为新时代国家文化安全工作提供了坚强政治保证与坚实群众基础的强大理论支撑。

第三节　继承性与创新性的高度统一

新时代国家文化安全观是马克思主义国家文化安全思想与当代国际格局和中国社会实践相结合的产物。它将马克思主义国家文化安全思想运用到我国当代国家治理的实践之中,拓展马克思主义国家文化安全思想的深度和广度,是马克思主义国家文化安全思想中国化的最新发展成果。新时代国家文化安全观充分体现了继承性与创新性的高度统一。

一、新时代国家文化安全观的继承性

继承是指对原有事物合理部分的延续,在否定中予以肯定,在克服中予以保留,也是一种"选择"。新时代国家文化安全观是基于当前我国国内外文化安全复杂形势,在科学地继承了中华传统文化精华和新中国历代党和国家领导人国家文化安全思想成果的基础上,结合世情与国情的变化不断创新而来的。

新时代国家文化安全观,是与时俱进对中华传统文化精华继承基础上创新发展的理论成果。习近平于2013年11月24日

_____

①《习近平关于总体国家安全观论述摘编》,中央文献出版社,2018年,第121页。

在山东曲阜调研时指出："一个国家和民族的强盛，总是以文化兴盛为支撑的，中华民族伟大复兴需要以中华文化发展繁荣为条件。对历史文化特别是先人继承下来的道德规范，要坚持古为今用、推陈出新，有鉴别地加以对待，有扬弃地予以继承。国无德不兴，人无德不立。只要中华民族一代接着一代追求美好崇高的道德境界，我们的民族就永远充满希望。"2016年5月17日，习近平在哲学社会科学工作座谈会上讲话中指出："中华民族有着深厚文化传统，形成了富有特色的思想体系，体现了中国人几千年来积累的知识智慧和理性思辨。这是我国的独特优势。"[①] 2019年12月19日，习近平视察澳门特别行政区濠江中学附属英才学校时强调："作为一个中国人，一定要了解我们民族的历史。'腹有诗书气自华'。十四亿中国人民凝聚力这么强，就是因为我们拥有博大精深的中华文化、中华精神，这是我们文化自信的源泉。了解我们五千年延续不绝的历史，就能自然形成强烈的民族自尊心和民族自豪感。"2021年3月22日，习近平在福建武夷山市朱熹园考察时指出："没有中华五千年文明，哪有我们今天的成功道路。"

习近平深谙中华传统文化，并且将传统文化的精髓应用到其治国理政的方方面面，以他自身高度的文化自觉及其对中华文化的高度自信，提出"中国梦""人类命运共同体""中国式现代化"等治国理念，蕴含着对中国传统文化的深刻理解，是习近平结合当前国际国内形势，对中华传统文化进行分析并赋予其时代特征而产生的理论成果，体现出其对中华传统文化的继承性。

---

①《习近平谈治国理政（第二卷）》，外文出版社，2017年，第340页。

新时代国家文化安全观更是对新中国历代党和国家领导人国家文化安全思想继承基础上创新发展的理论成果。2017年10月18日，习近平在党的十九大报告中指出："新时代中国特色社会主义思想，是对马克思列宁主义、毛泽东思想、邓小平理论、'三个代表'重要思想、科学发展观的继承和发展，是马克思主义中国化最新成果，是党和人民实践经验和集体智慧的结晶，是中国特色社会主义理论体系的重要组成部分，是全党全国人民为实现中华民族伟大复兴而奋斗的行动指南，必须长期坚持并不断发展。"①

新时代国家文化安全观就是在继承马克思、列宁等马克思主义经典作家国家文化安全思想的基础上、继承新中国历代党和国家领导人国家文化安全思想的基础上，根据新时代中国国情、世情的治国理政具体实践而形成的。例如，马克思国家文化安全思想中关于"树立以历史唯物主义为指导思想、以国家利益为最高利益、建立具有高度集体认同感的民族文化规范体系、强化意识形态在国家文化安全中的重要地位"等观点，对于新时代国家文化安全观的形成具有多角度、多方面的启示；毛泽东国家文化安全思想中关于坚持马克思主义的指导、维护国家主流意识形态安全，加快文化产业发展、维护国家文化传播载体安全，加强民族传统文化资源保护、维护国家文化个性，发挥学校教育优势、夯实国家文化安全维护的基础等方面，对新时代国家文化安全观的形成具有重要的启示、传承和指导作用；邓小平关于国家文化安全的形势及其维护国家文化安全的基本思路和具体举措等观点，对新时代国家文化安全观的形成

---

①《习近平谈治国理政（第三卷）》，外文出版社，2020年，第16页。

提供了坚实的战略指导和现实启示；江泽民国家文化安全思想中关于大力培育和弘扬民族精神、推进文化创新、运筹国际文化战略建立国际文化新秩序等内容，以及胡锦涛国家文化安全思想中关于构建社会主义核心价值体系，提高国家文化软实力，加强网络新领域文化安全建设等内容，都成为新时代国家文化安全观形成的直接理论来源。因此说，新时代国家文化安全观具有鲜明的继承性。

二、新时代国家文化安全观的创新性

创新就是旧事物向新事物的转变，是扬弃。文明永续发展，不仅需要薪火相传、代代守护，更需要顺时应势、推陈出新。①唯创新者进，唯创新者强，唯创新者胜。国家文化安全理论绝不能是教条的、固化的，而是与时俱进的、不断创新发展的，只有不断创新发展，才能更好地应对复杂多变的国际国内环境下的国家文化安全形势。我国国家文化安全理论的鲜活生命力在于，能够在人类社会发展历史进程中不断地自我革命、自我修正、自我完善，以科学理论抵御西方文化的渗透与侵蚀，确保我国的国家文化安全。

当今世界正处于百年未有之大变局之中，国家文化安全面临的形势发生了深刻变化，文化信息内容、文化传播载体更新越来越快，各种新技术新应用层出不穷。面对日新月异的国际国内安全格局，国家文化安全工作是最需要创新的领域。党的国家文化安全工作必须始终保持开拓创新的锐气、敢为人先的勇气和蓬勃向上的朝气，敢于打破不适应发展的条条框框，不

---

① 《学术交流推动互学互鉴》，中国社会科学网，http://www.cssn.cn/hqxx/202104/t20210430_5330638.shtml。

断创新理念、内容、形式、方法、体制、机制,加快推动国家文化安全治理体系和治理能力的现代化,牢牢掌握党的国家文化安全工作的主动权。

新时代国家文化安全观就是在新的历史条件下对中国共产党国家文化安全思想的创新发展。2016年4月26日,习近平在安徽合肥主持召开知识分子、劳动模范、青年代表座谈会时强调,面对日益激烈的国际竞争,必须把创新摆在我国发展全局的核心位置,不断推进理论创新、科技创新、文化创新、制度创新。2017年10月18日,习近平在中国共产党第十九次全国代表大会上的报告指出:"实践没有止境,理论创新也没有止境。世界每时每刻都在发生变化,中国也每时每刻都在发生变化,我们必须在理论上跟上时代,不断认识规律,不断推进理论创新、实践创新、制度创新、文化创新以及其他各方面创新。"①2022年10月16日,习近平在党的二十大报告中指出:"创新才能把握时代、引领时代",要"敢于说前人没有说过的新话,敢于干前人没有干过的事情,以新的理论指导新的实践"。②

党的十八大以来,习近平对国家文化安全工作创新进行了全面系统的论述。这些重要论述,从意识形态安全的重要性中审视国家文化安全工作,从中华优秀传统文化的科学继承中分析国家文化安全工作,从中华民族的文化自信中思考国家文化安全工作,从数字网络信息传播的新挑战中把控国家文化安全工作,彰显了强烈的创新意识和进取精神。习近平坚持以务实

①《习近平谈治国理政(第三卷)》,外文出版社,2020年,第21页。
②习近平:《高举中国特色社会主义伟大旗帜为全面建设社会主义现代化国家而团结奋斗——在中国共产党第二十次全国代表大会上的报告(2022年10月16日)》,人民出版社,2022年,第20页。

为导向，进一步解放思想，坚持自我革新的精神，勇于摒弃不利于文化安全建设的守旧观念，在理论观念创新的同时，不断促进实践创新。在对待当今网络负面信息危害国家安全方面，习近平提出建设网络强国四项基本原则和五个主张，提出构建网络空间命运共同体，共同维护网络文化安全的主张。在对待我国传统文化方面，习近平提出"创造性转化和创新性发展"，从而与时俱进，使中华文明对人类文明的发展进步贡献出更多的精神财富。在对待外来文化方面，习近平强调要在马克思主义立场上，有批判性地学习和借鉴，进而促进我国文化的繁荣兴盛与长远发展。

三、新时代国家文化安全观是继承性与创新性的协调统一

继承与创新两者之间是内在相互联系的，它们相互依存、相互作用、相互渗透、相互影响，又会在一定条件下相互转化。坚持继承性与创新性的协调统一，摒弃落后的、腐朽的思想，坚持先进的文化思想、与时俱进的思想，寻找文化继承和创新的平衡点和结合点。新时代国家文化安全观很好地体现了继承性与创新性的高度统一。

2016年5月17日，习近平在哲学社会科学工作座谈会上指出："要坚持古为今用、洋为中用，融通各种资源，不断推进知识创新、理论创新、方法创新。我们要坚持不忘本来、吸收外来、面向未来，既向内看、深入研究关系国计民生的重大课题，又向外看、积极探索关系人类前途命运的重大问题；既向前看、准确判断中国特色社会主义发展趋势，又向后看、善于继承和弘扬中华优秀传统文化精华。"①新时代国家文化安全观是继承了中

———————

① 《习近平谈治国理政（第二卷）》，外文出版社，2017年，第339页。

华民族优秀传统文化、红色革命文化、马克思主义中国化理论，并在此基础上不断创新发展的理论成果。

在保护中华民族优秀传统文化方面，习近平继承了毛泽东提出的"百花齐放、百家争鸣""古为今用、洋为中用"的文化方针，提出"推动中华优秀传统文化创造性转化、创新性发展""推进人类文明交流互鉴"等的观点，为保护和发展中华优秀传统文化的新时代国家文化安全观提供了理论遵循。

在培育和弘扬社会主义核心价值观方面，习近平继承了胡锦涛在党的十八大报告中提出的社会主义核心价值体系建设思想并进一步发扬光大。2013年12月，中共中央办公厅印发了《关于培育和践行社会主义核心价值观的意见》。2014年2月24日下午，习近平在主持十八届中共中央政治局第十三次集体学习时强调，把培育和弘扬社会主义核心价值观作为凝魂聚气、强基固本的基础工程，继承和发扬中华优秀传统文化和传统美德，广泛开展社会主义核心价值观宣传教育，积极引导人们尊道德、讲道德、守道德，追求高尚的道德理想，不断夯实中国特色社会主义的思想道德基础。

在提高文化软实力方面，习近平继承胡锦涛同志2004年在党的十六届四中全会上首次提出的"解放和发展文化生产力"论断和提升文化软实力思想的基础上，进一步把文化软实力建设强调到一个新高度。党的十八大以来，习近平多次在不同的场合，就国家文化软实力建设阐发了一系列重要论述。例如，他指出："提高国家文化软实力，关系'两个一百年'奋斗目标和中华民族伟大复兴中国梦的实现"，"核心价值观是文化软实力的灵魂、文化软实力建设的重点。""提高国家文化软实力，要努力提高国际话语权，加强国际传播能力建设。"

继承是新时代国家文化安全观形成的前提和基础，创新是新时代国家文化安全观发展的关键和动力，继承性与创新性相辅相成、高度融合，共同构成新时代国家文化安全观的鲜明特征。

第四节　民族性与开放性的高度统一

伴随中华文化"走出去"步伐加快，中华文化对外开放水平进一步提高。如何在当前经济全球化复杂变化趋势下处理好国家文化安全的民族性与开放性的关系，在文化交流互鉴中维护国家文化安全，是新时代国家文化安全观着力探索解决的重大战略课题。顺应时代的发展需求，新时代国家文化安全观强调文化自信，强调国家文化要保持自身的独立性，保持中华民族文化的民族特色，突出马克思主义在国家文化工作中的指导地位，牢牢掌握意识形态主动权，建设中国特色社会主义文化强国；同时，又强调文化的开放性，鼓励中华优秀传统文化与世界先进文化交流互鉴，求同存异，为世界文化的繁荣发展做出中华民族的贡献。

一、新时代国家文化安全观的民族性

文化的民族性是一个民族与别的民族在文化方面的根本区别。民族文化反映着该民族成员的思维方式、价值取向、理想人格、伦理观念、国民品格等深层结构的东西，反映着特定的人际关系和价值体系。文化的主体是民族，中国共产党人在不断发展中逐渐意识到，中华文化和中华文明孕育了中华民族自强不息的精神品质，以及和而不同的宽广胸怀，这使得中华民族不断发展壮大。当今时代，国家文化安全成为一个国家和民族生存安全的重要战略要素。维护国家文化安全是增强民族国家强大凝聚力的必要条件,而维护国家文化的民族性则是国家文化安全的核心内容。捍卫和维护民族文化传统,进而实现社会发展、进步的目的,是为了获得更基础、更坚实的国家安全保障。新时代国家文化安全观鲜明的民族性特点集中体现在大力保护和弘扬中华民族文化、坚定文化自信和确保意识形态安全等方面。

新时代国家文化安全观的民族性尤其体现在其高度重视保护和发展中华民族文化上。中华民族文化是中华民族团结统一的根基和灵魂,其中蕴含的民族精神、民族传统、民族观念、民族特色乃至整个中华民族的凝聚力、生命力、创造力,都是由中华文化来维系的。习近平高度重视中华优秀传统文化的影响力,认为只有不断挖掘中华优秀传统文化中的文化价值并不断发展创新,才能增强国人的民族骨气和自信底气。2016年5月17日,习近平在哲学社会科学工作座谈会上讲话中指出:"中华文明延续着我们国家和民族的精神血脉,既需要薪火相传、代代守护,也需要与时俱进、推陈出新。要加强对中华优秀传统文化的挖掘和阐发,使中华民族最基本的文化基因与当代文化相适应、与现代社会相协调,把跨越时空、跨越国界、富有永恒魅力、具有当代价值的文化精神弘扬起来。要推动中华文明创造性转化、创新性发展,激活其生命力,让中华文明同各国人民创造的多彩文明一道,为人类提供正确精神指引。"①2016年11月30日,习近平在中国文学艺术界联合会第十次全国代表大会、中国作家协会第九次全国代表大会开幕式讲话中指出:"文化是一个国家、一个民族的灵魂。历史和现实都表

_____

① 《习近平谈治国理政(第二卷)》,外文出版社,2017年,第340页。

明，一个抛弃了或者背叛了自己历史文化的民族，不仅不可能发展起来，而且很可能上演一幕幕历史悲剧。""中华民族精神，既体现在中国人民的奋斗历程和奋斗业绩中，体现在中国人民的精神生活和精神世界中，也反映在几千年来中华民族产生的一切优秀作品中，反映在我国一切文学家、艺术家的杰出创造活动中。"①

新时代国家文化安全观的民族性还重点体现在文化自信上。习近平强调文化自信是更基础、更广泛、更深厚的自信，是更基本、更深层、更持久的力量。坚定文化自信，是事关国家兴衰、文化安全和民族独立的重大问题。2016年7月1日在庆祝中国共产党成立95周年大会上讲话时习近平指出："文化自信，是更基础、更广泛、更深厚的自信。在五千多年文明发展中孕育的中华优秀传统文化，在党和人民伟大斗争中孕育的革命文化和社会主义先进文化，积淀着中华民族最深层的精神追求，代表着中华民族独特的精神标识。我们要弘扬社会主义核心价值观，弘扬以爱国主义为核心的民族精神和以改革创新为核心的时代精神，不断增强全党全国各族人民的精神力量。"②2017年10月18日，习近平在中国共产党第十九次全国代表大会上的报告指出："没有高度的文化自信，没有文化的繁荣兴盛，就没有中华民族伟大复兴。要坚持中国特色社会主义文化发展道路，激发全民族文化创新创造活力，建设社会主义文化强国。"③2022年10月16日，在党的二十大报告中，习近平更是

---

① 《习近平谈治国理政（第二卷）》，外文出版社，2017年，第349、350页。
② 《习近平谈治国理政（第二卷）》，外文出版社，2017年，第36—37页。
③ 《习近平谈治国理政（第三卷）》，外文出版社，2020年，第32页。

强调,要推进文化自信自强,铸就社会主义文化新辉煌。

意识形态领导权是文化民族性的重要标志。2017年10月18日,习近平在党的十九大报告中指出:"牢牢掌握意识形态工作领导权。意识形态决定文化前进方向和发展道路。必须推进马克思主义中国化时代化大众化,建设具有强大凝聚力和引领力的社会主义意识形态,使全体人民在理想信念、价值理念、道德观念上紧紧团结在一起。要加强理论武装,推动新时代中国特色社会主义思想深入人心。深化马克思主义理论研究和建设,加快构建中国特色哲学社会科学,加强中国特色新型智库建设。坚持正确舆论导向,高度重视传播手段建设和创新,提高新闻舆论传播力、引导力、影响力、公信力。加强互联网内容建设,建立网络综合治理体系,营造清朗的网络空间。落实意识形态工作责任制,加强阵地建设和管理,注意区分政治原则问题、思想认识问题、学术观点问题,旗帜鲜明反对和抵制各种错误观点。"[1]

新时代国家文化安全观所涉及的诸多内容,都是在新时代国家文化安全面临更加复杂的态势下,以习近平为核心的党中央积极主动谋划顶层设计与战略运筹,统摄国内与国际两个大局,从如何更好地守护和捍卫本民族国家文化安全的角度出发,助推国家文化安全工作。因此,新时代国家文化安全观具有毋庸置疑的民族性。

二、新时代国家文化安全观的开放性

当今的世界是一个开放的世界,不同国家、民族的文化在人类普遍交往中碰撞、交融、互鉴。当前数字化信息时代的到

---

[1]《习近平谈治国理政(第三卷)》,外文出版社,2020年,第32—33页。

来,使得世界各国文化不可避免地在世界范围内对话、交流、交融、竞争。新中国成立以来,特别是改革开放以来的经验启示我们,开放带来进步,封闭必然落后。只有在开放中才能发展自己,唯有开放环境下的斗争和磨砺才能使自己强大起来。大国的文化发展,不仅是民族的,也是自觉追求世界的。

开放性是新时代国家文化安全观的重要特征。中国正处于由大国向强国跃升的关键阶段,正日益走近世界舞台中央,中国的发展理念、发展道路、发展模式受到国际社会前所未有的关注。文化只有在开放之中才能发展自己,国家文化安全只有在改革开放和文化发展之中才能得以实现。习近平敏锐把握中国与世界关系的历史变化,审时度势、高瞻远瞩,面向世界、面向未来,强调文化"走出去",加强对外交流。2013年12月30日,习近平在十八届中央政治局第十二次集体学习时的讲话中指出:"经过多年奋斗,我国综合国力大幅增强,中华文化发扬光大和走出去的广度和深度不断扩大,国际文化版图正朝着于我有利的方向演变。我们要因势而谋、应势而动、顺势而为,找准工作着力点,一项一项寻求突破,积小胜为大胜,加快这一历史进程。"① 2016年5月17日,习近平在哲学社会科学工作座谈会讲话中指出:"要围绕我国和世界发展面临的重大问题,着力提出能够体现中国立场、中国智慧、中国价值的理念、主张、方案。我们不仅要让世界知道'舌尖上的中国',还要让世界知道'学术中的中国''理论中的中国''哲学社会科学中的中国',让世界知道'发展中的中国''开放中的中国''为人类文明作贡

---

①《习近平关于社会主义文化建设论述摘编》,中央文献出版社,2017年,第203页。

献的中国'。"①

　　主动出击,往往是最好的防守。新时代国家文化安全观开放性的重要表现是推进国际传播能力。随着时代的发展,话语权决定主动权,传播力决定影响力。讲好中国故事,展现真实、全面、立体的中国,提升国家文化软实力和中华文化影响力;要精心做好对外宣传工作,创新对外宣传方式,着力打造融通中外的新概念新范畴新表述;加强对外话语体系建设,全面提升国际传播效能,用中国理论阐释中国实践,用中国实践升华中国理论,更加鲜明地展现中国思想,更加响亮地提出中国主张。习近平的这些重要论述,指明了加强国际传播能力建设的目标任务、价值追求、责任使命、实践途径和突破方向,具有很强的思想性、指导性和针对性。②新时代国家文化安全观主张,一定要"讲好中国特色社会主义的故事、改革开放的故事,特别是要讲好新时代的故事"③,展示好中国作为文明大国、东方大国、负责任大国、社会主义大国的良好形象,不断提升中国话语的国际影响力,让全世界都能听到并听清中国声音,这是对中国国家文化安全的最好维护。

三、新时代国家文化安全观是民族性与开放性的协调统一

　　民族性与开放性是新时代国家文化安全观的重要特征。通过民族性与开放性的协调统一,兼收并蓄、融会贯通,自觉提升文化引进与输出能力,创造出一种既可以与西方文化深度对话,又可以获得本土文化丰厚滋养的文化发展的良好趋势。

---

　　①《习近平谈治国理政(第二卷)》,外文出版社,2017年,第340页。

　　②新华通讯社课题组:《习近平新闻舆论思想要论》,新华出版社,2017年,第7页。

　　③习近平:《论中国共产党历史》,中央文献出版社,2021年,第31页。

2016年5月17日，习近平在哲学社会科学工作座谈会上的讲话中指出："强调民族性并不是排斥其他国家的学术研究成果，而是要在比较、对照、批判、吸收、升华的基础上，使民族性更加符合当代中国和当今世界的发展要求，越是民族的越是世界的。解决好民族性的问题，就有更强能力去解决世界性问题；把中国实践总结好，就有更强能力为解决世界性问题提供思路和办法。这是由特殊性到普遍性的发展规律。"①

在维护国家文化安全工作中，新时代国家文化安全观主张坚持做到民族性与开放性的协调发展。习近平指出："推进文化开放和维护文化安全是辩证统一的，在实现中华民族伟大复兴的历史进程中，必须把学习借鉴人类优秀文明成果和加强国家意识形态建设结合起来，以高度的文化自觉筑牢文化安全的底线，不断夯实国家发展的文化根基。"②新时代国家文化安全观主张，我们要坚定文化自信，礼敬珍视中华优秀传统文化，但是不要孤芳自赏，而是要在文化开放发展中强基固本，不断激发自身文化发展的内在活力，使其根深叶茂，生机盎然。"各美其美，美人之美，美美与共，天下大同"，促进与世界各国文化的交往交流交融，在开放之路中推进互联互通、共同发展的中国"一带一路"建设的落地践行，在文化开放中充分汲取人类不同文化的有益养分，从而不断提升中华文化自身的抵抗力和免疫力。维护国家文化安全，只有强基固本，才能抵御外来文化"病毒"侵袭；只有把文化的深层次优质基因激活，才能使我们的文化具有不断发展壮大的内生动力。

①《习近平谈治国理政（第二卷）》，外文出版社，2017年，第340页。
②邢云文：《在文化开放中维护国家文化安全》，《光明日报》2019年4月12日。

在文化对外开放中尤其要保持强烈的文化自信,维护好民族文化的安全。2014年3月29日,习近平在同德国汉学家、孔子学院教师代表和学习汉语的学生代表座谈时的讲话中指出:"在中外文化沟通交流中,我们要保持对自身文化的自信、耐力、定力。"[①]2016年5月17日,习近平在哲学社会科学工作座谈会上的讲话中指出:"对国外的理论、概念、话语、方法,要有分析、有鉴别,适用的就拿来用,不适用的就不要生搬硬套。哲学社会科学要有批判精神,这是马克思主义最可贵的精神品质。""解决中国的问题,提出解决人类问题的中国方案,要坚持中国人的世界观、方法论。如果不加分析把国外学术思想和学术方法奉为圭臬,一切以此为准绳,那就没有独创性可言了。如果用国外的方法得出与国外同样的结论,那也就没有独创性可言了。要推出具有独创性的研究成果,就要从我国实际出发,坚持实践的观点、历史的观点、辩证的观点、发展的观点,在实践中认识真理、检验真理、发展真理。"[②]

新时代国家文化安全观具有民族性与开放性高度统一的鲜明特征,在百年未有之大变局的新形势下,走中国特色国家文化安全道路,蹄疾步稳有效推进我国文化强国建设与中华文化的繁荣发展。

---

①《习近平关于社会主义文化建设论述摘编》,中央文献出版社,2017年,第205页。

②《习近平谈治国理政(第二卷)》,外文出版社,2017年,第341页。

第五章

新时代国家文化安全观的
理论价值与实践意义

　　一个民族要走在时代前列,就一刻不能没有理论思维,一刻不能没有正确思想的指引。①马克思说过,理论在一个国家实现的程度,总是决定于理论满足这个国家的需要的程度。党的十八大以来,以习近平同志为核心的党中央举旗定向、运筹帷幄,革故鼎新、励精图治,取得了改革开放和社会主义现代化建设的历史性成就,推动党和国家事业发生历史性变革,中国特色社会主义进入了新时代。新时代对党和国家文化安全工作提出了新的使命和新的要求,尤其在总体国家安全观这一重大战略思想的指引下,新时代国家文化安全观,即习近平结合新的时代特征和实践需要提出的一系列新判断、新概括、新举措,使我们党对国家文化安全工作的理论认识和实践探索达到了新的高度,是我们党的国家文化安全思想理论创新和实践创新的重大成果,是马克思主义国家文化安全理论中国化时代化的最新成果,对于新时代我国社会主义文化建设和民族伟大复兴具有重要的理论价值与实践指导意义。

第一节　新时代国家文化安全观的理论价值

　　新时代国家文化安全观对国家文化安全的深刻探索,涉及国家文化安全理论研究的方方面面,是马克思主义国家文化安全思想与当代国际格局和中国社会实践相结合的产物。新时代国家文化安全观是以习近平同志为核心的党中央根据新时代特征和新的实践需要提出的一系列新的论断、新的

---

①《习近平在省部级主要领导干部学习贯彻党的十九届六中全会精神专题研讨班开班式上发表重要讲话》,新华网客户端,https://baijiahao.baidu.com/s?id=1721653270074466119&wfr=spider&for=pc。

总结、新的倡议，标志着我们党对国家文化安全工作的理论认识达到了全新的高度，是我党的国家文化安全思想理论创新的重大成果，具有强大的真理力量，对当前中国新时代社会主义文化建设和中华民族伟大复兴事业具有巨大的理论指导意义。

一、丰富发展了马克思主义国家文化安全思想

新时代国家文化安全观将马克思主义国家文化安全思想运用到我国当代国家治理的实践之中，开掘了马克思主义国家文化安全思想的深度和广度，全面丰富和系统发展了马克思主义国家文化安全思想，是马克思主义国家文化安全思想中国化时代化的最新发展成果。

国家意识形态安全是马克思主义国家文化安全思想的核心。新时代国家文化安全观对马克思主义国家文化安全思想的丰富和发展，着重体现在其对意识形态安全的极端重视上。随着经济、文化的飞速发展，信息技术带动了各国各种思潮的纷繁涌入，使我国主流意识形态受到极大冲击与挑战。习近平敏锐把握国际风云和时代脉搏，提出国家意识形态工作的极端重要性，强调加强马克思主义意识形态在国家治理中的指导地位。习近平关于加强国家意识形态集中领导，在内源性危机层面，为抵御西方国家文化渗透和防止西方敌对势力和平演变，坚定我国社会主义信念和社会主义文化价值，提供了坚强有力的意识形态安全理论保障。在当前形势下，党要更好地团结带领中国人民为实现"第二个百年奋斗目标"和中华民族伟大复兴的"中国梦"而努力，就必须把国家文化安全工作的领导权、管理权、话语权牢牢掌握在手中，旗帜鲜明地唱响主旋律、弘扬正能量、振奋精气神，进一步巩固马克思主义在意识形态领域的指导地位、巩固全党全国人民团结奋斗的共同思想基础，为实现党和人民奋斗目标营造良好的环境。

新时代国家文化安全观对马克思主义国家文化安全思想的丰富和发展，还着重体现在其对社会主义核心价值观建设的高度重视上。站在国家持续发展、长治久安的高度，习近平倡导具有中国特色社会主义核心价值观，从国家、社会、个人三个层面，提出具有整体性的价值准则、价值取向、价值目标，有利于我国公民个人思想水平和综合素质的提高，有利于良好的社会共识和道德氛围的形成。习近平高度重视培育和践行社会主义核心价值观，多次作出重要论述、提出明确要求。他领导起草的党的十八大报告提出，倡导富强、民主、文明、和谐，倡导自由、平等、公正、法治，倡导爱国、敬业、诚信、友善，积极培育和践行社会主义核心价值观，把涉及国家、社会、公民的价值要求融为一体，不仅体现了社会主义本质要求，更体现了鲜明的时代精神。[1]习近平强调，核心价值观是文化软实力的灵魂、文化软实力建设的重点。这是决定社会主义国家文化性质和方向的最深层次要素。要把培育和弘扬社会主义核心价值观作为凝魂聚气、强基固本的基础工程，继承和发扬中华优秀传统文化和传统美德，广泛开展社会主义核心价值观宣传教育，积极引导人们尊道德、讲道德、守道德，追求高尚的道德理想，用社会主义核心价值观铸魂育人，完善思想政治工作体系，不断夯实中国特色社会主义的思想道德基础。培育和弘扬社会主义核心价值观，有效整合社会意识，是社会系统得以正常运转、

---

①《习近平关于核心价值观的论述》，人民网，http://cpc.people.com.cn/n/2014/1124/c64094-26078669.html?from=singlemessage&isappinstalled=0&ivk_sa=1024320u。

社会秩序得以有效维护的重要途径，也是国家治理体系和治理能力的重要方面。

习近平提出的建设具有强大凝聚力的社会主义意识形态和弘扬社会主义核心价值观，是针对我国主体意识形态的强基固本，体现了我们党对于意识形态建设工作和对于意识形态本质的认知又上升到了新的高度，①是我们党对强化主流意识形态治理的理论指南，是对马克思主义中国化时代化国家文化安全思想的创新、丰富与发展。新时代国家文化安全观是对马克思主义国家文化安全思想的继承、丰富和发展，是对新形势下国家文化安全工作新鲜经验的系统总结和集中呈现，实现了马克思主义中国化新的飞跃，书写了马克思主义国家文化安全思想的新篇章。

二、明确树立了国家文化安全在总体国家安全中的重要地位

习近平提出总体国家安全观，将国家文化安全提升到维护国家总体安全的战略高度。2014年4月15日，在中央国家安全委员会第一次会议上习近平提出，当前我国国家安全内涵和外延比历史上任何时候都要丰富，时空领域比历史上任何时候都要宽广，内外因素比历史上任何时候都要复杂，必须坚持总体国家安全观，以人民安全为宗旨，以政治安全为根本，以经济安全为基础，以军事、文化、社会安全为保障，以促进国际安全为依托，走出一条中国特色国家安全道路。②

党的十八大以来，以习近平同志为核心的党中央根据中国

---

① 杨定明：《习近平国家文化安全思想研究》，《佛山科学技术学院学报（社会科学版）》2018年第3期。
② 《习近平关于总体国家安全观论述摘编》，中央文献出版社，2018年，第4页。

国家安全总体发展需要,创造性地提出涉及11个方面的具有丰富内涵和深刻意义的"总体国家安全观"这一重大战略思想,把我们党对国家安全的认识提升到了新的境界,是对国家安全规律的科学把握,是国家安全理论与实践的重大创新成果,是指导新时代国家安全工作的强大思想武器。习近平强调,必须坚持总体国家安全观,实现国家的经济、政治、军事、文化、科技、社会等方面协调发展,对内要重视稳定发展,对外要加强合作共赢,走中国特色国家安全道路。中国总体国家安全观是对西方传统安全观的反思,是确立国家安全战略运行的新机制,是在全球化视野下关注国家各领域安全、建构国家安全的新体系。总体国家安全观擘画了维护国家安全的整体布局,实现了对传统国家安全理念的重大突破,深化和拓展了我们党关于国家安全问题的理论视野和实践领域,标志着我们党对国家安全问题的认识达到了崭新的高度。

2022年4月,由中共中央宣传部组织编写的《国家文化安全知识百问》,对文化安全的重要性作了说明:"文化是一个国家、一个民族的灵魂。统筹推进'五位一体'总体布局,协调推进'四个全面'战略布局,文化是重要内容;推动高质量发展,文化是重要支点;满足人民日益增长的美好生活需要,文化是重要因素;战胜前进道路上的各种风险挑战,文化是重要力量源泉。维护塑造国家文化安全,对于坚持和发展中国特色社会主义,全面建设社会主义现代化强国具有重要意义。"①

国家文化安全与否直接关系到民心所向、关系一个国家抵

---

① 总体国家安全观普及丛书:《国家文化安全知识百问》,人民出版社,2022年,第4页。

御外界侵蚀的能力，是国家安全体制的重要组成部分。①总体国家安全观的旨归，在于维护好和建设好中国特色社会主义道路、中国特色社会主义理论体系和中国特色社会主义制度，而其精神根源恰恰就是源远流长的中华文化。一个社会或者一个国家，只有拥有整个民族都能够认同和接受的文化，才能够拥有高度统一的内在凝聚力。强大的内在凝聚力无论是对于国内文化安全的维护，还是对外的整体国家安全的捍卫，都会起到举足轻重的作用。

习近平在2016年2月19日党的新闻舆论工作座谈会上指出："做好党的新闻舆论工作，事关旗帜和道路，事关贯彻落实党的理论和路线方针政策，事关顺利推进党和国家各项事业，事关全党全国各族人民凝聚力和向心力，事关党和国家前途命运。"②"五个事关"的重要论述，事事关乎全局，关乎根本，关乎党、国家、民族的前途命运。习近平以新闻舆论工作为重点，着力强调了国家文化安全工作是治国理政、安邦定国的大事，从巩固党的执政基础、推动事业发展的高度，指出了国家文化安全工作在党和国家安全工作全局中的极端重要性，凸显了以习近平同志为核心的党中央对新时代治国理政规律及国家文化安全工作重要意义的新认知。总体国家安全观的提出，有利于促进中国特色社会主义事业的健康发展，不仅为我国在激烈的世界竞争中立稳脚跟提供了充分智力支持，更为维护我国文

---

① 杨定明：《习近平国家文化安全思想研究》，《佛山科学技术学院学报（社会科学版）》2018年第3期。

② 陈娜：《深刻认识"五个事关"的政治内涵正确处理新闻舆论工作中的五个关系》，中国共产党新闻网，http://theory.people.com.cn/n1/2021/0221/c148980-32033054.html。

化主权提供了强大的国家安全理论支撑。

新时代国家文化安全观将维护国家文化安全作为维护我国国家总体安全的重要保障,将国家文化安全提升到维护国家总体安全的战略高度。

三、拓展深化了国家文化安全研究新领域新内涵

随着经济全球化的快速发展和对外开放的进一步扩大,造成社会主义文化和资本主义文化、本土文化和外来文化相互激荡,相互吸纳又相互排斥,相互融合又相互斗争,相互渗透又相互抵御。在对外开放的新形势下,需要对涉及国家文化安全的一些敏感而重大的理论问题作出时代性回答。新时代国家文化安全观顺应时代发展需求,以现实问题为导向,深刻地回答了关乎国家文化安全的根本性、方向性理论问题,拓展、深化了新时代国家文化安全研究的新领域与新内涵。

习近平提出牢牢掌握舆论斗争主动权,为国家文化安全营造舆论强势支持。"我们正在进行具有许多新的历史特点的伟大斗争,面临的挑战和困难前所未有"[1],各种威胁和挑战联动效应明显,特别是新形势下的舆论斗争已成为我国文化安全问题的重中之重。互联网已经成为当前舆论斗争的主战场,网上斗争已经成为当前一种新兴舆论斗争形态。美西方反华势力一直妄图利用互联网"扳倒中国",在全球互联网上系统化暗中监视、"污化""黑化"中国,敲响了我国信息网络安全保障的警钟。在互联网上我们能否顶得住、打得赢,是我国面临的新的综合性挑战,直接关系我国文化安全和社会稳定。习近平指出,党的十八大以来,我们大力推动国际传播守正创新,理顺内

---

[1]《习近平谈治国理政(第一卷)》,外文出版社,2018年,第155页。

宣外宣体制，打造具有国际影响力的媒体集群，有效开展国际舆论引导和舆论斗争，初步构建起多主体、立体式的大外宣格局，我国国际话语权和影响力显著提升，同时也面临着新的形势和任务。必须加强顶层设计和宏观布局，构建具有鲜明中国特色的战略传播体系，着力提高国际传播影响力、中华文化感召力、中国形象亲和力、中国话语说服力、国际舆论引导力。要加强对中国共产党的宣传阐释，帮助国外民众认识到中国共产党真正为中国人民谋幸福而奋斗，了解中国共产党为什么能、马克思主义为什么行、中国特色社会主义为什么好。要广泛宣介中国主张、中国智慧、中国方案。我国日益走近世界舞台中央，有能力也有责任在全球事务中发挥更大作用，同各国一道为解决全人类问题作出更大贡献。①

习近平提出提升博大精深的本民族优秀传统文化的重要地位，为保障国家文化安全提供了思想理论支柱。当前，中国面临着经济结构深刻变革、社会结构深刻变动、利益格局深刻调整、思想观念深刻变化的新形势与新挑战，面临着中国与世界关系深刻变化、国际格局深度调整、国际舆论斗争激烈复杂的新形势与新挑战。习近平结合新时代诉求提出实现中华民族伟大复兴中国梦的宏伟目标。为了实现这个目标，在继续推进全面深化改革工作，搞好经济、社会、政治、生态、军事建设的同时，还要重点搞好文化建设，建设社会主义文化强国。习近平指出，中华优秀传统文化是我们最深厚的文化软实力，也是中

---

① 《加强和改进国际传播工作展示真实立体全面的中国》，中国共产党新闻网，http://cpc.people.com.cn/n1/2021/0602/c64093-32120102.html。

国特色社会主义植根的文化沃土。①中华优秀传统文化已经成为中华民族生生不息、长盛不衰的文化基因，根植在中国人内心，潜移默化影响着中国人的思想方式和行为方式。培育和弘扬社会主义核心价值观必须立足中华优秀传统文化。牢固的核心价值观，都有其固有的根本。抛弃传统、丢掉根本，就等于割断了自己的精神命脉。博大精深的中华优秀传统文化是我们在世界文化激荡中站稳脚跟的根基。中华文化源远流长，积淀着中华民族最深层的精神追求，代表着中华民族独特的精神标识，为中华民族生生不息、发展壮大提供丰厚滋养。不忘本来才能开辟未来，善于继承才能更好创新。②习近平强调，中华优秀传统文化是中华民族的精神命脉，要努力从中华民族世世代代形成和积累的优秀传统文化中汲取营养和智慧，延续文化基因，萃取思想精华，展现精神魅力，要以时代激活中华优秀传统文化的生命力，使其与现实文化相融相通，推进中华优秀传统文化创造性转化和创新性发展，把传承和弘扬中华优秀传统文化同培育和践行社会主义核心价值观统一起来，引导人民树立和坚持正确的历史观、民族观、国家观、文化观，不断增强中华民族的归属感、认同感、尊严感、荣誉感，③共同服务以文化人的时代任务。

习近平提出构建人类命运共同体理念，为世界各国维护本

---

① 习近平：《牢记历史经验历史教训历史警示为国家治理能力现代化提供有益借鉴》，人民网，http://cpc.people.com.cn/n/2014/1014/c64094-25827156.html。

② 《习近平在中共中央政治局第十三次集体学习时强调把培育和弘扬社会主义核心价值观作为凝魂聚气强基固本的基础工程》，中华人民共和国中央人民政府网，http://www.gov.cn/ldhd/2014-02/25/content_2621669.htm。

③ 习近平：《大力弘扬伟大爱国主义精神为实现中国梦提供精神支柱》，中国共产党新闻网，http://cpc.people.com.cn/n1/2015/1231/c64094-27997763.html。

国国家文化安全贡献了中国智慧和中国方案。维护国家文化安全不能忽视与异质文化的交流，更不能与人类文化发展的潮流和趋势背道而驰。交流与创新，将会为本民族文化的发展提供连绵不绝的能量与动力。习近平依据中国和世界发展大势，提出"人类命运共同体"理念，表达了中国开放的国家文化安全思维，契合了中国希望与世界各国优秀文化交流互鉴的良好愿望。习近平指出："构建人类命运共同体，建设持久和平、普遍安全、共同繁荣、开放包容、清洁美丽的世界。"①要坚持对话协商、共建共享、合作共赢、交流互鉴、绿色低碳的发展模式。习近平人类命运共同体理念，不以意识形态划线，不以利益的实用主义为基础，不同于西方的联盟关系，而是超越了世界各国的文化和地理界线，站在全球的角度看待国家文化安全，用国际公共产品解决全球安全治理问题，是建立在人类共同发展基础上的思想理念。"树立共同体意识是新时代国际关系中的最高追求，也是实现人类命运共同体最重要的一环。只有实现共同安全，才能推动国家间形成共同利益、共同意识，并由此实现共同安全的稳定性和延展性。"② 2017年5月14日，习近平在"一带一路"国际合作高峰论坛开幕式演讲时指出，我们要将"一带一路"建成文明之路，以文明交流超越文明隔阂，文明互鉴超越文明冲突，文明共存超越文明优越，推动各国相互理解、相互尊重、相互信任。③习近平关于人类命运共同体理念的提出，展现了从以往传统的国家文化安全战略理念转向合作共享

①《习近平谈治国理政（第三卷）》，外文出版社，2020年，第46页。
②张颖：《守望相助：习近平安全理念的理论创新与实践路径》，《国际安全研究》2021年第3期。
③《习近平谈治国理政（第二卷）》，外文出版社，2017年，第513页。

发展、站在全球治理的角度构建中国特色社会主义国家文化安全发展之路的理念。走对话而不对抗、结伴而不结盟的国与国交往新路，是中国构建新型国际关系的重要内容。在坚守本民族文化主体性和根本性原则基础之上，有利于本民族文化与世界文明在普遍性和共性方面的对接、对话、借鉴及融合，有利于世界文化多样性的生存和发展，有利于各国国家文化安全的共同维护，夯实共建人类命运共同体的人文基础，进而共塑"美美与共"的人类文明大格局。"植根于中华文明的人类命运共同体理念，是中国为人类文明思想宝库作出的重大贡献。"①

总之，党的十八大以来，习近平科学把握时代发展大势，"对关系新时代党和国家事业发展的一系列重大理论和实践问题进行了深邃思考和科学判断"②。面对复杂的国际国内形势，面对诸多威胁与风险，深刻认识我国国家文化安全工作面临的新形势新任务、新机遇新挑战，"提出一系列原创性的治国理政新理念新思想新战略"③。全面系统论述了国家文化安全工作的职责使命、方针原则、地位作用、任务要求、根本保证，创造性地提出一系列重大理论思想，构成一个逻辑严密、系统完备的科学理论体系，是习近平新时代中国特色社会主义思想的重要组成部分，有力推动和实现了党在国家文化安全领域的自觉、自信与理论创新，将国家文化安全思想理论建构提升到崭新的

---

① 孙萍：《让文明交融之光照耀未来——习近平主席的"文明观"启迪世界》，新华网，http://www.xinhuanet.com/politics/2021-05/16/c_1127452377.htm。

②《中国共产党第十九届中央委员会第六次全体会议公报》，人民出版社，2021年，第10页。

③《中国共产党第十九届中央委员会第六次全体会议公报》，人民出版社，2021年，第10页。

高度与境界，做出了重大理论贡献。

第二节　新时代国家文化安全观的实践意义

在全球化深入发展的背景下，国家文化安全形势更为严峻。党的十八大以来，以习近平同志为核心的党中央站在新时代党和国家事业发展全局高度，更加注重提升我国国家文化安全意识，肩负起维护国家文化安全的历史重任，从总体国家安全观的站位高度和实现"中国梦"的使命担当来捍卫我国的国家文化安全。新时代国家文化安全观把握了时代脉搏，回应了时代关切，形成具有系统性、全局性、战略性的国家文化安全新观点新理论，并以这些新观点新理论不断推进我国国家文化安全工作，开创了我国新时代文化治理的新局面。新时代国家文化安全观，作为中国和平发展建设的重要理论指南，能够为维护中国国家安全和国家文化安全发挥重要指导作用。重视对于新时代国家文化安全观的研究与探讨，有助于更好地认清和明确中国文化建设面临的国内外现实形式，有助于丰富和完善新时代的中国国家文化安全战略措施，有助于更好地贯彻和实施党和国家的路线方针政策，进一步增强我国文化整体实力和国际竞争力。

一、为维护中国共产党执政地位提供有力保障

新时代国家文化安全观是以马克思主义为自己的根本理论依据，站在执政党的立场，从总体国家安全观出发，将国家文化安全与国家政治安全紧密联系起来，以文化为视角思考如何实现国家安全。在新时代国家文化安全观的指导下，国家文化安全工作的推进，使马克思主义与时俱进融进国家政治、社会生活的各个领域，为进一步夯实党的执政地位指明目标和方

向,也使得党的执政地位更加巩固。

(一)意识形态安全巩固了国家政治安全基础

国家政治安全是国家安全体系中最基础、最恒定的组成部分,它主要包括主权安全、政权稳定、基本政治制度以及意识形态等方面免受威胁和挑战,是总体国家安全观中的根本内容。国家文化安全的核心是意识形态安全,意识形态安全也是国家政治安全的有机组成部分,是实现国家安全的重要思想武器。意识形态领域是国家政治安全的前沿阵地。

以习近平同志为核心的党中央高度重视意识形态安全,将意识形态安全作为国家文化安全的核心工作,对意识形态安全进行了大量的理论和实践阐述,使新时代我国意识形态领域形势发生全局性、根本性转变。习近平强调意识形态工作是党的一项极端重要又长期持续的工作,要始终坚持马克思主义在意识形态领域的指导地位。他多次强调,要"牢牢掌握意识形态工作的领导权"。随着科技、文化的飞速发展,意识形态和价值取向也日趋活跃,意识形态的不断碰撞使国家文化安全受到了巨大威胁。只有牢牢把握意识形态的核心地位,才能坚持正确的政治方向。纵观古今中外,各国政党凡是不注重意识形态工作的,其国家就会滋生很多反动的思想,侵蚀人们的正确观念,导致人们思想混乱。苏联就是很好的例子。苏联之所以解体,一个重大的原因就是其意识形态领域斗争过于激烈。全盘否定了苏联的历史,否定了列宁,导致意识形态领域思想混乱不堪,政府和党组织几乎起不到作用。苏联解体的教训值得我们牢记、反思和警醒。习近平强调,做好意识形态工作,事关党的前途命运,事关国家长治久安,事关民族凝聚力和向心力。意识形态工作关乎旗帜、关乎道路、关乎政治安全,决定着我国的前进方向和发展道路，对我国的生存和发展至关重要，一刻也不能放松和削弱。

习近平提出要巩固和壮大以马克思主义为指导的国家主流意识形态，这是加强国家文化安全也是发展社会主义文化的重要抉择，为党的文化建设工作指明了正确航向，对巩固新时代党的执政地位起到重大作用，为新时代开创党和国家事业新局面提供了坚强思想保证和强大精神力量。

（二）培育践行社会主义核心价值观巩固了党执政的思想基础

"理想指引人生方向，信念决定事业成败。"①社会主义核心价值观建设为实现中国梦提供清晰的价值目标引领。社会主义核心价值观有助于统一人们的思想，形成全社会价值共识，消弭价值分化，有助于在国际社会中重塑国家形象，加强民族团结，提升国民素质。中华民族历经五千多年，依旧屹立于世界民族之林，依旧在不断发展壮大，坚定的理想信念发挥了巨大作用。理想信念对于我们进行文化建设、维护我国国家文化安全至关重要。新时代国家文化安全观指出要培育践行社会主义核心价值观，以凝聚人民共识，坚定理想信念。在世界交往中，中国唯有通过社会主义核心价值观，才能清晰界定"我是谁"，在趋同化的世界表象中才能清晰显现自身的特殊性和差异性。

新时代国家文化安全观重视培育和践行社会主义核心价值观，并使广大人民群众自觉追求这一核心价值观。通过我们

---

①《习近平：理想指引人生方向，信念决定事业成败》，青春纺大网，http://tw.wtu.edu.cn/info/1014/1684.htm。

独特的文化血脉、文化精神,确立属于我们自己的社会主义核心价值观。这一理论观点对于巩固党的执政地位具有重大的意义。在实践中促进社会主义核心价值观的践行,就是要与反对马克思主义的思想及行为作持久的斗争,在思想文化领域方面,要坚持将马克思主义作为党的指导思想,使党和国家的主流价值思想与人民群众的生活更加紧密地联系起来,为人民群众树立正确的思想价值引导。从个人、社会、国家三个层面提出价值规范的 社会主义核心价值观,有利于广大人民形成正确的世界观、人生观、价值观,对于将广大人民力量汇聚起来,稳固党的执政地位,维护国家安全具有重要作用。

（三）满足人民对美好生活的文化需求的思想巩固了党执政的群众基础

中国特色社会主义新时代是中国人民在新的考验和挑战中创造光明未来的时代,也是中国人民拼搏奋斗创造美好生活的时代。人民是历史创造者,是国家发展的坚实力量。全心全意为人民服务是党始终不变的根本宗旨,也是新时代党开展国家文化安全工作必须遵循的根本宗旨。习近平进一步发展了中国共产党全心全意为人民服务的宗旨,提出"以人民为中心"的全新理念。党的十八大以来,习近平明确提出"人民对美好生活的向往,就是我们的奋斗目标"这一标志性话语,从而奠定了其执政基调。新时代国家文化安全观从多个方面阐释了维护国家文化安全必须要坚持人民的主体地位。

习近平对哲学社会科学工作者尤其强调,要做到方向明、主义真、学问高、德行正,自觉以回答中国之问、世界之问、人民之问、时代之问为学术己任,以彰显中国之路、中国之治、中国之理为思想追求,在研究解决事关党和国家全局性、根本性、关键性的重大问题上拿出真本事、取得好成果。[1]反映到国家文化安全问题上来，就是要坚持党性和人民性相统一做好文化思想工作，要以满足人民群众精神需求为根本目标，要与人民群众关切的现实问题相结合，坚持正面舆论导向，坚定向人民群众宣传党的路线主张、方针政策，以凝聚社会力量建设社会主义强国，也使社会主义文化人民性本质得到充分体现，从而获得广大人民群众的认可和支持，激发社会主义先进文化的生机与活力，不断增强人民对中国共产党的领导的认同度，使党的执政地位更加牢固。

二、为建设社会主义文化强国提供有力支撑

在党的十九大报告中，习近平立足当今时代，高瞻远瞩，以总体国家安全观的战略高度系统分析了中华文化与文化建设的重要意义，深入论述了新时代文化发展的外部环境、文化繁荣的创新与创造以及推进文化建设的目标、规划等重大问题，为促进我国文化发展、推动社会主义文化强国建设制定了目标引导。在党的二十大报告中，习近平强调，全面建设社会主义现代化国家，必须坚持中国特色社会主义文化发展道路，增强文化自信，围绕举旗帜、聚民心、育新人、兴文化、展形象，建设社会主义文化强国。文化强国是我国新时代文化发展的战略目标，是我们迈进文化强国行列的必备条件，实施文化强国战略迫在眉睫。我国的国家文化安全建设在新时代国家文化安全观的指导下有了明确的目标和方向，即建设社会主义文化强

---

[1]《习近平在中国人民大学考察时强调：坚持党的领导传承红色基因扎根中国大地走出一条建设中国特色世界一流大学新路》，中华人民共和国中央人民政府网，http://www.gov.cn/xinwen/2022-04/25/content_5687105.htm。

国,实现中国梦。建设社会主义文化强国,对维护我国国家安全、民族尊严、文化自信及人民幸福至关重要,国家文化安全是文化强国目标实现的重要保障。新时代国家文化安全观为建设社会主义文化强国提供了有力支撑,主要体现在继承和发展中华文化、坚定文化自信、推动文化事业文化产业发展创新等方面。

(一)继承和发展中华优秀传统文化是建设文化强国的基础

中华民族有着数千年的历史文明,沉淀着博大精深、源远流长的中华优秀传统文化,而有着悠久历史的中华优秀传统文化就是中华文化的独特魅力和独有的文化优势,是我们最深厚的文化软实力,也为我们新时代的国家发展赋予了新的时代内涵。这一领域的安全是国家文化安全的基础,传统文化一旦出现了安全问题,那必然会影响到整个国家的稳定和发展。弘扬我国优秀传统文化,为实现中国梦注入不竭的精神动力。新时代国家文化安全观将中华优秀传统文化作为维护国家文化安全的基础。习近平高度肯定了优秀传统文化具有的别的文化不可比拟的理论和实践价值,提出传统文化中蕴含的丰富思想文化资源可以有效提高国家治理能力和推动现代化发展来实现伟大复兴的中国梦。习近平关于国家文化安全的重要论述,是基于中国特色社会主义的具体实践,通过对中华传统文化的继承与发展,让我们在世界文化激荡中站稳脚跟、筑牢根基。新时代国家文化安全观提出要最大限度推动传统文化创造性转化与创新性发展进程,中华优秀传统文化是本民族在悠久的历史场域中积淀形成的思想观念与道德规范,要大力推动优秀传统文化发扬光大,助推中国梦的实现。任何时候都不能忘了中华民族优秀传统文化这个根,新时代必须大力弘扬中华民族优秀传统文化。准确把握和运用新时代国家文化安全观，对于继承和发展中华传统文化有着重要意义。对中华传统文化要取其精华去其糟粕、批判继承，要结合中国发展实际，处理好传统和现代的关系，努力挖掘传统文化精髓，将老祖宗的智慧和当代生产生活相融合，实现中华文化的突破与发展。

（二）坚定文化自信是建设文化强国的动力

文化自信，是对自己文化文明的一种强烈的信心和信念，可以总结为每个人、每个国家民族对自己的价值观、传统文化、理想信念以及思想体系的绝对信任和认同，对自身文化生命力有着极其坚定的信心和信念。文化自信是一个民族最基础、最深沉的力量，是确保国家文化软实力的根本，是国家文化是否安全的突出体现，是我们党和国家持久发展的不竭动力。文化自信是国家治理的基石。人民群众对于国家、民族的政治认同都建立在文化认同的基础之上。坚定文化自信，可以凝聚民族力量，增强对国家、民族的政治认同，而文化自信的内生根源即文化认同。习近平高度重视文化自信。他指出："坚定文化自信，是事关国运兴衰、事关国家文化安全、事关民族精神独立性的大问题。"①

坚定文化自信，有利于增强人民群众的民族自豪感，有利于为社会主义事业提供理想信念，有利于为社会主义建设凝聚民族精神。文化自信是对自己的文化有着强烈的认同和信任，但是，并不意味着对外来文化和其他文化的否定，而正是因为对自己文化的强烈自信，才会在文化自信的基础上吸收和借鉴外来文化的优秀成分以不断发展丰富自己。要以新时代国家

---

①《习近平谈治国理政（第二卷）》，外文出版社，2017年，第349页。

文化安全观为指导,辩证地看待中西方文化,不断创新中国传统文化经典。任何时候都要对中华文化充满自信,只有这样,才能在国际文化碰撞中挺直腰杆,才能有效抵御外来文化的渗透与侵蚀。

(三)网络文化安全是建设文化强国的重要组成部分

当今时代,互联网的迅速发展成为不可逆转的世界潮流,深刻地改变了人们的生活方式和思维方式,同时也改变着舆论的生成方式和传播方式。网络打破了地域和时空的界限,将不同民族的经济、文化、社会生活紧密联系在一起,加快了信息的传播,拓宽了人们的视野,丰富了人们的生活,提高了工作的效率。我国已经全面步入网络社会,网络已走入千家万户。2022年8月31日,中国互联网络信息中心(CNNIC)发布第50次《中国互联网络发展状况统计报告》显示,截至2022年6月,我国网民数量已超过10.5亿,互联网普及率达74.4%,[①]居世界第一,涵盖不同阶层、不同年龄段人群,网络已经成为人们进行日常交流、学习、工作乃至娱乐的重要平台和工具。如今,互联网已经成为一个资讯的海洋,深入我们生活的方方面面,许多领域、许多行业离开互联网可以说寸步难行。

现阶段,威胁国家文化安全的诸多问题往往因网而生、由网而增,许多错误思潮常常借助网络生成发酵、弥漫扩散,网络已成为当下意识形态斗争的重要平台和场所。习近平高度重视网络文化安全,提出了"建设网络强国"的目标。针对国家网络文化安全,习近平提出一系列思想观点,主要集中在"国家网

---

① CNNIC:第50次《中国互联网络发展状况统计报告》(2022年8月)》,移动支付网,https://www.mpaypass.com.cn/download/202209/27182500.html。

络文化安全是国家安全的战略底线、互联网已成为宣传思想工作的主阵地、网络已成为当前意识形态斗争的最前沿、加强网络空间治理、构建网上网下同心圆"等方面。习近平强调要坚持积极利用、科学发展、依法管理、确保安全的方针，科学认识并正确对待互联网，充分利用互联网这把"双刃剑"，抓好互联网这个舆论斗争主战场建设。新时代必须加强党对网络文化的领导，牢牢占领网络文化的主阵地。

新时代国家文化安全观是在新时代推进我国社会主义文化强国建设过程中产生的，并随着社会实践的进步而不断创新，这一系列的新思想、新观点不仅有利于维护国家文化安全，而且为促进我国文化建设和推进社会主义文化强国建设提供了重要驱动。

三、为提升中华文化影响力提供有力武器

随着全球一体化进程的加快，国家间的竞争早已从只重军事竞赛的硬实力比拼发展成为综合国力的较量与竞争，而文化软实力的竞争成为综合国力竞争的重要力量。以美国为首的西方国家不断利用其强大的文化软实力对其他国家进行文化输出和文化渗透。以美国为首的西方国家大肆渲染"中国威胁论"，一些反华势力在文化领域对我国党史进行肆意抹黑，对我国文化的优秀基因进行扭曲和歪解。我国目前面临严重的西方霸权文化的渗透和意识形态的颠覆性威胁，中国国家文化安全形势异常严峻。加强反渗透，抵御外来文化的侵略，提升中华文化在世界上的影响力，已经成为当前我国文化工作的当务之急，新时代国家文化安全观为我们提供了强大的思想武器。

（一）建设中国话语体系，向世界展示中国智慧和中国方案

党的十八大以来，习近平总书记高度重视中国话语体系建

设,围绕新时代中国话语是什么、为什么、怎么样、怎么建,提出了一系列具有原创性、开创性、时代性的重大思想观点,形成了逻辑严密、内涵丰富的一整套重要论述。他强调,要以我国具体国情为研究出发点,构建具有自身特质的学科体系、学术体系、话语体系;要不断巩固壮大主流思想舆论,在重大政治原则和大是大非问题上敢于发声亮剑;争取国际话语权、提高国家文化软实力是必须解决好的一个重大问题;要讲好中国故事,阐释好中国特色,更好地用中国理论解读中国实践;要围绕人类面临的共同难题提出中国理念、中国主张、中国方案;要创新对外话语表述方式,向世界展现一个真实、立体、全面的中国,展现可信、可爱、可敬的中国形象,等等。习近平关于建立话语体系的论述是习近平文化思想,特别是其关于国家文化安全思想的重要组成部分,阐述了加强意识形态工作、讲好中国故事、传播中国理念、提高文化软实力等重大意义。构建起体现马克思主义立场、中国立场、人民立场、人类立场,具有中国特色、中国风格、中国气派的哲学社会科学学术体系、话语体系。用中国话语阐释中国共产党推进马克思主义中国化的理论成果,中国化的马克思主义要走向世界,走向未来。提升中国国际话语权,把中国的发展优势转化为国际话语优势,把中国经济社会的发展优势、中国特色社会主义的制度优势、中国共产党的治国理政优势、马克思主义中国化的理论优势、五千年文明积淀的历史优势转化为中国的话语优势,终结西方话语主导的霸权格局,彻底扭转"西方主导、西强我弱"的话语态势。

(二)讲好中国故事,为实现中国梦创造良好的国际环境

中国梦,是中国共产党召开第十八次全国代表大会以来,习近平所提出的重要指导思想和重要执政理念,正式提出于

2012年11月29日。习近平把中国梦定义为"实现中华民族伟大复兴，就是中华民族近代以来最伟大的梦想"。中国梦的核心目标也可以概括为"两个一百年"的目标，也就是到2021年中国共产党成立100周年和2049年中华人民共和国成立100周年时，逐步并最终顺利实现中华民族的伟大复兴。中国梦包含三个层面的内涵，分别是国家富强、民族振兴与人民幸福，实现途径是走中国特色的社会主义道路、坚持中国特色社会主义理论体系、弘扬民族精神、凝聚中国力量，实施手段是政治、经济、文化、社会、生态文明五位一体建设。中国梦集中表达了我国各族人民的共同心愿和远大目标，具有深远的功能意义与鲜明的时代特征，它不仅表明了自鸦片战争以来我国随着时代发展进步的重要主题，又描绘了我国未来发展的美好蓝图。中国梦凝聚着丰富的中华文化元素，承载着民族精神和时代精神，具有特定的文化价值。中国梦的实现离不开文化的引导、凝聚，没有文化的传承，就没有中国梦的实现。当今，中国梦逐渐变成了我国与世界各国交流沟通的共有话题。中国人民的梦想与世界人民的梦想是紧密相连的，两者相互促进，超越了民族国家藩篱和意识形态对立，体现并弘扬了中国积极倡导的开放包容、合作共赢的理念，具有宽广的世界视野，彰显了崇高的人类情怀。新时代国家文化安全观不仅为实现文化强国的目标提供了理论支撑，更为中国梦的实现提供了精神驱动。新时代国家文化安全观提出要"讲好中国故事、传播好中国声音、阐释好中国特色"，将其作为增强我国文化软实力的关键因素，提升中国国际话语权，有力推动了中国梦的实现，争取为人类社会发展作出新的更大的贡献。

（三）发展文化产业，为中华文化走向世界打牢基础

文化产业以生产和提供精神产品为主要活动，以满足人们的文化需要作为目标，是指文化意义本身的创作与销售，狭义上包括文学艺术创作、音乐创作、摄影、舞蹈、工业设计与建筑设计等。文化产业是满足人民群众精神文化需要的重要载体。发展文化产业，既是建设社会主义文化强国的重要内容，也有利于促进文艺作品的内容与技术、模式、业态、场景等的融合发展，创造新的经济业态，增加先进文化产品和服务供给，实现社会效益和经济效益的有机统一。习近平高度重视发展文化产业。2013年在党的十八届二中全会第一次全体会议上讲话时他指出："加快发展文化产业，提高文化产业规模化、集约化、专业化水平"①；2020年9月16日至18日，习近平在湖南考察时的讲话指出："文化和科技融合，既催生了新的文化业态、延伸了文化产业链，又集聚了大量创新人才，是朝阳产业，大有前途。谋划'十四五'时期发展，要高度重视发展文化产业。要坚持把社会效益放在首位，牢牢把握正确导向，守正创新，大力弘扬和培育社会主义核心价值观，努力实现社会效益和经济效益有机统一，确保文化产业持续健康发展。"国家文化安全稳定，才能使文化的实体文化事业和文化产业不断发展，才能为文化强国的建设扎牢根基。要以新时代国家文化安全观为指导，发展完善文化事业，实施国家文化数字化战略，完善基本公共文化服务，加强文化基础设施建设，健全现代公共文化服务体系，使实惠惠及更多数人民群众；发展文化产业重在满足人民群众多样

---

① 《习近平关于社会主义文化建设论述摘编》，中央文献出版社，2017年，第185页。

化的精神文化需求，完善文化管理体制，培育新型文化业态，健全现代文化产业体系和市场体系，实施重大文化产业项目带动战略，①夯实文化强国的产业基础。发展和安全是一体之两翼、驱动之双轮。要统筹发展和安全，增强忧患意识，做到居安思危。要把国家安全贯穿到党和国家工作各方面全过程，同经济社会发展一起谋划、一起部署，做到协调一致、齐头并进。要让发展和安全两个目标有机融合，实现高质量发展和高水平安全的良性互动，努力建久安之势、成长治之业。②

四、为构建"人类命运共同体"提供有力指导

作为维护世界和平与发展的重要力量，中国一贯主张国际事务坚持以和平方式解决争端，不干涉别国内政，也尊重各国为民族独立和国家发展做出的决定。中国积极参与国家地区间争端的解决，推动了地区稳定，维护了国际和平。2021年4月20日，习近平在博鳌亚洲论坛2021年年会开幕式上的视频主旨演讲中指出："当前，百年变局和世纪疫情交织叠加，世界进入动荡变革期，不稳定性不确定性显著上升。人类社会面临的治理赤字、信任赤字、发展赤字、和平赤字有增无减，实现普遍安全、促进共同发展依然任重道远。同时，世界多极化趋势没有根本改变，经济全球化展现出新的韧性，维护多边主义、加强沟通协作的呼声更加强烈。我们所处的是一个充满挑战的时代，也是一个充满希望的时代。人类社会应该向何

---

① 习近平：《高举中国特色社会主义伟大旗帜 为全面建设社会主义现代化国家而团结奋斗——在中国共产党第二十次全国代表大会上的报告（2022年10月16日）》，人民出版社，2022年，第45页。

② 中共中央宣传部、中央国家安全委员会办公室：《总体国家安全观学习纲要》，学习出版社、人民出版社，2022年，第47页。

处去？我们应该为子孙后代创造一个什么样的未来？对这一重大命题，我们要从人类共同利益出发，以负责任态度作出明智选择。"①习近平将国家文化领域的安全放在至关重要的地位，全面科学地应对能够把全世界更加紧密地联系在一起的文化、环境、信息等非传统安全问题，用合作推动和平，用合作保证安全，用交流化解矛盾；用和平合作的方法解决各种国际争端与冲突，达到世界各国的双赢与共赢，进而维护世界文明的安全与发展。

（一）"人类命运共同体"为世界文明安全与发展的践行提供中国智慧

为回答"人类社会向何处去"的问题，2013 年 4 月 7 日，习近平在博鳌亚洲论坛年会上提出"人类命运共同体"理念。他指出："我们生活在同一个地球村，应该牢固树立命运共同体意识，顺应时代潮流，把握正确方向，坚持同舟共济，推动亚洲和世界发展不断迈上新台阶。"② 2015 年 3 月 28 日，习近平在博鳌亚洲论坛年会上的主旨演讲对"人类命运共同体"作出更加系统的阐述与升华：迈向命运共同体，必须坚持各国相互尊重、平等相待，必须坚持合作共赢、共同发展，必须坚持实现共同、综合、合作、可持续的安全，必须坚持不同文明兼容并蓄、交流互鉴。2017 年 1 月 18 日，习近平在联合国日内瓦总部演讲时指出："让和平的薪火代代相传，让发展的动力源源不断，让文明的光芒熠熠生辉，是各国人民的期待，也是我们这一代政治

---

① 《习近平在博鳌亚洲论坛 2021 年年会开幕式上的视频主旨演讲》，新华网，http://www.xinhuanet.com/politics/leaders/2021-04/20/c_1127350811.htm。

② 《习近平在博鳌亚洲论坛 2013 年年会上的主旨演讲》，中华人民共和国中央人民政府网，http://www.gov.cn/ldhd/2013-04/07/content_2371801.htm。

家应有的担当。中国方案是：构建人类命运共同体，实现共赢共享。"①2018年4月11日，在博鳌亚洲论坛年会开幕式主旨演讲中，习近平为各国携手构建人类命运共同体，共创和平、安宁、繁荣、开放、美丽的亚洲和世界进一步明确路径——相互尊重、平等相待；对话协商、共担责任；同舟共济、合作共赢；兼容并蓄、和而不同；敬畏自然、珍爱地球。2022年4月21日，习近平以视频方式在博鳌亚洲论坛2022年年会开幕式上发表主旨演讲指出，过去两年多来国际社会为应对新冠肺炎疫情挑战、推动世界经济复苏发展作出了艰苦努力，"困难和挑战进一步告诉我们，人类是休戚与共的命运共同体，各国要顺应和平、发展、合作、共赢时代潮流，向着构建人类命运共同体的正确方向，携手迎接挑战、合作开创未来"，共同守护人类生命健康。

从2013年起，习近平提出的"人类命运共同体"理念获得更加广泛和深刻的国际认可，成为联合国决议、联合国安理会决议、联合国人权理事会等决议的重要内容，也成为国际社会处理国际问题的共同价值追求，其现实意义十分重大。

（二）新时代国家文化安全观有助于促进世界文化多样性发展

新时代国家文化安全观将与世界优秀文化交流互鉴作为塑造我国文化安全的重要途径，主张不同文化相互比较、汲取养分、相互融合，共同推动人类文明的发展与进步。各国文化在人类文化长河中都发挥着不受时间、地域控制的影响力。正是由于不同文化之间的交流、交融与创新，才能不断推动世界文化更加灿烂多彩，推动人类文明不断进步。新时代国家文化

---

① 《习近平谈治国理政（第二卷）》，外文出版社，2017年，第539页。

安全观积极倡导国家与国家之间文化的交流不仅要秉持相互理解与相互尊重的态度,而且还要放弃不同文化不平等和对待别国文化不正确的看法。2014年,习近平在联合国教科文组织总部的演讲中明确指出,各种人类文明在价值上是平等的,都各有千秋,也各有不足。世界上不存在十全十美的文明,也不存在一无是处的文明,文明没有高低、优劣之分。习近平主席还指出,我们既要让本国文明充满勃勃生机,又要为他国文明发展创造条件,让世界文明百花园群芳竞艳。平等尊重、美美与共是各种文明共存、共生、共融的本质要求。2017年1月18日,习近平主席在联合国日内瓦总部演讲时指出:"坚持交流互鉴,建设一个开放包容的世界。'和羹之美,在于合异。'人类文明多样性是世界的基本特征,也是人类进步的源泉。世界上有二百多个国家和地区、二千五百多个民族、多种宗教。不同历史和国情,不同民族和习俗,孕育了不同的文明,使世界更加丰富多彩。文明没有高下、优劣之分,只有特色、地域之别。文明差异不应该成为世界冲突的根源,而应该成为人类文明进步的动力。每种文明都有其独特魅力和深厚底蕴,都是人类的精神瑰宝。不同文明要取长补短、共同进步,让文明交流互鉴成为推动人类社会进步的动力、维护世界和平的纽带。"[1] 2016年5月17日,习近平在哲学社会科学工作座谈会上讲话时明确指出:"要推动中华文明创造性转化、创新性发展,激活其生命力,让中华文明同各国人民创造的多彩文明一道,为人类提供正确精神指引。"[2] 2018年,习近平主席在上海合作组织成员国元首

---

① 《习近平谈治国理政(第二卷)》,外文出版社,2017年,第543—544页。
② 《习近平谈治国理政(第二卷)》,外文出版社,2017年,第340页。

理事会第十八次会议上指出，要树立平等、互鉴、对话、包容的文明观，以文明交流超越文明隔阂，以文明互鉴超越文明冲突，以文明共存超越文明优越。

习近平将世界各国人民的文化同中华文化紧密相连，以新时代国家文化安全观来确立世界上各个国家的文化共存原则，进一步推动世界各个国家文化之间的相互交流与相互借鉴。世界各国无论是不是社会主义的意识形态和社会制度、是不是和本国一样的社会模式，都不应阻碍不同国家之间文明的交流，世界各国更不能因此而相互发生冲突。我们应积极倡导世界各国维护自身文化特性，为世界各个国家文明交流对话创新更加有利的对话合作平台，推进世界文化之间优势互补，使世界文化变得更加丰富多彩，进一步推动构建各国相互尊重与交流发展的国际文明新秩序。

（三）新时代国家文化安全观有利于世界文明的繁荣、发展与维护

当今世界的主题依旧是和平与发展，这符合中华民族和世界人民的根本利益。中国共产党领导的中国必将始终坚定地走和平发展道路。习近平"人类命运共同体"的理念，倡导各国应该以平等尊重为基础，共同维护地区和世界的安全，对于促进世界文明的繁荣发展、维护世界和平都有着十分重要的积极意义。

2014年5月21日，习近平在亚洲相互协作与信任措施会议第四次峰会上的讲话中指出："安全应该是普遍的。不能一个国家安全而其他国家不安全，一部分国家安全而另一部分国家不安全，更不能牺牲别国安全谋求自身所谓绝对安全。否则，就会像哈萨克斯坦谚语说的那样：'吹灭别人的灯，会烧掉自己的胡子'。安全应该是平等的。各国都有平等参与地区安全事务的权利,也都有维护地区安全的责任。任何国家都不应该谋求垄断地区安全事务,侵害其他国家正当权益。安全应该是包容的。应该把亚洲多样性和各国的差异性转化为促进地区安全合作的活力和动力,恪守尊重主权、独立和领土完整、互不干涉内政等国际关系基本准则,尊重各国自主选择的社会制度和发展道路,尊重并照顾各方合理安全关切。"① 2021 年 4 月 20 日,习近平在博鳌亚洲论坛 2021 年年会开幕式上的视频主旨演讲指出:"中国无论发展到什么程度,永远不称霸、不扩张、不谋求势力范围,不搞军备竞赛。""国与国相处,要把平等相待、互尊互信挺在前面,动辄对他国颐指气使、干涉内政不得人心。要弘扬和平、发展、公平、正义、民主、自由的全人类共同价值,倡导不同文明交流互鉴,促进人类文明发展。"②

习近平倡导"共同、综合、合作、可持续的安全观"③,积极建议各国携手走出一条"共建、共享、共赢"的共同安全之路。这些重要的理念,既代表了中国一贯的文化外交主张,彰显出蕴含着丰富的中华优秀传统文化智慧的新时代国家文化安全观理念,又进一步向世人表明了中国爱好和平、走和平发展道路的坚定信念。这为树立一个对外开放包容的文化强国形象是十分有利的,不仅确保了我国文化软实力的提升,也为推动世界文明的共同发展、维护世界和平提供了很好的镜鉴作用,促使各国朝着互利互惠、合作共赢的目标相向而行,共同建设持久发展与普遍安全的和平世界。

---

① 《习近平谈治国理政(第一卷)》,外文出版社,2018 年,第 354—355 页。
② 《习近平在博鳌亚洲论坛 2021 年年会开幕式上的视频主旨演讲》,新华网,http:// www.xinhuanet.com/politics/leaders/2021-04/20/c_1127350811.htm。
③ 《习近平谈治国理政(第一卷)》,外文出版社,2018 年,第 354—355 页。

参考文献

一、经典文献

1. 马克思、恩格斯：《马克思恩格斯全集（第45卷）》，人民出版社，1986年。

2. 马克思、恩格斯：《马克思恩格斯选集（第一卷）》，人民出版社，1995年。

3. 马克思、恩格斯：《马克思恩格斯文集（第二卷）》，人民出版社，2009年。

4. 恩格斯：《家庭、私有制和国家的起源》，人民出版社，1999年。

5. 列宁：《列宁全集（第6卷）》，人民出版社，1986年。

6. 列宁：《列宁全集（第39卷）》，人民出版社，1986年。

7. 列宁：《列宁全集（第43卷）》，人民出版社，1987年。

8. 列宁：《列宁专题文集》，人民出版社，2009年。

9. 毛泽东：《毛泽东选集（第二卷）》，人民出版社，1991年。

10. 毛泽东：《毛泽东选集（第三卷）》，人民出版社，1991年。

11. 毛泽东：《毛泽东著作选读（下册）》，人民出版社，1986年。

12. 毛泽东：《毛泽东文集（第三卷）》，人民出版社，1993年。

13. 毛泽东：《毛泽东文集（第七卷）》，人民出版社，1999年。

14. 邓小平：《邓小平文选（1975—1982）》，人民出版社，1983年。

15. 邓小平：《邓小平文选（第二卷）》，人民出版社，1994年。

16. 邓小平：《邓小平文选（第三卷）》，人民出版社，1993年。

17. 江泽民：《江泽民论社会主义精神文明建设》，中央文献出版社，1999年。

18. 江泽民：《论"三个代表"》，中央文献出版社，2000年。

19. 江泽民：《论党的建设》，中央文献出版社，2001年。

20. 江泽民：《江泽民论有中国特色社会主义（专题摘编）》，中央文献出版社，2002年。

21. 江泽民：《江泽民文选（第一卷）》，人民出版社，2006年。

22. 江泽民：《江泽民文选（第二卷）》，人民出版社，2006年。

23. 江泽民：《江泽民文选（第三卷）》，人民出版社，2006年。

24. 胡锦涛：《视察北京市和平街街道青年文明社区的讲话》，中央文献出版社，2000年。

25. 胡锦涛：《在中国文联第八次全国代表大会中国作协第七次全国代表大会上的讲话》，人民出版社，2006年。

26. 胡锦涛：《高举中国特色社会主义伟大旗帜为夺取全面建设小康社会新胜利而奋斗——在中国共产党第十七次全国代表大会上的报告》，人民出版社，2007年。

27. 胡锦涛：《坚持改革开放推进合作共赢——在博鳌亚洲论坛2008年年会开幕式上的演讲》，人民出版社，2008年。

28. 胡锦涛：《胡锦涛文选（第一卷）》，人民出版社，2016年。

29. 胡锦涛：《胡锦涛文选（第二卷）》，人民出版社，2016年。

30. 胡锦涛：《胡锦涛文选（第三卷）》，人民出版社，2016年。

31. 习近平：《之江新语》，浙江人民出版社，2007年。

32. 习近平：《习近平关于全面深化改革论述摘编》，中央文献出版社，2014年。

33. 习近平：《在纪念孔子诞辰2565周年国际学术研讨会暨国际儒学联合会第五届会员大会开幕会上的讲话》，人民出版社，2014年。

34. 习近平：《在文艺工作座谈会上的讲话》，人民出版社，2015年。

35. 习近平：《在哲学社会科学工作座谈会上的讲话》，人民出版社，2016年。

36. 习近平：《在中国文联十大、中国作协九大开幕式上的讲话（2016年11月30日）》，人民出版社，2016年。

37. 习近平：《习近平关于全面建成小康社会论述摘编》，中央文献出版社，2016年。

38. 习近平：《习近平关于全面建成小康社会论述摘编》，中央文献出版社，2016年。

39. 习近平：《习近平谈治国理政》，外文出版社，2014年。

40. 习近平：《在第十八届中央纪律检查委员会第六次全体会议上的讲话》，人民出版社，2016年。

41. 习近平：《在纪念红军长征胜利八十周年大会上的讲话》，人民出版社，2016年。

42. 习近平：《在网络安全和信息化工作座谈会上的讲话》，人民出版社，2016年。

43. 习近平：《决胜全面建成小康社会夺取新时代中国特色社会主义伟大胜利》，人民出版社，2017年。

44. 习近平：《习近平谈治国理政（第二卷）》，外文出版社，2017年。

45. 习近平：《在纪念马克思诞辰200周年大会上的讲话》，人民出版社，2018年。

46. 习近平：《习近平谈治国理政（第三卷）》，外文出版社，2020年。

47. 习近平：《论中国共产党历史》，中央文献出版社，2021年。

48. 习近平：《习近平谈治国理政（第四卷）》，外文出版社，2022年。

49. 本书编写组:《习近平新闻思想讲义》,人民出版社、学习出版社,2018年。

50. 中共中央文献研究室:《十八大以来重要文献选编(上册)》,中央文献出版社,2014年。

51. 中共中央文献研究室:《十八大以来重要文献选编(中册)》,中央文献出版社,2016年。

52. 中共中央文献研究室:《习近平关于社会主义文化建设论述摘编》,中央文献出版社,2017年。

53. 中共中央党史和文献研究院:《习近平关于总体国家安全观论述摘编》,中央文献出版社,2018年。

54. 中共中央党史和文献研究院:《习近平关于网络强国论述摘编》,中央文献出版社,2021年。

55. 中共中央宣传部:《习近平总书记系列重要讲话读本》,人民出版社,2016年。

56. 中共中央宣传部:《习近平新时代中国特色社会主义思想三十讲》,学习出版社,2018年。

57.《论党的宣传思想工作》,中央文献出版社,2020年。

58.《十六大以来重要文献选编(中册)》,中央文献出版社,2006年。

二、中文论著

1. 巴忠倓:《文化建设与国家安全》,时事出版社,2007年。

2. 蔡特金:《回忆列宁(第五卷)》,人民出版社,1982年。

3. 曹顺庆:《西方文化概论》,中国人民大学出版社,2016年。

4. 曹泽林:《国家文化、安全论》,军事科学出版社,2006年。

5. 陈曙光:《中国话语:说什么? 怎么说?》,湖北人民出版社,2017年。

6. 陈锡喜主编：《平易近人——习近平的语言力量》，上海交通大学出版社，2014年。

7. 陈先达：《马克思主义和中国传统文化》，人民出版社，2015年。

8. 陈先达：《文化自信与中华民族伟大复兴》，人民出版社，2017年。

9. 陈先达：《文化自信中的传统与当代》，北京师范大学出版社，2017年。

10. 程工：《世界主要国家文化安全政策研究》，社会科学文献出版社，2014年。

11. 程伟：《国家文化安全问题研究》，人民出版社，2017年。

12. 董德福：《主义文化思想：马克思主义中国化的理论与实践研究》，江苏大学出版社，2016年。

13. 范红、胡钰：《国家形象多维塑造》，清华大学出版社，2017年。

14. 高奇琦：《中华文明—希腊罗马文明比较视野下的国家治理》，中国出版集团，2016年。

15. 郭建宁：《中国文化强国战略》，高等教育出版社，2012年。

16. 韩源：《中国文化安全评论》，社会科学文献出版社，2016年。

17. 胡惠林：《国家文化安全学》，清华大学出版社，2016年。

18. 胡惠林：《国家文化安全研究导论》，上海人民出版社，2013年。

19. 胡惠林：《中国国家文化安全论(第二版)》，上海人民出版社，2011年。

20. 胡慧林、胡霁荣：《国家文化安全治理》，上海人民出版社，2020年。

21. 黄力之:《先进文化论》,上海三联书店,2002年。

22. 贾磊磊、黄大同:《守望文化江山:中国国家文化安全研究》,中国广播电视出版社,2012年。

23. 贾磊磊:《构筑文化江山——中国国家文化安全研究》,中国广播影视出版社,2015年。

24. 姜秀敏:《全球化时代的国际文化关系研究》,中央编译出版社,2011年。

25. 姜秀敏:《中国文化安全及其防御研究》,中国社会科学出版社,2021年。

26. 金钿:《国家安全论》,中国友谊出公司,2002年。

27. 金巍:《梅花与牡丹"一带一路"背景下的中国文化战略》,中信出版集团,2016年。

28. 靳诺等:《全球治理的中国担当》,中国人民大学出版社,2017年。

29. 李彬、吴日强:《国际战略与国家安全》,中国传媒大学出版社,2009年。

30. 李金齐:《全球化时代的文化安全研究》,中国社会科学出版社,2008年。

31. 刘慧:《国家安全蓝皮书:中国国家安全研究报告(2014)》,社会科学文献出版社,2014年。

32. 刘胜湘等:《国家安全理论、体制与战略》,中国社会科学出版社,2015年。

33. 刘跃进:《国家安全学》,中国政法大学出版社,2004年。

34. 陆忠伟:《把脉世界》,天津社会科学院出版社,2006年。

35. 罗希明、王仕民:《教育安全论:基于国家文化安全的视域》,中山大学出版社,2018年。

36. 马维野：《全球化时代的国家安全》，湖北教育出版社，2003年。

37. 倪世雄：《当代西方国际关系理论（第2版）》，复旦大学出版社，2018年。

38. 潘亚玲：《安全化与冷战后美国对华战略演变》，复旦大学出版社，2016年。

39. 潘一禾：《文化安全》，浙江大学出版社，2007年。

40. 曲士英、牛涛、陈宏伟：《马克思主义意识形态与国家文化安全》，浙江工商大学出版社，2013年。

41. 人民日报评论部：《习近平用典（第1辑）》，人民日报出版社，2018年。

42. 社会问题研究丛书编辑委员会：《文化安全与社会和谐》，知识产权出版社，2008年。

43. 沈洪波：《全球化与国家文化安全》，山东大学出版社，2009年。

44. 时殷弘：《国际政治与国家方略》，北京大学出版社，2006年。

45. 苏国勋、张旅平、夏光：《全球化：文化冲突与共生》，社会科学文献出版社，2006年。

46. 孙宁：《中国共产党国家文化安全战略》，中国社会科学出版社，2016年。

47. 涂成林、史啸虎：《国家软实力与文化安全研究：以广州为例》，中央编译出版社，2011年。

48. 万希平：《"互联网+"时代网络文化安全研究》，天津人民出版社，2016年。

49. 王成兵：《当代认同危机的人学解读》，中国社会科学出版社,2004年。

50. 王军:《列宁文化安全思想研究》,东北大学出版社,2018年。

51. 王晓德、张晓芒:《历史与现实:世界文化多元化研究》,天津人民出版社,2007年。

52. 王晓德:《美国文化与外交》,世界知识出版社,2000年。

53. 王逸舟:《仁智大国:〈创造性介入〉概说》,北京大学出版社,2018年。

54. 王兆雷:《国家治理的文化根基》,人民出版社,2016年。

55. 王佐书:《中国文化战略与安全研究》,人民出版社,2007年。

56. 韦定广:《后革命时代的文化主题:列宁文化思想研究》,人民出版社,2011年。

57. 吴辅佐、刘志兵、李磊:《社会主义核心价值观十二讲》,国防大学出版社,2013年。

58. 肖锋:《非物质文化遗产的保护与产业研发》,人民日报出版社,2016年。

59. 肖珺:《跨文化虚拟共同体:连接、信任与认同》,社会科学文献出版社,2016年。

60. 新华通讯社课题组:《习近平新闻舆论思想要论》,新华出版社,2017年。

61. 信莉丽:《全球化语境下社会化媒体对国家文化安全的影响:基于境外媒体新浪微博账户的研究》,山东人民出版社,2018年。

62. 徐明华:《全球化与中国电视文化安全》,华中科技大学出版社,2014年。

63. 阎学通:《美国霸权与中国安全》,天津人民出版社,2000年。

64. 叶小文:《文明的复兴与对话:叶小文谈中国文化》,当代传媒集团孔学堂书局，2015年。

65. 于炳贵、郝良华：《中国国家文化安全研究》，山东人民出版社，2007年。

66. 喻发胜：《文化安全——基于社会核心价值观的嬗变与传播的视角》，华中师范大学出版社，2010年。

67. 张岱年、方克立：《中国文化概论》，北京师范大学出版社，2004年。

68. 张岱年等：《文化的整合与冲突》，北京大学出版社，1991年。

69. 张骥、刘中民：《文化与当代国际政治》，人民出版社，2003年。

70. 张骥：《中国文化安全与意识形态战略》，人民出版社，2010年。

71. 张建英：《文化安全战略研究》，国防大学出版社，2011年。

72. 张文木：《中国新世纪安全战略》，山东人民出版社，2000年。

73. 张西平：《20世纪中国古代文化经典在域外的传播与影响研究》，经济科学出版社，2015年。

74. 张小平：《当前中国文化安全问题研究》，社会科学文献出版社，2012年。

75. 张玉国：《国家利益与文化政策》，广东人民出版社，2005年。

76. 赵波、高德良：《西方文化渗透对我国文化安全的影响》，中国传媒大学出版社，2012年。

77. 赵晓春主编：《国际安全治理的理论与实践》，时事出版社，2018年。

78. 赵子林：《中国国家文化安全论》，湖南大学出版社，2012年。

79. 郑东艳：《列宁文化观研究》，人民出版社，2017年。

80. 郑新立：《文化建设与文化软实力》，外语教学与研究出版社,2010年。

81. 郑永年:《中国的文明复兴》,人民东方出版社,2018年。

82. 中国民主同盟委员会、中华炎黄文化研究会编:《费孝通论文化与文化自觉》,群言出版社,2005年。

83. 中国现代国际关系研究院:《文化与国家安全》,时事出版社,2021年。

84. 子杉:《国家的选择与安全:全球化进程中国家安全观的演变与重构》,上海三联书店,2005年。

三、中文译著

1. [英]阿兰·柯林斯:《当代安全研究》,高望来、王荣译,世界知识出版社,2016年。

2. [美]爱德华·A.库罗德兹:《安全与国际关系》,颜琳译,世界知识出版社,2018年。

3. [美]爱德华·W.萨义德:《文化与帝国主义》,李琨译,生活·读书·新知三联书店,1993年。

4. [英]安德鲁·赫里尔:《全球秩序的崩塌与重建》,林曦译,中国人民大学出版社,2017年。

5. [意]安东尼奥·葛兰西:《狱中札记》,葆煦译,人民出版社,1983年。

6. [法]法朗索瓦·于连:《道德奠基:孟子与启蒙哲人的对话》,宋刚译,北京大学出版社,2002年。

7. [美]朗西斯·福山:《历史的终结及最后之人》,陈高华译,广西师范大学出版社,2014年。

8. [美]汉斯·摩根索:《国家间政治:权力斗争与和平》,北京大学出版社,2006年。

9. [英]卢克·马特尔:《社会学视角下的全球化》,宋妍译,辽宁人民出版社,2014年。

10.[美]塞缪尔·亨廷顿:《文明的冲突与世界秩序的重建》,周琪、刘绯、张立平等译,新华出版社,2010年。

11.[美]亚历山大·温特:《国际政治的社会理论》,秦亚青译,上海人民出版社,2014年。

12.[美]约瑟夫·奈:《硬权力与软权力》,门洪华译,北京大学出版社,2005年。

13.[美]约瑟夫·奈:《美国霸权的困惑:为什么美国不能独断专行》,郑志国等译,世界知识出版社,2002年。

14.[美]约瑟夫·奈:《美国世纪结束了吗》,[美]邵杜罔译,北京联合出公司,2016年。

15.[美]张旭东:《全球化与文化政治:90年代中国与20世纪的终结》,朱羽等译,北京大学出版社,2014年。

四、中文报刊论文

1.江泽民:《在中国共产党第十六次全国代表大会上的报告》,《人民日报》,2002年11月18日。

2.胡锦涛:《在中央政治局第七次集体学习时的讲话》,《人民日报》,2003年8月13日。

3.胡锦涛:《在邓小平同志诞辰100周年纪念大会上的讲话》,《光明日报》,2004年8月23日。

4.胡锦涛:《在沙特阿拉伯王国协商会议的演讲》,《人民日报》,2006年4月24日。

5.胡锦涛:《加强网络文化建设和管理》,《人民日报》,2007年4月24日。

6.胡锦涛:《在全国宣传思想工作会议上的讲话》,《人民日报》,2008年1月22日。

7. 习近平:《坚持总体国家安全观走中国特色国家安全道路》,《人民日报》,2014年4月16日。

8. 习近平:《致首届世界互联网大会的贺词(2014年11月19日)》,《人民日报》,2014年11月20日。

9. 习近平:《携手构建合作共赢新伙伴同心打造人类命运共同体——习近平在第七十届联合国大会一般性辩论时的讲话》,《人民日报》,2015年9月29日。

10. 习近平:《习近平谈文化自信》,《人民日报(海外版)》,2016年7月13日。

11. 习近平:《在十八届中央政治局第三十六次集体学习时的讲话(2016年10月9日)》,《人民日报》,2016年10月10日。

12. 习近平:《在纪念红军长征胜利80周年大会上的讲话》,《人民日报》,2016年10月22日。

13. 习近平:《在广西考察工作时的讲话(2017年4月19日—21日)》,《人民日报》,2017年4月22日。

14. 习近平:《致第五届世界互联网大会的贺信》,《人民日报》,2018年11月8日。

15. 习近平:《坚定文化自信,建设社会主义文化强国》,《求是》,2019年第12期。

16. 中共中央办公厅:《关于培育和践行社会主义核心价值观的意见》,《人民日报》,2013年12月24日。

17. 中共中央办公厅、国务院办公厅:《关于实施中华优秀传统文化传承发展工程的意见》,《人民日报》,2017年1月26日。

18. 安丽梅:《中华优秀传统文化时代化——学习习近平关于中华优秀传统文化的重要论述》,《教学与研究》,2020年第6期。

19. 蔡泉水：《新媒体环境下我国主流意识形态安全研究》，南昌大学博士学位论文，2016年。

20. 曹印双、刘芸暄：《新时代提升我国文化软实力的重要意义与具体路径探析——习近平文化软实力思想研究》，《西安航空学院学报》，2018年第4期。

21 曾麒玥：《文化自信的实现路径——习近平的文化自信观探究》，《社会主义研究》，2017年第4期。

22. 曾祥明、曹海月：《维护我国文化安全的有效策略》，《中共山西省委党校学报》，2018年第6期。

23. 常聪：《习近平对毛泽东文化自信思想的继承与发展》，《领导科学论坛》，2018年第15期。

24 陈蕾、刘伊：《论胡锦涛文化安全的战略思想》，《江南社会学院学报》，2013年第4期。

25. 陈敏：《国家文化安全理论研究述评与展望——基于总体国家安全观的视野》，《探求》，2019年第1期。

26. 陈宇宙：《文化软实力与当代中国的国家文化安全》，《天府新论》，2008年第6期。

27. 陈志刚：《习近平关于中华优秀传统文化的新思想新定位》，《新视野》，2020年第5期。

28. 程伟：《国家文化安全问题的生成与演化》，《河南社会科学》，2019年第1期。

29. 程伟：《十八大以来国家文化安全理论的新发展》，《湖湘论坛》，2016年第1期。

30. 代金平、秦锐：《习近平文化自信思想的七个维度》，《探索》，2017年第4期。

31. 董成雄:《中国优秀传统文化的系统解读和传承建构》,华侨大学博士学位论文,2016年。

32. 董德福、朱小颖、吴俐:《转化创新中国传统文化的典范——习近平优秀传统文化发展思想与实践论析》,《江苏大学学报(社会科学版)》,2019年第5期。

33. 董前程、张晓霞:《列宁国家文化安全思想探析》,《长春理工大学学报(社会科学版)》,2018年第2期。

34. 段妍:《中国共产党国家文化安全思想的历史考察》,《上海师范大学学报(哲学社会科学版)》,2018年第2期。

35. 费孝通:《文化自觉和而不同》,《民俗研究》,2000年第3期。

36. 冯越:《马克思恩格斯的文化安全思想及其当代启示》,《中共南昌市委党校学报》,2017年第1期。

37. 付求勇:《传承与超越:从"大同"思想到构建人类命运共同体思想》,《长江论坛》,2020年第1期。

38. 高宏强:《当代中国主流意识形态与国家安全观的共生关系》,内蒙古大学博士学位论文,2017年。

39. 葛大伟:《网络强国战略的时代潮音——习近平网络文化安全思想论要》,《文化软实力研究》,2017年第3期。

40. 顾冠华:《中国传统文化论略》,《扬州大学学报》,1999年第6期。

41 顾燕、冯开甫:《我国学者关于习近平文化自信思想的研究综述》,《绥化学院学报》,2018年第8期。

42. 韩健鹏:《当代西方意识形态新变化对中国意识形态安全的影响与对策》,吉林大学博士学位论文,2012年。

43. 韩玲:《红色文化的价值意蕴》,《人民日报》,2013年8月

1日。

44. 韩源：《国家文化安全引论》，《当代世界与社会主义》，2008年第6期。

45. 郝良华：《论邓小平国家文化安全思想》，《理论学刊》，2011年第12期。

46. 胡剑：《习近平文化发展思想及其制度价值研究》，《广西社会科学》，2015年第4期。

47. 胡剑：《中国特色社会主义文化发展制度研究》，西南交通大学博士学位论文，2014年。

48. 姬文波：《习近平国家安全思想的核心要义》，《党的文献》，2018年第2期。

49. 贾凌昌：《文化软实力视野下的社会主义核心价值体系建设研究》，南昌大学博士学位论文，2012年。

50. 姜宏大、马桂萍：《习近平文化观论要》，《毛泽东思想研究》，2017年第6期。

51. 姜新宇、熊琪：《习近平治国理政思想对中华优秀传统文化的传承与发展》，《四川省社会主义学院学报》，2020年第2期。

52. 金鹏：《当代美国对华意识形态输出及我国对策研究》，辽宁大学博士学位论文，2020年。

53. 匡长福：《浅谈西方对华文化渗透的新路径》，《思想理论教育导刊》，2011年第5期。

54. 乐黛云：《多元世界的文化自觉》，《人民日报（海外版）》，2006年7月11日。

55. 雷霏：《文化媒介与国家使命》，武汉大学博士学位论文，2014年。

56. 冷舜安、张安:《论邓小平国家文化安全思想的三个维度》,《当代世界与社会主义》,2013年第2期。

57. 黎友:《关于习近平总书记治国理政的文化思想研究》,《学术论坛》,2016年第6期。

58. 金齐:《文化安全释义》,《思想战线》,2007年第3期。

59. 李金勇:《葛兰西文化领导权思想研究》,西安科技大学博士学位论文,2013年。

60. 李睿:《中国共产党文化自觉研究》,兰州大学博士学位论文,2014年。

61. 李文君:《基于国家文化安全的中国文化认同构建》,湖南师范大学博士学位论文,2011年。

62. 李想哲:《不忘初心、牢记使命与坚定中国特色社会主义文化自信》,《中国矿业大学学报(社会科学版)》,2019年第5期。

63. 廖生智:《邓小平国际战略和国家安全思想研究》,武汉大学博士学位论文,2014年。

64. 林宏宇:《文化安全:国家安全的深层主题》,《国家安全通讯》,1999年第8期。

65. 林映梅:《习近平"文化自信"的重要价值及实践路径》,《中共云南省委党校学报》,2017年第1期。

66. 刘春梅:《毛泽东国家文化安全思想提出的背景与得失》,《中央社会主义学院学报》,2007年第4期。

67. 刘丹凤、吕青:《葛兰西文化领导权思想对我国新时代提高文化安全的启示》,《科技视界》,2018年第17期。

68. 刘方喜:《论人类命运共同体与共享理念的文化战略学意义》,《学术论坛》,2018年第3期。

69. 刘凯：《文化产业创新促进文化产业发展研究》，东北大学博士学位论文，2014年。

70. 刘黎明、张江伟：《论国家安全视域下的文化安全》，《江南社会学院学报》，2015年第3期。

71. 刘荣：《全球化时代中国文化安全问题及其应对》，《西北民族研究》，2015年第3期。

72. 刘旺旺：《全球文化交融背景下提升文化自信的意蕴、挑战及对策——学习习近平关于文化自信的重要论述》，《社会主义研究》，2018年第1期。

73. 刘燕荣、王高萍：《论习近平对毛泽东文艺思想的传承和发展——毛泽东、习近平在文艺座谈会上的讲话比较研究》，《传承》，2016年第9期。

74. 卢晓雯：《习近平传统文化观的思想意蕴与现实意义》，《淮阴师范学院学报（哲学社会科学版）》，2020年第5期。

75. 吕文菁：《习近平世界文明观研究》，湖南师范大学博士学位论文，2019年。

76. 马强：《当代中国总体国家安全观研究》，辽宁大学博士学位论文，2017年。

77. 马运军：《在文化自觉自信中提升文化认同》，《学理论》，2012年第35期。

78. [美]麦哲：《文化与国际关系基本理论述评（上）》，谭晓梅、潘忠岐译，《现代外国哲学社会科学文摘》，1997年第4期。

79. 孟宪平：《文化安全、文化自觉与文化认同——我国的文化安全问题及其应对》，《理论探索》，2008年第6期。

80. 潘一禾：《当前国家体系中的文化安全问题》，《浙江大学学报》，2005年第2期。

81. 齐峰：《西方文化帝国主义理论研究》，吉林大学博士学位论文，2015年。

82. 邱金英：《文化帝国主义思潮研究》，大连理工大学博士学位论文，2015年。

83. 申家字：《论毛泽东的国家文化安全思想及现实意义》，《吉林省教育学院学报》，2012年第12期。

84. 石文卓：《从文化安全视角再读〈共产党宣言〉》，《海南师范大学学报（社会科学版）》，2017年第6期。

85. 石晓磊：《习近平国家文化安全思想探析》，《大庆师范学院学报》，2017年第5期。

86. 石中英：《论国家文化安全》，《北京师范大学学报》，2003年第3期。

87. 时玉柱：《习近平文化遗产保护利用思想探析》，《毛泽东思想研究》，2018年第2期。

88. 史孝林：《当代中国文化安全视野中的文化认同研究》，《天中学刊》，2020年第1期。

89. 孙宁：《新世纪中国共产党的国家文化安全战略论析》，中国社会科学院研究生院博士学位论文，2011年。

90. 田圆圆：《习近平关于文化自信的重要论述及其对青年教育的启示》，《中共乐山市委党校学报（新论）》，2020年第1期。

91. 涂成林：《国家文化安全视阈下的传统文化与核心价值》，《广东社会科学》，2016年第6期。

92. 涂成林：《马克思主义意识形态批判视野下的国家文化安全研究》，《马克思主义与现实》，2018年第5期。

93. 王丹：《我国文化产业政策及其体系构建研究》，东北师范大学博士学位论文，2013年。

94. 王光荣：《新时代提高国家文化软实力研究》，东北师范大学博士学位论文，2020年。

95. 王军、何良安：《列宁的文化安全思想及当代启示》，《湖湘论坛》，2015年第1期。

96. 王军：《列宁文化安全思想研究》，湖南师范大学博士学位论文，2015年。

97. 王瑞香：《论总体国家安全观视野中的国家文化安全》，《社会主义研究》，2016年第5期。

98. 王诗渊、郑黔玉：《毛泽东文化安全思想及其当代启示》，《贵州社会科学》，2011年第10期。

99. 王文强：《改革开放以来中国共产党文化理论创新研究》，南开大学博士学位论文，2013年。

100. 王小娟、陈垲仑、杨永建：《习近平意识形态安全思想的"六维向度"》，《云南农业大学学报（社会科学版）》，2020年第6期。

101. 王迎春：《中国特色社会主义文化发展模式研究》，吉林大学博士学位论文，2013年。

102. 王岳川：《大国文化创新与国家文化安全》，《社会科学战线》，2008年第2期。

103. 吴桂韩：《中国共产党党内文化研究》，中共中央党校博士学位论文，2011年。

104. 吴腾飞：《新时代国家文化安全建设研究》，吉林大学博士学位论文，2020年。

105. 吴勇锋：《深入弘扬社会主义核心价值观的五个导向》，《马克思主义理论学科研究》，2020年第4期。

106. 吴玉军、刘娟娟：《总体国家安全观视域下的文化认同问题》,《中国特色社会主义研究》,2018年第5期。

107. 吴玉军:《国家认同视阈中的社会主义核心价值体系》,《中国特色社会主义研究》,2011年第4期。

108. 夏云:《论总体国家安全观视野中的文化安全》,《扬州大学学报(人文社会科学)》,2014年第5期。

109. 邢云文:《在文化开放中维护国家文化安全》,《光明日报》,2019年4月12日。

110. 徐春喜:《当代中国社会主义核心价值观的价值共识问题研究》,东北师范大学博士学位论文,2018年。

111. 徐华炳、张勇:《非传统视野下的中国文化安全情势及策略》,《温州大学学报》,2006年第3期。

112. 徐志军、田雪:《习近平传统文化观的理论渊源与现实路径》,《忻州师范学院学报》,2018年第4期。

113. 严兴文:《论毛泽东国家文化安全思想》,《学术论坛》,2006年第12期。

114. 严兴文:《邓小平国家文化安全思想的特点及现实意义》,《学术论坛》,2008年第6期。

115. 严兴文:《试论江泽民的国家文化安全思想》,《学术交流》,2006年第12期。

116. 颜旭:《论习近平新时代中国特色社会主义文化思想》,《中国井冈山干部学院学报》,2018年第3期。

117. 颜旭:《提升国家文化安全水平确保总体国家安全》,《中国井冈山干部学院学报》,2014年第5期。

118. 杨定明:《新时代国家文化安全观思想研究》,《佛山科学技术学院学报(社会科学版)》,2018年第3期。

119. 杨茜:《中国共产党领导核心的先进文化思想研究》,

河北大学博士学位论文，2011年。

120. 姚冬梅：《论江泽民的文化安全观的主要内容》，《经济与社会发展》，2008年第1期。

121. 易华勇、邓伯军：《新时代中国国家文化安全策论》，《江海学刊》，2020年第1期。

122. 应莉：《习近平文化安全思想解析》，《中共银川市委党校学报》，2017年第4期。

123. 尤文梦、王永贵：《习近平中华优秀传统文化观的思想精髓和价值意蕴》，《中国矿业大学学报（社会科学版）》，2020年第6期。

124. 余守萍：《马克思恩格斯的文化安全思想及其现实启示》，《理论导刊》，2016年第4期。

125. 袁晓杰：《论新时代习近平对优秀传统文化的发展与创新》，《学理论》，2018年第7期。

126. 云杉：《文化自觉文化自信文化自强——对繁荣发展中国特色社会主义文化的思考（上）》，《红旗文稿》，2010年第15期。

127. 詹小美、苏泽宇：《文化自觉的认同逻辑》，《贵州社会科学》，2017年第1期。

128. 张安、卢建军：《胡锦涛国家文化安全思想探析》，《理论建设》，2014年第3期。

129. 张安：《邓小平文化安全观探析》，《南昌师范学院学报（社会科学版）》，2016年第1期。

130. 张安：《马克思恩格斯文化安全思想的三重视角》，《当代世界与社会主义》，2014年第6期。

131. 张博：《现代传媒条件下我国意识形态安全问题研

究》，兰州大学博士学位论文，2015年。

132. 张传民：《中国特色社会主义文化发展道路研究》，山东大学博士学位论文，2014年。

133. 张国启：《论习近平全人类共同价值思想的话语特质及其意义》，《学术论坛》，2018年第3期。

134. 张守富、朱彦振：《经济全球化与中国三大安全》，《党政干部论坛》，2000年第12期。

135. 张雪侠：《习近平新时代中国特色社会主义思想语境下的文化自信和文化安全》，《法制与社会》，2018年第3期。

136. 张耀元：《建国十七年中国共产党文化建设研究（1949—1966）》，辽宁师范大学博士学位论文，2014年。

137. 张颖：《守望相助：习近平安全理念的理论创新与实践路径》，《国际安全研究》，2021年第3期。

138. 赵爱琴：《文化自信视角下传承优秀传统文化的实现路径探究——以习近平关于文化建设的重要论述为依据》，《江南社会学院学报》，2019年第4期。

139. 赵开开、聂家华：《论习近平的中国特色社会主义文化观》，《广西社会科学》，2018年第2期。

140. 赵丽：《"文化安全"如何为国家安全保驾护航》，《法制日报》，2014年4月23日。

141. 赵爽：《论毛泽东的文化安全战略思想》，《党史文苑》，2012年第14期。

142. 赵爽：《试论邓小平维护国家文化安全的战略思想》，《喀什师范学院学报》，2012年第4期。

143. 赵爽：《试论江泽民关于维护国家文化安全的战略思想》，《喀什师范学院学报》，2013年第4期。

144. 赵兴伟：《当代中国意识形态安全问题研究》，辽宁大学博士学位论文，2012年。

145. 赵银平：《文化自信——习近平提出的时代课题》，《理论导报》，2016年第8期。

146. 赵子林、曹海娜：《习近平意识形态安全思想初探》，《四川民族学院学报》，2018年第4期。

147. 赵子林：《毛泽东国家文化安全思想研究》，《政治学研究》，2011年第1期。

148. 郑保卫：《论习近平意识形态观的核心与精髓——写在习近平总书记《8·19》讲话发表5周年之际》，《中国出版》，2018年第16期。

149. 钟天娥：《论习近平文化自信思想的科学内涵和时代价值》，《观察与思考》，2018年第3期。

150. 周逢梅、邵小文：《习近平对维护国家文化安全的战略思考》，《党的文献》，2019年第1期。

151. 周文君：《习近平文化自信提高路径和策略研究》，《湖南科技学院学报》，2020年第1期。

152. 朱继东：《意识形态工作是党的一项极端重要的工作——习近平意识形态思想探析》，《毛泽东邓小平理论研究》，2017年第11期。

153. 祝冕、石裕东：《论文化安全在国家安全中的重要地位——基于国家要素视角》，《湖北工业大学学报》，2020年第6期。

154. 邹慧：《文化自觉、文化自信、文化自强：习近平文化思维的逻辑理路》，《思想理论教育导刊》，2017年第3期。

五、中文网络文献

1. 胡锦涛：《胡锦涛在沙特阿拉伯王国协商会议的演讲》，中华人民共和国中央人民政府网站，http://www.gov.cn/ldhd/2006-04/23/content_261905.htm。

2. 胡锦涛：《以创新的精神加强网络文化建设和管理》，中国日报中国在线，http://www.chinadaily.com.cn/dfpd/17jlzqh/2011-10/21/content_13949498.htm。

3. 习近平：《意识形态工作是党的一项极端重要的工作》，新华网，http://www.xinhuanet.com//politics/2013-08/20/c_117021464.htm。

4.《习近平在中共中央政治局第十三次集体学习时强调把培育和弘扬社会主义核心价值观作为凝魂聚气强基固本的基础工程》，中华人民共和国中央人民政府网，http://www.gov.cn/ld-hd/2014-02/25/content_2621669.htm。

5. 习近平：《把培育和弘扬社会主义核心价值观作为凝魂聚气强基固本的基础工程》，人民网，http://cpc.people.com.cn/n/2014/0226/c64094-24464564.html。

6.《习近平在中法建交50周年纪念大会上的讲话》，中国共产党新闻网，http://theory.people.com.cn/n/2014/0328/c49150-24761132.html。

7. 习近平：《防止极端势力制造文明断层线》，中国青年网，http://news.youth.cn/jsxw/201406/t20140606_5319552.htm。

8. 习近平：《在纪念孔子诞辰2565周年国际学术研讨会上的讲话》，新华网，http://www.xinhuanet.com/politics/2014-09/24/c_1112612018.htm。

9. 习近平：《牢记历史经验历史教训历史警示为国家治理能力现代化提供有益借鉴》，新闻报道，人民网，http://cpc.people.

com.cn/n/2014/1014/c64094-25827156.html。

10.《习近平的网络观：没有网络安全就没有国家安全》，中国共产党新闻网，http://cpc.people.com.cn/xuexi/n/2014/1120/c385475-26061137.html。

11. 习近平：《像爱惜自己的生命一样保护好文化遗产》，人民网，http://culture.people.com.cn/n/2015/0106/c22219-26336765.html。

12. 习近平：《在文艺工作座谈会上的讲话（2014年10月14日）》，新华网，http://www.xinhuanet.com/politics/2015-10/14/c_1116825558.htm。

13. 习近平：《中英文明交流互鉴虽相距遥远但一直相互影响》，人民网，http://culture.people.com.cn/n/2015/1022/c22219-27726157.html。

14. 习近平：《大力弘扬伟大爱国主义精神为实现中国梦提供精神支柱》，新闻报道，中国共产党新闻网，http://cpc.people.com.cn/n1/2015/1231/c64094-27997763.html。

15.《习近平关于"国家安全"论述摘编：一切为了人民》，中国共产党新闻网，http://cpc.people.com.cn/xuexi/n1/2016/0419/c385474-28285703.html。

16. 习近平：《在知识分子、劳动模范、青年代表座谈会上的讲话（2016年4月26日）》，新华网，http://www.xinhuanet.com/politics/2016-04/30/c_1118776008.htm。

17. 习近平：《在庆祝中国共产党成立九十五周年大会上的讲话（2016年7月1日）》，新华网，http://www.xinhuanet.com/politics/2016-07/01/c_1119150660.htm。

18.《习近平对中国文艺工作者提四点嘱托：要有创作史诗

的雄心》，中国共产党新闻网，http://cpc.people.com.cn/xuexi/n1/2016/1201/c385474-28917598.html。

19. 习近平：《在会见第一届全国文明家庭代表时的讲话（2016年12月12日）》，新华网，http://www.xinhuanet.com/politics/2016-12/15/c_1120127183.htm。

20. 习近平：《共同构建人类命运共同体——在联合国日内瓦总部的演讲（2017年1月18日，日内瓦）》，中国共产党新闻网，http://cpc.people.com.cn/n1/2017/0120/c64094-29037658.html。

21 习近平：《在2018年春节团拜会上的讲话（2018年2月14日）》，新华网，http://www.xinhuanet.com/politics/2018-02/14/c_1122419716.htm。

22. 习近平：《在纪念马克思诞辰200周年大会上的讲话（2018年5月4日）》，新华网，http://www.xinhuanet.com/politics/2018-05/04/c_1122783997.htm。

23. 习近平：《举旗帜聚民心育新人兴文化展形象更好完成新形势下宣传思想工作使命任务》，新华网，http://www.xinhua-net.com//politics/leaders/2018-08/22/c_1123310844.htm。

24. 习近平：《推动宣传思想工作不断强起来》，中华人民共和国国家互联网信息办公室，http://www.cac.gov.cn/2018-12/25/c_1123901967.htm。

25. 习近平：《推动媒体融合向纵深发展巩固全党全国人民共同思想基础》，新华网，http://www.xinhuanet.com/politics/leaders/2019-01/25/c_1124044208.htm。

26. 习近平：《坚定文化自信把握时代脉搏聆听时代声音坚持以精品奉献人民用明德引领风尚》，中国共产党新闻网，http://cpc.people.com.cn/n1/2019/0305/c64094-30957307.html。

27.《习近平对全国道德模范表彰活动作出重要指示(2019年9月5日)》，新华网，http://www.xinhuanet.com/politics/leaders/2019-09/05/c_1124964046.htm。

28. 习近平：《在全国民族团结进步表彰大会上的讲话(2019年9月27日)》，新华网，http://www.xinhuanet.com/2019-09/27/c_1125049000.htm。

29.《习近平对革命文物工作作出重要指示》，中华人民共和国中央人民政府网，http://www.gov.cn/xinwen/2021-03/30/content_5596770.htm。

30. 习近平：《在庆祝中国共产党成立100周年大会上的讲话》，人民网，http://politics.people.com.cn/n1/2021/0701/c1024-32146259.html。

31.《习近平在博鳌亚洲论坛2013年会上的主旨演讲》，中华人民共和国中央人民政府网，http://www.gov.cn/ldhd/2013-04/07/content_2371801.htm。

32.《习近平释国安委职能委员称更须警惕"文化侵略"》，中国政协，http://www.china.com.cn/cppcc/2013-11/18/content_30629049.htm。

33.《习近平在和平共处五项原则发表60周年纪念大会上的讲话》，中央政府门户网，http://www.gov.cn/xinwen/2014-06/29/content_2709613.htm。

34.《习近平谈建设社会主义文化强国》，中国共产党新闻网，http://theory.people.com.cn/n/2014/0901/c148980-25578176.html。

35.《习近平关于核心价值观的论述》，人民网，http://cpc.people.com.cn/n/2014/1124/c64094-26078669.html?from=singlemessage&isappinstalled=0&ivk_sa=1024320u。

36.《习近平论基层宣传思想文化工作——十八大以来重要论述摘编》,人民网,http://culture.people.com.cn/n/2015/0505/c172318-26951273.html。

37.《习近平谈国家文化软实力:增强做中国人的骨气和底气》,新华网,http://www.xinhuanet.com/politics/2015-06/25/c_127949618.htm。

38.《习近平在伦敦金融城的演讲》,新华网,http://www.xin-huanet.com/world/2015-10/22/c_1116906053.htm。

39.《习近平文化建设的"六个一"》,中国新闻网,http://www.chinanews.com/gn/2016/09-21/8010384.shtml。

40.《习近平在中国文联十大、中国作协九大开幕式上的讲话》,中国共产党新闻网,http://cpc.people.com.cn/n1/2016/1130/c64094-28915395.html。

41.《习近平与中华优秀传统文化》,中国共产党新闻网,http://theory.people.com.cn/n1/2017/1221/c40531-29721761-3.ht-ml。

42.《习近平在学习贯彻党的十九大精神研讨班开班式上发表重要讲话(2018年1月5日)》,中华人民共和国中央人民政府网,http://www.gov.cn/zhuanti/2018-01/05/content_5253681.htm。

43.《习近平在上海合作组织成员国元首理事会第十八次会议上的讲话》,新华网,http://www.xinhuanet.com/world/2018-06/10/c_1122964013.htm。

44.《习近平强调宣传思想文化工作必须坚持以人民为中心》,国际在线新闻,http://news.cri.cn/20180822/208bbad6-181a-7b78-ce54-a09b6c5b7393.html。

45.《习近平谈精神文明建设：站在时代前沿，引领风气之先》，中国共产党新闻网，http://cpc.people.com.cn/n1/2018/1130/c385474-30434980.html。

46.《习近平在敦煌研究院座谈时的讲话（2019年8月19日）》，出自《习近平谈文化自信》，环球网，https://china.huanqiu.com/article/42V2I8ojeD1。

47.《习近平在博鳌亚洲论坛2021年年会开幕式上的视频主旨演讲》，新华网，http://www.xinhuanet.com/politics/leaders/2021-04/20/c_1127350811.htm。

48.《习近平在全国宗教工作会议上强调坚持我国宗教中国化方向积极引导宗教与社会主义社会相适应》，央广网，http://news.cnr.cn/native/gd/20211204/t20211204_525678651.shtml。

49.《习近平在省部级主要领导干部学习贯彻党的十九届六中全会精神专题研讨班开班式上发表重要讲话》，新华网客户端，https://baijiahao.baidu.com/s?id=1721653270074466119&wfr=spider&for=pc。

50.《习近平在亚洲文明对话大会开幕式上的主旨演讲》，新华网，http://www.xinhuanet.com/world/2019-05/15/c_1210134568.htm。

51.《习近平重要讲话金句》，中国共产党新闻网，http://cpc.people.com.cn/n1/2018/1219/c64094-30474989.html。

52.《习近平主席在上海合作组织成员国元首理事会第十九次会议上的讲话》，新华网，http://www.xinhuanet.com/politics/leaders/2019-06/14/c_1124625213.htm。

53.《"平语"近人——习近平谈文物工作》，新华网，http://www.xinhuanet.com//politics/2016-04/12/c_128882748.htm。

54.《〈求是〉杂志发表习近平总书记重要文章〈用好红色资源，传承好红色基因，把红色江山世世代代传下去〉》，新华网，http://www.xinhuanet.com/politics/leaders/2021-05/15/c_112744959 48.htm。

55.《中华人民共和国国家安全法》，光明网，https://baijia-hao.baidu.com/s?id=1615723668119891751&wfr=spider&for=pc。

56. 国家安全部党委:《为建设社会主义现代化国家提供坚强安全保障》，光明网，http://share.gmw.cn/theory/2021-04/15/content_34766078.htm。

57.《加强和改进国际传播工作展示真实立体全面的中国》，新闻报道，中国共产党新闻网，http://cpc.people.com.cn/n1/2021/0602/c64093-32120102.html。

58.《坚定文化自信提高国家文化软实力》，人民网，http://society.people.com.cn/n1/2019/0704/c1008-31214176.html。

59.《不忘本来吸收外来面向未来不断铸就中华文化新辉煌》，人民网，http://opinion.people.com.cn/n1/2019/0711/c1003-31226561.html。

60.《十八大以来，习近平这样强调文化自信》，新华网，http://www.xinhuanet.com/politics/2017-10/13/c_1121796384.htm。

61.《事关国运兴衰！习近平这样谈文化自信》，中国共产党新闻网，http://cpc.people.com.cn/n1/2019/0618/c164113-31166249.html?utm_source=UfqiNews。

62.《特别关注:习近平文化战略思想》，中国共产党新闻网，http://theory.people.com.cn/n/2014/0821/c112851-25513531-4.html。

63.《文化部部长:维护国家文化安全应成为重要使命》，中央政府门户网站，http://www.gov.cn/xinwen/2014-07/21/content_2721125.htm。

64.《文化自信为中国道路注入强大精神动力（深入学习贯彻习近平同志系列重要讲话精神）》，人民网，http://culture.people.com.cn/GB/n1/2017/0620/c1013-29349385.html。

65 陈娜：《深刻认识'五个事关'的政治内涵正确处理新闻舆论工作中的五个关系》，中国共产党新闻网，http://theory.people.com.cn/n1/2021/0221/c148980-32033054.html。

66. 苏晓辉、王寿：《坚持中国特色社会主义文化发展道路》，中国社会科学网，http://www.cssn.cn/zx/zx_skyskl/skyskl_new/201402/t20140226_988352.shtml。

67. 孙萍：《让文明交融之光照耀未来——习近平主席的"文明观"启迪世界》，新华网，http://www.xinhuanet.com/politics/2021-05/16/c_1127452377.htm。

68. 吴晶、胡浩：《习近平出席全国高校思想政治工作会议并发表重要讲话》，中华人民共和国国防部网站，http://www.mod.gov.cn/leaders/2016-12/08/content_4766073.htm。

69. 张仲宇：《牢牢掌握意识形态工作领导权和话语权》，中国共产党新闻网，http://theory.people.com.cn/n1/2017/1201/c40531-29680350.html。

六、外文论著

1. Ali A. Mazrui, *Cultural Forces in World Politics*, New Hampshine: Heinemann Educational Books Inc, 1990.

2. Amitav Acharya, *The End of American World Order*, Cambridge: Polity, 2014.

3. Bill Mc Sweeney. *Security, Identity and Interest*, New York:

Cambridge University Press, 1999.

4. Brown and Gray, *Political Culture and Political Change in Communist States*, New York, Holmes and Meier Press, 1977.

5. Clarissa Rile Hayward, *De-Facing Power*, New York: Cambridge University Press, 2000.

6. David L. Hall and Roger T. Ames, *Anticipany China: Thinking through the Narratives of Chinese and Western Culture*, Albany: State University of New York Press, 1995.

7. David M. Lampton, *The Three Faces of Chinese Power: Might*, Money and Minds, Berkeley, California: University of California Press, 2008.

8. Earl H. Fry, Stan A. Taylor, Robert S. Wood, *America the Vincible: U.S. Foreign Policy for the Twenty-First Century*, New Jersey: Prentice Hall, 1994.

9. Francis Fukuyams, *The End of History and the Last Man*, New York: Free Press, 1992.

10. Frank A. Ninkovich, *The Diplomacy of Ideas: U.S. Foreign Policy and Cultural Relations*, New York: Cambridge University Press, 1981.

11. Frank Ninkovich, "Culture in U. S. Foreign Policy Since 1900," in Jongsuk Chay, ed., *Culture and International Relations*, New York, 1990.

12. George Bush, *National Security Strategy of the U. S. 1990-1991*, Washington D.C.: Brassey's Press, 1990.

13. George Friedman, *The Next 100 Years: A Forecast for the 21st Century*, New York: Doubleday, 2009.

14. J. Storey, *Cultural Theory and Popular Culture—A Reader*, London, 1998.

15. J.M. Mitchell, *International Culture Relations*, London: Allen and Unwin, 1986.

16. John L. Esposito, *The Islamic Threat—Myth or Reality*, Oxford: Oxford University Press, 1995.

17. John Tomlinson, *Cultural Imperialism*, London: Pinter Publishers, 1991.

18. Jonathan Kirshner, *American Power After the Financial Crisis*, Ithaca: Cornell University Press, 2014.

19. Jonsuk Chay, ed., *Culture and International Relations*, New York, 1990.

20. Joseph S. Nye, Jr., *Bound to Lead: The Changing Nature of American Power*, New York: Basic Books, 1990.

21. Joseph S. Nye, Jr., *Soft Power.: The Means to Success in World Politics*, New York: Public Affairs, 2004.

22. Joshua Muravchik, *Exporting Democracy*, Washington D. C.: American Enterprise Institute Press, 1991.

23. Lucian W. Pye and Sidney Werba, *Political Culture and Political Development*, Princeton: Princeton University Press, 1989.

24. Mike Fentherstone, *Global Culture: Nationalism, Globalization, and Monernity: A Theory, Culture and Society Special Issue*, London: Sage Publications, 1990.

25. Niall Ferguson, quoted in Jonathan Fenby, *Will China Dominate the 21st Century?* Cambridge: Polity, 2014.

26. Paul Kennedy, *The Rise and Fall of the Great Powers: Eco-*

nomic Change and Military Conflict Among the Great Powers from 1500 to 2000, New York: Random House, 1987.

27. Peter J. Katzenstein, *The Culture of National Security: Norms and Identity in World Politics*, Beijing: Peking University Press, 2009.

28. Potter Pitman, *The Chinese Legal System:Globalization and Local Legal Culture*, New York: Routledge, 2001.

29. Richard McGregor, *The Party: The Secret World of China's Communist Rulers*, New York: Harper Collins, 2010.

30. Robert, Kathleen Glenister, *Limits of Cosmopolis: Ethics and Provinciality in the Dialogue of Cultures*, New York: Peter Lang Publish Inc, 2014.

31. Stephen Sestanovich, Maximalist, New York: Knopf, 2014.

七、外文论文

1. Alexander B. Downes and Lindsey A. O'Rourke,"You Can't Always Get What You Want: Why Foreign-imposed Regime Change Seldom Improves Interstate Relations," *International Security*, Vol.41, No.2, 2016.

2. Alexander Nacht,"U. S. Foreign Policy Strategies," *Washington Quarterly*, Summer 1995.

3. Alexander Wendt,"The Agent— Structure Problem in International Relations Theory," *International Organization*, Vol. 41, No.3, 1987.

4. Allen Buchanan and Robert O. Keohane,"The Legitimacy of Global Governance Institutions," *Ethics and International Affairs*, Vol.20, No.4, 2006.

5. Arnold Wolfers, "National Security as an Ambiguous Symbol," *Political Science Quarterly*, Vol.67, No.4, 1952.

6. Aron Shai, "Sino-Israeli Relations: Current Reality and Future Prospect," *Journal of Middle East and Islamic Studies* (in Asia), No.2, 2010.

7. Barry Buzan, "A World Order Without Superpowers: Decentred Globalism," *International Relations*, Vol.5, No.1, 2011.

8. Boutros Ghali, "Empowering the United Nations," *Foreign Affairs*, Vol.71, No.5, 1992.

9. Dan Slater and Erica Simmons, "Informative Regress: Critical Antecedents in Comparative Politics," *Comparative Political Studies*, Vol.43, No.7, 2010.

10. Elke Krahmann, "Beck and Beyond, Selling Security in the World Risk Society," *Review of International Studies*, Vol.37, 2011.

11. Evan Braden Montgomery, "Contested Primacy in the Western Pacific: China's Rise and the Future of U.S. Power Projection," *International Security*, Vol.38, No.4, 2014.

12. Evelyn Goh., "Contesting Hegemonic Order: China in East Asia ," *Security Studies*, Vol.28, No.3, 2019.

13. Francis Fukuyama, "China and East Asian Democracy: The Patterns of History," *Journal of Democracy*, Vol.23, No.1, 2012.

14. Gary Marks and Liesbet Hooghe, "Unravelling the Central State, But How? Types of Multilevel Governance," *American Political Science Review*, Vol.97, No.2, 2003.

15. Hannah Elka Meyers, "Does Israel Need Tink Tanks?" *The Middle East Quarterly*, Vol.16, No.1, 2009.

16. Jeffrey W. Legro, Andrew Moravcsik, "Is Anybody Still a Realist?" *International Security*, Vol.24, No.2, Fall, 1999.

17. Joel Brenner and Jon R. Lindsay, "Correspondence: Debating the Chinese Cyber Threat," *International Security*, Vol.40, No.1, 2015.

18. Jonathan Kirshner. "Handle Him with Care:The Importance of Getting Thucydides Right," *Security Studies*, 2019, 28(1).

19. Joseph S. Nye, Jr. and William A.Owens, "America's Information Edge," *Foreign Affairs*, March–April, 1996.

20. Joseph S. Nye, Jr., "Get Smart," *Foreign Affairs*, Vol. 88, No.4, 2009.

21oseph S. Nye, Jr., "Soft Power," *Foreign Policy*, Issue 80, Fall 1990.

22. Joseph S. Nye, Jr., "The American National Interest and Global Public Goods," *International Affairs*, Vol.78, No.2, 2002.

23. Krugman P. , "The Myth of Asia's Miracle," *Foreign Affairs*, Vol.73, No.6, 1994.

24. Leif–Eric Easley, Patricia Kim, and Charles L. Glaser, "Correspondence: Grand Bargain or Bad Idea? U. S. Relations with China and Taiwan," *International Security*, Vol.40, No.4, 2016.

25. Michael C. Williams, "Words, Images, Enemies: Securitization and International Politics," *International Studies Quarterly*, Vol.47, No.4, 2003.

26. Michael Mousseau, "The Social Market Roots of Democratic Peace," *International Security*, Vol.33, No.4, 2009.

27. Michale Bamett and Roymond Duvall, "Power in Interna-

tional Politics," *International Organization*, Vol.59, No.1, 2005.

28. Morton Halperin, "Guaranteering Democtacy," *Foreign Policy*, No.91, Summer, 1993.

29. Patrick T. Jackson and Daniel H.Nexon, "Constructivist Realism or Realist—Constructivism?" *International Studies Review*, Vol.6, No.2, 2004.

30. Soner Esmer, Okan Duru, "Port Governance in Turkey: The Age of the Global Terminal Operators," *Research in Transportation Business and Management*, Vol.22, Dec., 2016.

31. Suzanne Nossel. "Smart Power," *Foreign Affairs*, Vol. 83, No.2, March/April 2004.

32. William Wohlforth, "The Stability of a Unipolar World," *International Security*, Vol.24, No.1, 1999.

后　记

这本著作终于要付梓出版了!

欣喜之余,首先感谢天津人民出版社的社领导和编辑团队的务实高效!尤其感谢本书的责任编辑王琤老师的智慧指导、尽职尽责与辛劳付出!

这本著作是凝聚了我多年来的心血与汗水的研究成果。饮水思源,衷心感谢我的博士生导师赵晓春教授对本书的悉心指教!感谢我所在工作单位的领导和同事们的大力支持与无私帮助!感谢所有为本书写作提供过支持和帮助的师长、学长和朋友们!

感谢我研究领域中所有涉及的国内外专家学者!你们的相关研究成果与资料,为本研究的顺利推进提供了重要参考与有益启示。对这些文献除了以页下注方式标注以外,已尽量在著作中的参考文献部分列出;但是也难免挂一漏万,有未能详尽列出的文献,在此一并向文献的著作权人表示诚挚的感谢!

感谢我的家人!我的先生吴建国总是在我陷入写作困境之时,另辟蹊径、循循善诱,给我灵感、启发和帮助!我的母亲总是默默地、力所能及地做好家务、端来热乎乎的茶水,驱散我的疲劳,给我温暖与慰藉!我的女儿得空时总能"应邀"为我查找外文期刊、翻译资料、整理文后的参考文献,让我每每感受到"小帮手"的神奇与可贵!本书的写作与出版,真的离不开家人们的鼓励、督促、陪伴照顾和鼎力支持!

感谢我自己!能够迎难而上,克服繁重的工作、忙碌的生活和更年期身体所遭遇的各种砥砺与磨难,不改初心,笃定完成！

　　所有的感谢，将会化作"爱的心泉"，汩汩相报！

　　尽管已经十二分用心，但文中的错漏之处定是在所难免，真心希望得到大方之家的宽宥与指教！

苏娟

2024年4月